U0740615

开明教育书系

蔡达峰◎主编

创造适合学生发展的活教育

方明教育文选

方明◎著

储朝晖◎选编

开明出版社

"开明教育书系"丛书编委会

"开明教育书系"
总　序

　　中国民主促进会（以下简称民进）是以从事教育、文化、出版工作的高、中级知识分子为主的参政党。民进创立以后，在中国共产党的指引和帮助下，积极投身爱国民主运动，在这个过程中，发挥自身优势，举办难民补习培训，创办中学招收群众，参加妇女教育活动，在解放区开展扫盲教育，培养青年教师。

　　新中国成立以后，民进以推进国家教育事业发展为己任，贯彻党的教育方针，倡导呼吁尊师重教。

　　一方面，坚持不懈地为教育发展建言献策。从马叙伦先生在任教育部长时向毛泽东主席反映学生健康问题，得到了毛主席关于"健康第一"的重要批示，到建议设立教师节、建立健全《教师法》《职业技术教育法》《民办教育促进法》等法律法规、深化教育改革、促进学前教育发展、义务教育均等化、加强教师队伍建设、中小学教材建设、减轻学生课业负担等等，提出了一系列高质量的意见建议。

　　另一方面，坚持不懈地开展教育服务。改革开放以来，围绕"四化"建设的需要，持续举办了大量讲座和培训，帮助群众学习，为民工子女、下岗职工、贫困家庭子女、军地两用人才、贫困地区教师等提供教育服务，创办了文化补习学校、业余职业大学、专科学校、业余中学等大批学校，出现了当时全国第一所民办高中、规模最大的民办高校、成人教育学院、民办幼儿教育集团等；不断开展"尊师重教"的慰问、宣传和捐赠等活动，拍摄了电视片《托着太阳升起的人》；举办了一系列教育服务的研讨会和交流会。

在为教育事业长期服务的过程中，民进集聚了越来越多的教育界会员，现有的近19万会员中，约60%来自教育界，其中大部分是中小学教师。广大会员怀着崇高的使命感和责任感，爱岗敬业、默默奉献、积极作为，在教育事业和党派工作中取得了卓越的成就，涌现出无数感人的事迹，赢得了无数的赞誉，涌现出大量优秀教师、校长和著名教育家、专家学者、教育管理者等，他们共同写就了民进的光荣历史，铸就了民进的宝贵财富，是民进的自豪和骄傲。

系统地收集和整理民进会员的教育论著和教育贡献，是民进会史研究和教育的重要任务，对于民进发扬优良传统、加强自身建设、激励履职尽责具有积极的意义，对于我们深入学习多党合作历史、深入开展我国现当代教育历史研究，也具有重要的理论和现实意义。民进中央对此高度重视，组织编辑"开明教育书系"，朱永新副主席和民进中央研究室的同志们辛勤工作，邀请会内外专家学者共同参与，历时数年完成了编写工作。谨此，向各位作者和编辑同志，向开明出版社，向所有关心和支持本书编撰工作的同志，表示诚挚的感谢。

全国人大常委会副委员长

民进中央主席　　蔡达峰

2022 年 12 月

话说方明先生

储朝晖

教育家小传

方明（1917—2008），原名方友竹、方培玉，江苏省无锡市玉祁镇杨树园人。1934年到上海成为陶行知创办的"中国普及教育助成会"工读生，主办流浪儿童工学团。1936年春在上海市参加国难教育社。1937年秋至1940年夏，任上海市江海小学训育主任，主编儿童刊物《好孩子》；组织筹建上海小学教师同仁进修会，任理事、学术部副部长，后长期担任教职。

方明先生追求进步，1935年春在上海市参加中国共产党的外围组织中国青年同盟。1937年8月加入中国共产党。后任中共上海教师运动委员会书记。1949年5月至1949年9月任中共上海教委书记。1950年2月，上海市总工会成立，被选为上海市总常委。1950年5月上海市教育工会成立，任主席、分党组书记。1950年8月在中国教育工会第一次代表大会上当选为副主席。1950年8月至1966年担任世界工会联合会下属教育工会国际（FISE）副主席。

他曾积极倡导在各级各类学校建立以教师为主体的教职工代表大会制度；1981年3月起积极呼吁恢复教师节，积极倡议并参加了《中华人民共和国教师法》制定，积极致力于中国教育改革，特别是农村教育改革。1985年9月5日，中国陶行知研究会成立，方明任常务副会长兼秘书长。1996年3月25日任中国陶行知研究会会长。

方明先生1949年加入中国民主促进会，任中国民主促进会第三届中央参议委员会副主席，第四届中央委员会委员，第五、六、七、八届中央常务委员会委员，第十、十一届中央委员会顾问。他还担任全国人民代表大会代表，中国人民政治协商会议全国委员会委员等。因病于2008年3月2日在北京逝世，享年91岁。

1981年本人迷上陶行知研究，在查阅史料时就注意到一张关于陶行知创办的流浪儿童工学团的照片，上面有个青年人蹲在地上放留声机给围坐在四周的流浪儿童听。当时并不知道这个人是谁，后来有一次和方明一起在南京陶行知纪念馆看展板的时候，他告诉我说："这就是我。"

1984年10月18日，陶行知家乡歙县的安徽省陶行知纪念馆开馆典礼是我与方明俩都参加的第一次活动，但当时因为人多，我俩并未直接交往。1986年，因我列出几百条湘教版《陶行知全集》勘误意见并提出重新编辑，1988年出任《陶行知全集》（川教版）专职编辑和编委，与方明交往多了，后来发生的大事小事不计其数。1998年在南京，方明在我未提要求的情况下主动写了陶行知的"捧着一颗心来，不带半根草去"的对联给我。2000年11月12日，方明特地要我从南京回歙县参加中国陶行知研究会与基金会召开的会长座谈会，这次会议意在回到陶行知家乡焕发中陶会的生机，而他与我是这次到会者中曾参加过

1984 年在这里提议创立中国陶行知研究会的两人，他对我的吩咐就是"做好记录"。2004 年 9 月 20 日他为本人所著《中国教育再造》作序道："早就有了忘年的情结。"算起来我们的直接交往总共有 25 个年头。2001 年后，我两在北京见面，常听他聊些自己的人生经历，在此选择几件有开创性、重要的事述说，以为铭记。

一、在各类学校建立教职工代表大会制度

中国学校管理体制在 1950 年后几经变化，始终没有体现教师在学校中的地位和基本权利，又不能复制其他国家教师协会的做法。1950 年，上海响应全国总工会的号召，教师知识分子可以组织工会，上海市教育工会成立，方明被选为第一任主席。

1977 年，年届 60 的方明从河南"五七干校"回到全国总工会国际部上班，1979 年春重新担任他 1953 年的职务：全国教育工会副主席，分党组书记。与此前离开这个岗位时不同，20 余年的曲折使他以更深邃的眼光来看这个岗位，以及思考如何发挥它在教育中的作用。

陶行知曾说："在教师的手中操着幼年人的命运，便操着民族和人类的命运。"方明坚信曾给予自己关爱的"陶老夫子"所言。1977 年 8 月，中央否定压在教师身上的"两个估计"，在教育领域拨乱反正后，百废待兴，再任中国教育工会领导的方明"为教师鼓与呼"，为落实党的知识分子政策，提高教师的社会地位多方奔走。

1979 年初，方明组织策划了在全总 8 楼礼堂举行的 200 多人的教育科学工作者迎春茶话会，欢迎教育工作者回到工会，告诉大家全国教育工会恢复活动了，方毅、王任重、陈慕华三位副总理和政治局委员倪志福到会，带动各地举行类似的活动，以促进新的知识分子政策落实。

1979 年底，全国教育工会在北京举行工作会议。会前，方明提出：

此次会议意义非同一般，应请中央领导同志参加。但这是不符合规格的。于是，方明就直接向党中央写报告，结果邓颖超、方毅、胡耀邦三位政治局委员在人民大会堂会见全体代表，并都作了重要讲话。胡耀邦当时实际上已经主持中央书记处的工作，充分表达了党和国家对教育工作者、对教育工会的高度重视和关怀。方明在会上作题为"办好教育工会，为教工群众服务，为四化建设服务"报告，提出教育工会工作"两个服务"的指导思想。他要求大家，一定要解放思想、实事求是去开拓创新！首先抓的是拨乱反正，落实知识分子政策，提高教师的社会地位，维护他们的正当权益。

方明长期做教师工作，非常了解教师，当时提出：要在政治上关心进步，思想上医治创伤，工作上发挥作用，生活上解决困难，把党的温暖送到教工群众的心坎上。他认为除了关心物质生活以外，还应该关心他们的政治生活，维护他们的民主权利，以充分发挥积极性，办好社会主义教育事业。邓小平同志在全国工会九大致辞中强调工会要搞好企业民主管理。那么学校该不该、能不能搞教职工代表大会制度来加强学校的民主管理呢？过去知识分子一直被当作改造的对象，参与管理是没有份的。既然肯定他们是工人阶级一部分，理所当然同工人阶级其他部分一样，有当家做主、参与民主管理的权利，这应该成为落实知识分子政策的一个重要内容，而且也是办好学校的有力措施，应该成为学校管理制度的组成部分。但是这样做并无文件依据，只有通过实践探索。

于是，方明从1979年起就开始把试行"教代会"制度作为一件大事来抓，在高层，他建议全国总工会九大应有教师和知识分子代表参加。在基层，他想到的是如何在各类学校中发扬民主，维护教师在学校工作中的基本权利，于是他参照企业的职代会工作经验，在各级各类学校中试点，积极倡导在所有学校建立以教师为主体的教职工代表大会制度。在辽宁、上海的部分高校和中小学开展建立教职工代表大会的试点工作，精心地去组织落实，调动了广大教职工在学校中主人翁的积极性和创造性，密切了干群关系，群策群力，为办好人民教育事业呈现了新的气象。他又拿这些例子到处宣传、部署新试点，逐步推进各省市基层学校教职工代表大会建设。

方明将在学校设立教代会的想法向相关部委四处游说时，意识到各方面认识不一致，发现当时教育部主要领导对此并不赞同。在一部分大、中、小学试点的结果，效果很好，各方面都欢迎。于是，在总结试点经验的基础上他写出了试点报告，由全总党组向中央书记处写了关于在学校里建立教职工代表大会制度的请示报告。1980 年 6 月 25 日，中央书记处宋任穷、方毅、胡耀邦作了批示："可以试点，总结经验，逐步推开。"

虽有了中央领导批示，但阻力仍不小，不同意见也挺多。方明下定决心，到处奔走呼吁作报告，宣传建立"教代会"制度的意义和作用，推动试点工作。有一次方明就将自己工作中遇到的困难向中央汇报，获得中央领导的支持和肯定，并说："你打个报告吧。"方明就此事认真写了报告给中央，并附上支持这项工作的领导批示复制件。

他清楚地记得他把报告交到了中央办公厅的年轻人高强手中。可是等了很长时间也未见回音。一段时间以后，他与高强又见面了，高强主动跟他说："方老，您打的报告已经批了，你看到了吗？"方明吃惊地说："没见到哇，我一直等着啊！"高强说："批给教育部的，差不多一年多了。"方明一听就理解了其中的问题所在，他就跟高强说："这个报告是我们全国教育工会打给中央的，我理解中央按程序批给教育部是对的，至少也该抄印一份给我们啊？"很快，高强给了方明中央同意在各级学校建立教职工代表大会制度的批文。

方明拿着这份抄文到教育部找到当时的教育部长说："中央已经对在学校里建立教代会这件事明确批复了，教育部怎么不见行动啊？"这件事后来推进过程中依然有重重阻力，方明却坚持不懈，经过教育工会同教育部、中组部多次协商，逐步推开，经过反复的宣传、争取，终于促成在各级各类学校中建立以教师为主体的教职工代表大会制度。

1982 年，方明根据党的十二大报告精神，将全国教育工会的工作概括为"两个高度，一个落实"：建设高度的社会主义文明，开展"五讲四美，为人师表"活动；建设高度的社会主义民主，建立健全教代会制度；协助党落实知识分子政策，改善生活待遇，提高社会地位。足以看出建立健全教代会制度在方明心中的位置。

前后经过了六年的奋斗，1985 年 1 月 28 日由教育部、中国教育工会联合印发了《高等学校教职工代表大会暂行条例》；1985 年 5 月 27 日发布的《中共中央关于教育体制改革的决定》写入："要建立和健全以教师为主体的教职工代表大会制度，加强民主管理和民主监督。"教代会作为一项制度被肯定下来，中小学教职工代表大会制度也很快在全国建立。

但这项制度的落实依然比方明预想的慢。1987 年，教育工会第三次全国代表大会召开，中央破格安排时任副总理的李鹏代表党中央国务院到会讲话，鲜明提出："我们教育战线的各级领导同志都要牢固树立起依靠全体教职工，特别是依靠教师办好学校的指导思想。"李鹏在大会上讲到已经建立教代会制度的高校占 60% 时，特地加上"这个比例是不高的"。

在各级学校建立教职工代表大会的制度安排此后写入多部法律。1993 年 10 月 31 日通过的《中华人民共和国教师法》第七条：教师享有权利的第五款"对学校教育教学、管理工作和教育行政部门的工作提出意见和建议，通过教职工代表大会或者其他形式，参与学校的民主管理"。1995 年 3 月 18 日通过的《中华人民共和国教育法》第三十条："学校及其他教育机构应当按照国家有关规定，通过以教师为主体的教职工代表大会等组织形式，保障教职工参与民主管理和监督。"1998 年

8 月 29 日《中华人民共和国高等教育法》第四十三条："高等学校通过以教师为主体的教职工代表大会等组织形式，依法保障教职工参与民主管理和监督，维护教职工合法权益。"2001 年 10 月 27 日通过修改的《中华人民共和国工会法》第六条："工会依照法律规定通过职工代表大会或者其他形式，组织职工参与本单位的民主决策、民主管理和民主监督。"教职工代表大会制度得到依法保障。

二、促使全国人大通过设立教师节的议案

中国历史上有尊师的传统，但后来由于教师成为历次运动对象备受伤害。1980 年前后各地侮辱、打骂甚至杀害教师，以及侵犯学校等事件仍屡有发生，成为当时一个突出的问题。方明抓住典型事件，组织力量进行调查，提出意见，配合当地党政和司法部门进行及时和严肃的处理，并广为宣传。教育工会还会同教育部党组向党中央写了《关于天津、北京等地教师被毒打、凶杀事件的情况和处理意见》报告。这个报告由中央领导同志批转各地，并抄送公检法部门。各地教育工会也共同努力，伸张正义，维护了教师的合法权益。

与此同时，方明想方设法褒扬教师。在方明的主持下，全国教育工会于 1979 年暑期在北戴河举办了 23 省市优秀班主任经验交流会，一面交流，一面休养，王震副总理接见与会的优秀班主任。著名诗人赵朴初看了代表们的事迹材料，激动不已，写下了广为传播的《金缕曲·敬献人民教师》诗篇。更重要的是曾经的"臭老九"到北戴河休养是政治荣誉，推动了班主任的工作，直接影响到财政部同意发放中小学班主任津贴；由表彰先进，树立了人民教师的形象，引起社会尊重。此后又多次举办高校优秀政工及后勤人员暑期活动、少数民族优秀教师参观活动、农村优秀教师赴京参观活动等。这些活动符合教师的特点，既活跃

了生活，又起到了发扬先进、交流经验、振奋精神、提高教师社会地位的作用。

1980年春节，全国教育工会会同教育部、全国政协、共青团中央等单位联合在人民大会堂举行教育工作者春节联欢会，邓小平、胡耀邦等许多中央领导同志都来参加。又推广"庆教龄"活动，向任教多年的老教师颁发光荣证书，有的还做成光荣榜，宣传他们的先进事迹和崇高品质。党、政领导和新老学生发表热情洋溢的讲话，使老教师激动不已，化解老教师们过去的创伤与委屈，生成慰藉和自豪。

方明当时认为，要真正提高教师的社会地位，就应该恢复教师节。1981年3月，在全国政协五届四次会议上，方明和叶圣陶、雷洁琼、徐伯昕、吴贻芳、葛志成、叶至善、张明养、柯灵、霍懋征等中国民主促进会17位政协委员联名提交了《建议确定全国教师节日期及活动内容》的提案，提议恢复"文革"中被废弃的教师节，方明是这个提案的主要发起人及撰稿人。

为了确定最适合教师节的日期，方明曾征求过很多人的意见，冰心主张定在每年春暖花开的时候，叶圣陶建议定在每年秋季学生入学的日子，让学生在新学年开始就记住教师的辛勤和光荣。

1981年12月，中共中央书记处习仲勋书记接见参加全国中小学工会思想政治工作会议的代表时，方明和教育部张承先副部长一起向习仲勋口头请示恢复"教师节"问题，习仲勋问解放前有无教师节，方明告之6月6日是解放前的教师节，并介绍了1949年6月6日陈毅同志参加上海解放后庆祝教师节的情况。习仲勋听后建议教育部和全国教育工会联合起来写报告请示中央。

1982年4月23日，教育部党组和全国教育工会分党组联合，由张承先和方明共同签名的《关于恢复"教师节"的请示报告》送中央书记处，报告中并建议以马克思的诞辰日5月5日为教师节。

1983 年 6 月，在全国政协六届一次会议上，方明和中国民主促进会 18 位政协委员联名再次提出《为提高教师的社会地位，造成尊师重教的社会风尚，建议恢复教师节案》。全国政协审查的意见如下："建议由中共中央宣传部会同教育部研究办理。"

1983 年 6 月 30 日，方明等人又向中宣部写了请示报告。9 月，中宣部办公厅致函教育部办公厅："经研究全国政协六届一次会议方明等委员的提案，同意恢复教师节。" 1983 年 12 月，由教育部何东昌部长和方明共同签名的教育部党组和全国教育工会分党组"关于恢复'教师节'的请示"送中央宣传部。

1984 年 10 月，万里、习仲勋等中央领导对教育部党组和全国教育工会分党组的请示圈阅。1984 年 12 月，教育部党组和全国教育工会分党组《关于建立"教师节"的报告》送中央书记处并报国务院。《报告》中说，"根据中央领导同志的指示精神，我们进行了研究，建议确定每年 9 月 10 日为教师节，在新学年开始，新生一入学，即开展尊师活动。……如中央和国务院原则上同意建立'教师节'，我们建议由国务院提请全国人民代表大会常务委员会批准颁布。"终于，中央书记处 1984 年 12 月 12 日同意设立"教师节"。

在此期间，又有多人以各种方式提出设立"教师节"的建议，一些地方正在开展尊师重教的活动。

1985 年 1 月 11 日，国务院总理向全国人大常委会提出《关于提请审议建立"教师节"的议案》："为了进一步提高人民教师的政治地位和社会地位，逐步使教师工作真正成为社会上最受人尊敬、最值得羡慕的职业之一，形成尊师重教、尊重知识、尊重人才的社会风尚，根据人大代表、政协委员的多次提议和各地开展尊师活动的经验，建议确定每年 9 月 10 日为'教师节'"。全国人大常委会 1 月 21 日通过了这一议案，确定每年的 9 月 10 日为教师节。1985 年 9 月 10 日为新中国的第一个教师节。

从 1981 年到 1985 年，历经五年的不懈努力，最终促使全国人大通过设立教师节的议案。1985 年 9 月 10 日，全国教师第一次过法定教师节，从此，教师每年有了自己的节日。

三、倡议并参与《中华人民共和国教师法》的起草

二十世纪八十年代初期，全国中、小学出现骨干教师流失、改行现象严重的不稳定状况，成为当时普及教育的潜在危机。为了稳定教师队伍，提高教师政治、社会地位，改善教师生活待遇，为了使得教师权利的维护获得法律依据，方明倡议并参与《中华人民共和国教师法》的起草工作，历经十年、四易其稿才正式颁布。

1984 年，全国教育工会、中国民主促进会和全国政协教育组对教师流失情况进行了调研，大家一致认为必须通过立法手段保障教师的政治地位、社会地位和合法权益，从根本上稳定教师队伍。

1985 年 1 月 14 日，方明将全国教育工会《关于中小学教师队伍不稳定的情况》报告送中央党政各部门，送了 200 份给正在开会的全国人大常委，其中明确建议人大抓紧教育立法，制定《中华人民共和国教师法》。

1986 年 2 月 20 日，方明等人草拟了《教师法》（设想草案）。1986年 3 月，方明和葛志成等民进组的 20 位全国政协委员联名在全国政协六届四次会议上提出《尽早制定 "教师法" 案》。他在提案中写道："建立一支稳定合格的教师队伍，是关系到四化建设和国家兴衰，涉及到千家万户和子孙后代的大事。但长期以来，没有把教师队伍的建设问题放到应有的战略地位，没有充分认识到师资队伍建设是发展我国教育事业的关键。……为了更好地贯彻中央教育体制改革的决定和实施九年

制义务教育法，以适应建设富强、民主、文明的社会主义现代化国家的迫切需要，我们认为应尽早制定《中华人民共和国教师法》。"

1986年初，方明收到广东始信县石人嶂钨矿中学教师朱源星寄来的《教师法》设想稿，这是真正来自群众的第一个教师法文稿。方明等人在此基础上，带领全国教育工会草拟了《教师法》初稿共十章63条，并附国际教师团体协商委员会1954年8月11日在莫斯科通过的《教师宪章》及其产生经过作为参考。

1986年2月20日，方明将草案和有关资料分送给全国教育工会、民进中央、中国陶行知研究会、北京市教育科学研究所、北师大教育科学研究所的负责同志征求意见。之后，上述五家组成《中华人民共和国教师法》联合起草小组，推方明任组长。经过调查研究，约请教育专家和优秀教师座谈，1986年4月，北京市教育科学研究所梅克执笔写出《中华人民共和国教师法》（草案）一稿共九条。

草案一稿通过全国教育工会和民进中央两个渠道分发给相关人士进行讨论，先后参加讨论的有近万人次之多，教师们对此事尤为关心，送来了大量意见。对这些意见研究总结之后，1987年8月，五个单位在青岛市教师之家召开了《教师法》研讨会，邀请起草小组以外的专家、优秀教师、党政领导参加讨论，对《教师法》进行第二次修改，写出了草案的二稿，将草案提交给国家教委；同时写了《教师法》研讨会纪要，下发各地参考。

与方明组织《教师法》讨论同时，1987年3月，国家教委在南京召开了《教师法》研讨会。方明觉得不能各搞各的，应该联合起来，于是派人参加这次会议，提交了联合起草小组的《教师法》草案，表达了对有关问题的见解。征得教委起草小组的同意后，一起进行起草工作。

1988年3月，在全国政协七届一次大会上，方明和民进中央副主席、全国政协常委葛志成联名作了《制定〈教师法〉提高教师地位和待遇》的发言。发言指出："根据两年来就起草《教师法》与广大教师的接触和思考，我们深深感到，必须通过立法，把教师的权利、义务、资格、待遇、培养和进修、考核及奖惩等等肯定下来，才能真正提高教师的地位和待遇。建立一支合格而稳定的教师队伍。"这次发言强调《教师法》既要规范教师，明确教师的义务，又必须强调教师的权利；也要规范社会，向社会提出尊师的要求。

方明还在多个活动上呼吁，必须正视当前出现的"教师危机"，加强制定《教师法》的紧迫感。教师危机，实际是教育危机，民族危机，这绝不是危言耸听，应当引起全社会的重视。制定教师法的目的，既要规范教师，激励他们的事业心、责任感和献身精神，提高教育质量；又要规范社会，使全社会重视教育，尊重和支持教师的工作，保证教师的合法权益，把提高教师的待遇，加强教师队伍的建设纳入依法办事的轨道。

后来，《教师法》纳入国家立法程序，民间机构倡导的效果已经达到，工作告一段落，但方明还是一直关注《教师法》的进展。

1993年10月31日，全国人大常委会通过了方明等人曾为之努力的《中华人民共和国教师法》。并于1994年1月1日实施，前后经历了十个年头。

在《教师法》通过后，方明曾表示：最初我们的设想是要提高教师的政治、社会地位以及生活待遇，所以，《教师法》中规定的权利条款要写得具体、实在，看得见，摸得着，这样不仅可以稳定教师队伍，还可以吸引全国最优秀、有真才实学的人到教育岗位上来办好人民教育事业。可是现在通过的《教师法》中，把教师权利写得笼笼统统，而将教师的义务却写得具具体体，教师们看了，鼓不起劲来。尽管如此，现在的《教师法》经过大家努力终于出台了，虽然不很圆满，我还是赞成的。因为，国家有一个《教师法》和没有《教师法》大不一样。我想经过大家实践，在总结经验的基础上，有朝一日进行修改，一定能修改出使广大教师满意的《教师法》。

仅就上面三件事就为中国教育立下了奇功，每完成一件事方明都感受到了成功的喜悦，体会到人生的价值。知情人都赞誉方明是中国几千万教育工作者的"领头雁"。

实际上，方明所做的远不止这些，他为教育和教师不知疲倦地、创造性地工作着。他认识到普及教育是立国之本，在 1980 年 11 月 12 日全国政协五届三次会议上，和 156 位全国政协委员联名提交《采取有效措施积极推进普及教育以利四化建设》提案，1986 年 4 月 12 日第六届全国人民代表大会第四次会议通过了《中华人民共和国义务教育法》，并于 1986 年 7 月 1 日起施行。他还建议设立"班主任津贴"；他力争将寒暑假教师旅游纳入拨款计划，"因为教师看世界是工作内容"；他倡议成立"退休教师协会"……这些事，有的一两年，有的前后经过五六年，他历经波折，终于一件件地做成，成了全国教师的福祉。他践行陶行知教育思想，推进农村教育改革，并在基础教育、师范教育、职业教育和农民工子弟教育等领域发现、宣传了大量典型和经验，促进了中国教育改革和发展。

四、提任中国陶行知研究会会长鞠躬尽瘁

1985 年 9 月 5 日，中国陶行知研究会成立，在张劲夫、刘季平、钱伟长等人的不懈努力下，各地陆续成立陶研会组织，陶行知教育思想日益深入人心。方明在十年常务副会长兼秘书长任上，组织编辑出版《陶行知全集》(川教版，共 12 卷)、组织陶研课题、建立陶研实验基地，借鉴陶行知教育思想，总结推广科教兴村、兴乡、兴镇、兴县的经验。

1996 年，方明被推举担任中国陶行知研究会会长，在截至 2005 年的会长任期中，他不顾高龄，全身心投入，奔走于各地，深入基层，调查研究。一些基层学校没有活动经费，只要说是学习陶行知，方明自掏腰包购票前往支持。

方明以极大的热忱将工作的重点放在了大力推动、扶持农村教育发展，实现陶行知先生"乡村教育"伟大理想。他先后推动并宣传在安徽休宁和山西吕梁、阳曲等地进行"农科教统筹"，在江苏苏州、重庆渝北等地开展"科教兴乡""科教兴县""科教兴市"等一系列实验，受到了中央领导同志的高度重视。1999 年 10 月，胡锦涛同志到前元庄进行考察，给予充分肯定；2003 年 3 月 7 日，温家宝同志看了国务院调查组《关于山西省柳林县前元庄实验学校的调查报告》后批示道："农村教育必须改革，坚持'农教结合'的办学方向，实行基础教育、职业教育、成人教育'三教统筹'，教学、科技和生产相结合，柳林县前元庄实验学校教育改革的做法和经验值得重视。"不久，国务院于 2003 年 9 月召开了新中国成立以来第一次全国农村教育工作会议，特邀方明到会并发言。

对比他年龄小的人，方明既有父辈的慈祥，也有师长的严厉，还有朋友的真诚。为了实现工作目标，他多少次找到有关单位，查询领导的批件，不厌其烦地向年轻工作人员宣传批件的重要性。有时，他为了追踪、查询批件的下落，从一个科室找到另一个科室，一直到从档案室存档的档案中找出来，磨破嘴皮、踏破门槛，一干到底，不怕苦、不畏难、不怕碰钉子。他总是乐观、忘我、充满活力，心里只有工作，只有人民的教育事业。

2007 年，我和方明先生一起到过晓庄、嘉兴。5 月 9 日晚从北京出发到苏州，为了节省邮寄费，身边还带有不少书，下车时要从站台搬到出站口，此时有个搬运工过来说："50 元帮你们搬出去。"方明干脆地回答："不用了，我们自己搬！"我说每次两捆地把书搬到一个歇脚处，让他站在那里看着书就行，不料他却坚定地说"没关系，没人要这些书的"，提了一捆就走，就这样我们用了大约四十多分钟才将所有的书搬到出站口，来接站的人帮我们将书搬上车。

　　不料，这是我和方明最后一次一道外出，但类似搬书那样的接力却难以结束。

目录

第一辑　学习陶行知

第二辑　推行农科教结合

第三辑　促进教育优质均衡发展

第四辑　倡行尊师重教

第五辑　鼓励教育探新

第六辑　弘扬创造教育

第 一 辑

学 习 陶 行 知

深切怀念陶老夫子①

——记陶先生指导我办工学团

　　1933 年春天，我在苏州一个钱庄当学徒，一天到晚忙还挨骂受气。正当我为前途苦恼时，看到上海报纸刊登中国普及教育助成会招收工读生，可以边做工边学习，十分高兴，我写信给陶行知先生表示想参加。不到几天接到他回信，我回无锡老家去商议。父亲有些担心，姐夫很赞成，说陶行知先生是著名教育家，听他讲演很感人。姐夫帮我筹借了 32 元作半年伙食费我就来到上海。陶先生作的《自立歌》对我影响很深："滴自己的汗，吃自己的饭，自己的事自己干，靠人靠天靠祖上，不算是好汉！"靠老板栽培更不行，我要找自立之路。

　　我到上海是夏天，16 岁。半工半读班共 10 个少年，我和陈挺夫在普教助成会里，白天帮曹建培同志干些事务性工作，晚上学习。先是陶先生介绍一位无线电专家潘某教我们读自然科学，后来又介绍到申报馆量才补习学校。不久，陶先生对我和陈挺夫说：你们读了夜校，静安寺

---

① 本文收入时校正了少量错别字。

一些报童读不起书，你们愿意去教他们吗？在他的鼓励之下，我们鼓起勇气到静安寺万航渡路一个报童家里办起了"报童工学团"，每天学习两小时左右文化和时事。由于人不多，经常只有七八个报童来，后来我就在威海卫路普教助成会附近的静安别墅空地办了"流浪儿工学团"。不久从十几人发展到几十人，借培仁小学傍晚去上课，在进行文化课时巧妙地联系到时事，揭露国民党不抵抗主义，灌输爱国思想，受到学生欢迎。后来发展到100多人，又借一个道教馆办的成都路小学上课，许多穷苦的劳动人民和学生都很高兴。

陶先生有一天到助成会来，问我流浪儿工学团情况，我说有个学生华荣根在亭子间家里教别的小孩子，他说：这样的小先生多几个更好，读了书再教人，不做守知奴嘛！不久他带着广西省教育厅长到普教助成会，要我马上带到华荣根家看小先生教学，我很着急，万一不在教学怎么办？我带他俩到了华家门口，听到琅琅读书声才放心，小小亭子间还挂孙中山像，9个孩子都在学。陶先生和客人很感动，陶先生回来后就写出了著名的《亭子间工学团》一诗，表示赞扬。

还有一个小孩，在流浪儿工学团读了书，也在自家弄堂里办了儿童读书班，经常有十五六人学习。一天，陶先生陪同教育家陈鹤琴去参观。看了很高兴，陈先生还高兴地讲了个生动的故事：两只山羊过独木桥各不相让，顶撞起来，扑通扑通都掉下河了。参观后陶先生称赞说：你这两个学生不错，都当了小先生，即知即传嘛。他送了几本书给我们，包括他的《古庙敲钟录》等。当时普教助成会和外界联系很多，来往的人多，尽管陶先生自己靠卖稿为生比较清贫，但凡有人找他帮助，他都尽力。1934年深秋，我还穿着单衣，那时我们每月只有5元生活费，他看到马上拿5块钱要我买衣服，剩下1元我还他，他说你零花吧，真像爷娘一样，使我终生难忘。

"一二·九"运动前，我已由山海工学团的戴季康介绍加入秘密的

"中国青年反帝大同盟"，直接接受地下党的教育、领导。有一次我们把传单送到量才补习学校教室的每个抽屉里，震动了全校。我后来又参加了地下党，我们办的成都路小学更有意识地向学生灌输进步思想，进行反帝反封建、抗日救亡教育，经常讲时事，讲故事，教救亡歌曲。我当小先生初就利用留声机教《义勇军进行曲》等，受到小孩子欢迎。那时留声机是新鲜东西，可吸引一些人，引起学习兴趣。

"一·二八"四周年，陶先生和沈钧儒等救国会领袖带领群众几千人，步行四十五里到大场庙祭扫抗日烈士墓，震动了上海，我也去参加的。陶先生在20世纪30年代前期一直在上海工作，非常艰苦，他和共产党团结互助、相依为命，他经常到大场、山海工学团去，到沪东、沪西工人识字班去，为工农大众的教育和抗日救国运动四处奔波。"一二·九"运动时陶先生发起组织"国难教育社"，推动教育界为抗日救国共赴国难而努力，他和共产党更加亲密合作，他的学生不少是共产党干部，如王洞若、张劲夫等。他自觉接受党的路线方针并坚决执行。当时他和地下党合作办工人夜校或识字班，和党同心同德。1936年春流浪儿工学团被破坏，我到沪东余日章小学工作。陶先生和地下党钟民等也合作得很好。

1946年4月中旬，陶老夫子回到阔别十年的上海，我当时负责地下教联工作，我通过陶先生联络爱国民主人士，开展民主运动和民主教育。他积极支持小教联的暑期文艺晚会，又对小学教师专门讲《小学教师与民主运动》。我曾协助他组织卖字兴学，请郭老、冯玉祥、田汉等写字义卖，准备育才学校迁沪和上海办社会大学。我同时协助他组织"民主教育讲座"。他在上海约一百天，夜以继日为民主运动和民主教育而奋斗，党的中心工作和他的活动完全一致了。事实证明，陶先生是党最亲密的朋友，周总理说他是"党外布尔什维克"是实事求是的评价。我看了陶先生生平展览，回忆起许多往事，使我更深切怀念陶老夫子。他是我最早的思想启蒙老师。是他引导我参加革命，找到共产党。他为人民教育事业忘我的献身精神，他一生追求真理对党忠诚不二的精神，现在仍然是值得发扬，值得学习的。中国教育界要有千万个陶先生，教育事业就会办得更好。

（原载于《行知研究》1985 年第 6 期，10 月）

纪念陶行知，学习陶行知，
不断深化农村教育改革[①]

今年是我国近代伟大的人民教育家、教育思想家、伟大的爱国主义者、伟大的共产主义战士陶行知诞辰 100 周年。陶行知先生以他毕生的精力，献身于人民教育事业。他的适合中国国情、具有中国特色的教育思想、教育理论和光辉的教育实践，都是留给我们国家和民族的宝贵精神财富。全国农村教育工作者在纪念陶行知诞辰 100 周年的时候，学习陶行知先生的教育思想和教育理论，发扬陶行知先生献身人民教育事业的崇高精神，对于发展农村教育改革大好形势，对于推进农村改革不断深化，具有重大的现实意义。

近几年来，我国农村教育改革取得了明显进展，表现在：第一，各级领导日益重视农村教育，把改革和发展农村教育作为推动农村社会主义建设的重要战略措施来抓；第二，各地知陶、学陶、师陶活动逐步推

---

① 本文源于 1991 年初方明应安徽黄山市农村教育综合改革办公室举办的一次全国农村教育会议邀请参会的讲话，首发于《中国农村教育》1991 年第 2 期，并以《纪念陶行知，学习陶行知，不断深化农村教育改革》发表于《中国陶行知研究/基金会会讯》1991 年 7 月出版的第 47 期。

开，越来越多的农村教育工作者借鉴运用陶行知的教育思想、教育理论和实践经验，推动农村教育改革；第三，农村教育出现了一系列可喜变化，一个具有中国特色的农村社会主义教育的格局正在逐步形成；第四，燎原计划已经取得明显的成果，教育综合改革实验的规模逐步扩大；第五，推动了教育内部的改革，促进了教育自身的发展和教育质量的提高。但由于农村教育改革还处于实验、探索、发动、起步阶段，就全国来讲，发展还很不平衡，所以我们面临的任务还是艰巨的，正所谓任重而道远，面对这种形式，广大农村教育工作者为了使教育更好地服务于社会主义建设，正在教育思想、教学内容、教学办法以及学校前、学校后、学校内、学校外和各方面探索规律，深化改革。这种改革，正是陶行知先生生前梦寐以求并为之艰苦奋斗了一辈子的理想，正是中国农村教育的希望所在。

我们纪念陶行知先生，就要学习陶行知先生。我们要开展一个学习伟大人民教育家陶行知先生的活动。我认为，我们广大农村教育工作者，一要学习他"为一大事来，做一大事去"的崇高理想，努力发扬他的"人民第一，一切为人民"办教育的精神，特别重视办好乡村教育，为农民办教育的精神；二要学习他"捧着一颗心来，不带半根草去""鞠躬尽瘁，死而后已"的献身精神；三要学习他艰苦奋斗，开拓创造，甘当骆驼，迎难而上的办学精神；四要学习他爱儿童，爱青年，爱祖国，爱人民，"爱满天下"的教育精神；五要学习他的一整套教育理论，特别是他关于乡村教育的一系列光辉思想。我们要以学习陶行知先生为新的动力，坚定不移地加快农村教育改革的进程。

我们今天纪念和学习陶行知先生，更要勇于实践。陶先生提出的"生活即教育""社会即学校""教学做合一""行是知之始，知是行之成""在劳力上劳心""千教万教教人求真，千学万学学做真人"等至理名言和光辉论述，其指导思想和精神实质，就是立足于社会实践，从整个社会发展着眼，来正确地认识和处理生活与教育，社会与学校，教学与做的关系，这完全符合我国当前农村教育改革的基本精神和主要要求。正如李鹏总理所说："对陶行知教育思想的研究，对于搞好教育改革，培养人才都是有益的。"因此，我们学陶师陶的根本方法，也是"教学做合一"，真正把学习行知先生的教育理论和伟大实践，落实到行动上。让我们大家更加积极作投身于农村教育改革的实践，为创建具有中国特色的社会主义农村教育新体系作出新贡献！

（原载于《中国陶行知研究/基金会会讯》第 47 期，1991 年 7 月）

求真务实　坚持实践　再接再厉①

今天，四川省的党政领导和社会各界隆重集会纪念伟大的人民教育家陶行知先生诞辰 100 周年，缅怀陶行知先生辉煌战斗的一生和为人民教育事业立下的丰功伟绩，是有重要现实意义的。

会上，同志们已经讲了很多纪念陶行知，学习陶行知的话。这些话，讲得很实在，很深刻，对我很有启发，是一次很好的学习。

四川省是陶行知先生生前生活、工作时间比较长的地方。陶行知先生与四川省人民在民族、民主革命斗争中，建立了深情厚谊。记得从 1938 年 9 月，陶行知先生以"国民外交使节"的身份访问欧、亚、美 28 个国家和地区，宣传中国人民抗日斗争。回国后，主要就一直在四川，直到抗日战争胜利，1946 年 4 月回上海，在这期间，陶行知先生根据抗战建国的需要，创办了重庆育才学校、重庆社会大学，培养了一大批革命和建设的人才。这一期间，可以说是陶行知先生创立的生活教育理论和实践最成熟、最完善的时期，他配合抗战，开展抗战教育运动。抗战胜利后，配合民主斗争，开展民主教育运动，为民族、民主革

---

① 本文源自 1991 年 9 月 24 日方明在四川省纪念陶行知诞辰 100 周年大会上的讲话，收入时有少量删减修改。

命斗争，作出了积极的贡献。四川省人民对陶行知先生最了解，对陶行知最崇敬，由此而产生的感情也是最真挚深厚，这是今天四川省陶研工作的基础。这种理解，这种感情，在党的正确思想路线指导下，就会迸发出无穷的力量。四川省陶研工作的现实，充分说明了这值得珍惜和发扬的一点。这是我要说的第一点。

党的十一届三中全会以后不久，四川的陶研工作，从一开始就是在省委、省政府的直接领导下，有主要负责同志的亲自参与，与社会各界密切配合、协作开展的。近十年来，你们根据党的方针政策，从本省实际情况出发，先后恢复了重庆育才学校、重庆社会大学、生活教育社，开展重点课题的研究，倡导创业教育，有计划、有步骤地开展多种类型的试验，合川县的整体教育改革实验就是其中的一项，你们采用以点带面，逐步推广的方法，为教育事业的发展和社会主义两个文明的建设作出了新的贡献。从已经取得的成果看，你们的观点是正确的，路子是对头的，是有远见的；你们的工作是求真务实的，是有成效的。反映了陶行知创立的与日俱进的生活教育理论是有新的生命力的。你们的工作在全国是有影响力的。这是我要说的第二点。

当前，全国"学陶师陶"活动正在健康深入地发展，形势很好。广大教育工作者自觉学习陶行知著作的热情越来越高，要求也越来越迫切。在这时刻，四川省陶研会和四川教育出版社与中陶会《陶行知全集》编委会通力合作，在1985年湖南教育出版社出版六卷本《陶行知全集》之后，克服种种困难，全力以赴出版了新版十卷本《陶行知全集》。你们为抢救我国民族文化遗产，普及陶行知教育思想，促进教育改革，建设具有中国特色的社会主义作出了重大贡献。这是一件永载陶研史册，造福子孙后代的大事，人民和历史是永远不会忘记你们的。这是我要讲的第三点。

你们根据中国陶行知研究会、基金会关于开展纪念陶行知诞辰100

周年活动的要求和你省活动的具体安排,全省性的纪念会提前在今天隆重举行,就全国范围来说,你们这个纪念会是全国较早开的一个会,无疑还带有一定的示范性质。为此,关于纪念陶行知的问题,我想讲一点原则意见。不久前,国家教委主任李铁映在庆祝教师节发表的重要讲话中指出:"目前,教育事业已进入了发展和改革的新时期,人民教育人民办、办好教育为人民的观点日益深入人心,教育正在走上与经济、科技以及社会进步协调发展的健康道路,并且积累了适合中国国情发展和改革的宝贵经验。"又说:"我们能不能实现社会主义现代化建设第二步战略目标,并为 21 世纪的现代化建设奠定良好的物质基础;能不能更好地迎接世界新技术革命的挑战;能不能打破国际敌对势力推行和平演变的图谋,都同教育工作者有着密切的关系。"还说:"我们的教育是社会主义的教育,我们的教师是社会主义的人民教师,为培养一代又一代社会主义事业的建设者和接班人,努力奋斗,在振兴中华的历史上,谱写出新的辉煌篇章。"这些话,实质上是给全国教育工作者指明了当前教育战线的形势,阐明了社会主义教育的性质,确定了今后教育工作的任务。我们陶研工作也要为此而努力工作,作出新的贡献。离开了这些,就会背离方向。只有这样,才经得起国际形势风云变幻的风浪考验。对陶行知的最好纪念是"重在学习,贵在实践"。教育工作者肩负着光荣的历史重任,我们要不断地提高自己的思想政治水平和文化业务水平,具有高尚的品德,渊博的知识,掌握教育教学工作规律,教书育人,为人师表,为祖国的社会主义教育事业作出更大的贡献。这是我要讲的第四点。

根据全国陶研工作的实际,虽然各地情况不同,但以我个人的感受来说,我想高兴地说,你们四川省的陶研工作,还有安徽的、山西的、江苏的、上海的陶研工作都是有明显成绩的,这是大家公认的。希望你

们坚定信心，加强学习，坚持实践，再接再厉，为我国教育改革和人民
教育事业的发展作出新的贡献，让陶行知的生活教育理论发出时代的
光辉！

（选自《方明文集》，中国文史出版社 2017 年版，第 46—48 页）

学陶师陶　重在学习　贵在实践①

　　值此纪念伟大的人民教育家陶行知先生诞辰 100 周年之际，我将中国陶行知研究会近十年来的工作情况作一概要汇报。

　　陶行知先生的一生，是与旧中国半封建半殖民地社会的劳苦大众共呼吸、同命运的一生；是与无数民主主义革命的先驱者和中国共产党人谋求民族解放、国家独立、人民幸福共患难，并肩战斗的一生；又是全身心地配合新民主主义革命政治斗争的需要，从事人民教育事业的一生。中国近代历史的现实教育了陶行知，陶行知对中国近代历史的变革和发展，也作出了无愧于历史的重要贡献。

　　在本世纪的 20 年代、30 年代、40 年代，陶行知创办过晓庄学校、山海工学团、重庆育才学校、社会大学等学校。创立了"生活即教育""社会即学校""教学做合一"的生活教育理论。由陶行知倡导的生活教育运动，在随着生活前进而不断发展过程中，经历过乡村教育、普及教育、国难教育、战时教育、民主教育五个阶段。生活教育理论作为一

---

　　① 本文源于 1991 年 10 月 18 日，由国家教委、中国陶行知研究会等十机构或群体发起在人民大会堂举行的纪念陶行知诞辰一百周年大会，方明在会上报告了中国陶行知研究会的工作概况，照原文选用，对明显错讹做了校正。

种教育学说，一种教育思潮，曾经猛烈地抨击过传统教育和洋化教育，为中国教育寻觅曙光，探索新路，在国内外产生过广泛的影响。陶行知用以工人、农民联合起来反对帝国主义、封建主义为主题的《锄头舞歌》，鼓舞过全国上下；用豪迈坚定富有感召力的爱国主义诗篇"我是中国人，我爱中华国，中国现在不得了，将来一定了不得!"振奋过亿万中国人。陶行知还曾严肃庄重地阐述了"农不重师，则农必破产；工不重师，则工必粗陋；国民不重师，则国必不能富强；人类不重师，则世界不得太平""教育是共和国的保障"的重要观点。抗战胜利之后，陶行知又站在反独裁、争民主，反内战、争和平斗争的最前列。不久，因劳累过度，刺激过深患脑溢血病，过早地离开了我们。陶行知一生为之奋斗的"普及教育、振奋中华"的宏愿，在旧中国的国土上和旧制度的迫害下，是不能得以实现的。但他的立足于"人民第一、实践第一、创造第一"的生活教育理论，却"为中国教育树立一块基石"。这一功勋，人民和历史是永远不会忘记的。

新中国成立以后，全国各族人民在中国共产党的领导下，以空前的热情全面进行社会主义革命和社会主义建设。在一段时间里，由于我们在"左"的指导下，工作中犯过一些错误，"1951年，曾经发生了一个开始并不涉及而后涉及陶行知先生的关于电影《武训传》的批判"，"由于陶行知先生称道过武训精神，其批判程度和范围也就大大扩大了"。由此，学习、研究陶行知及其教育思想也就成了无人问津的"禁区"，几乎造成了一代教育工作者不知道陶行知。即使有一些人知道陶行知的，其真实形象不是片面的，就是被严重扭曲了的。工作中的失误，铸成了严重的损失。现在，我们的责任是对陶行知教育思想的抢救和补课!

党的十一届三中全会以来，我们党重新恢复和坚持了"一切从实际出发，实事求是"的思想路线。教育界为"探索中国教育出路"的热情重新活跃和高涨起来，学习研究陶行知的问题又重新提上日程。

1981 年 10 月 18 日，全国政协在北京召开了规模盛大的纪念陶行知90 周年诞辰大会。全国政协主席邓颖超、副主席胡愈之在会上作了重要讲话，对陶行知作了高度评价。邓颖超说："陶行知先生是半殖民地半封建的旧中国爱国知识分子由教育救国走上民族、民主革命道路的一个典范"，"陶行知先生一生光明磊落。他是中国共产党的一位亲密战友"。

1985 年 9 月 5 日，为了适应全国学习和研究陶行知发展的需要，中国陶行知研究会、基金会成立。在大会通过的《章程》里确定两会宗旨是以"辩证唯物主义和历史唯物主义为指导思想，坚持四项基本原则，贯彻'双百'方针，对陶行知哲学、政治、教育、科学、文艺、社会学等思想，以及他的实践经验进行研究和实践，并加强与有关方面的联系与协作，为实现我国社会主义现代化作出贡献。"李鹏、胡乔木、邓立群、张劲夫、杨静仁、刘季平等同志出席了大会，对陶行知再一次作了充分肯定和高度评价。中共中央政治局委员胡乔木同志在会上说："陶先生是一个伟大的、进步的教育家、教育思想家，伟大的民主主义战士，伟大的共产主义战士，伟大的爱国者。"两会还选举产生了领导机构。

1986 年 10 月 18 日，中国陶行知研究会、中国陶行知基金会在上海召开第一届理事（委员）会，并隆重纪念陶行知 95 周年诞辰暨学术研讨会，上海市党委、政府、人大、政协、民主党派和社会团体负责人参加了大会。江泽民同志在会上发表了长篇重要讲话。他说："陶行知的一生，是由卓越的民主主义战士进而成为伟大的共产主义战士的典型，是中国知识分子的典型。"又说，"陶行知为中华民族谋取解放，为中国教育探求新路，鞠躬尽瘁，死而后已，他怀着'教育为公''甘当骆驼'的精神，从中国的国情出发，努力发展人民教育，'为整个民族利益来造就人才'，作出了永远值得后世纪念的贡献。"会上，两会制定和通过了今后工作要点。

　　1985 年，湖南教育出版社出版了我国第一部六卷本《陶行知全集》。为纪念陶行知诞辰 100 周年，四川教育出版社又出版了十卷本《陶行知全集》。陶行知的光辉巨著是极宝贵的精神财富，他的理论与实践足资当前教育改革借鉴，出版《陶行知全集》是一件造福子孙后代的大业。此外，各地还出版了不少关于陶行知的诗歌、画册、书信、传记、故事、年谱、论文集、儿童文学集、专辑、期刊和会讯等，还拍摄了电视片、文献片。这些，对宣传学习陶行知都起了极其有效的作用。

　　中国陶行知研究会、中国陶行知基金会成立之后不久，1986 年，安徽省在省委负责同志的倡导下，由教育行政部门和安徽省陶研会、教育学会、教育、工会、妇联、共青团等单位联合发出要求全省教育工作者开展"以陶为师，教书育人，为人师表"活动的通知。近年来由教育行政部门和陶研会等组织联合发出"人民教师学习陶行知"通知的已有安徽、上海、江苏、四川、广西、福建、广东、山西、江西、青海、河南、辽宁、云南、黑龙江等省、市。全国学陶师陶活动，出现了由群众性自我教育，逐步发展成为由教育行政部门直接领导和各有关部门密切配合的学习活动，其作用和效果就大不一样了。

　　以上五大事件，说明了全国陶行知研究工作在政治上、组织上、理论上和具体措施方面已经具备了条件，奠定了基础。

　　现在，全国有陶研组织的省、市、区二十个，实验区、实验点、实验学校共二百多个，会员二万多人。近年来，由中国陶研会主持召开的全国性的学术研讨会有四次。其中较有影响的是 1988 年 1 月在广东召开的"师范教育改革讨论会"，1989 年 11 月在四川召开的"全国生活教育理论讨论会"，1989 年 10 月与中华职教社、中国教育工会全国委员会在安徽举办的"农科教统筹协调研讨班"。之后，又参加了 1990 年 5 月由农业部、国家科委、国家教委、林业部和中国农业银行联合在安徽召开的全国部分省、市农科教结合工作座谈会。会上，我们三个单位联合发表了《我们的建议》，提出"为了促进农科教结合这一新生事物的发展，建议'科技兴农'不如改'科教兴农'好"。这一建议后为李鹏同志接受和赞许。1990 年 11 月，我们又在安徽举办了"农村师范教育改革研讨班"。这些全国性专题研讨会议，通过介绍经验，实地考察，分组交流，集体总结的方法，起到了相互学习，促进推广的作用，来自全国各地参加研讨会的同志普遍反映受到了启发，开阔了思路，学到了改革精神和创业精神，认识到学陶师陶有利于更好地贯彻实施党的教育方针。专题性会议之后，我会还认真编辑出版了《为中国教育改革探路》《改革师范教育的新路》《农村教育的出路》三本书。汇集各地先进经验，供全国研究参考之用。江苏、安徽、上海的三所陶行知纪念馆，做了大量的宣传教育工作，成了全国陶研工作的重要基地和社会主义精神文明建设的窗口。港台同胞、海外侨胞、外国朋友，凡参观过陶行知纪念馆的无不同声称赞陶行知伟大，日本陶研专家斋藤秋男说过："陶行知不仅是中国知识分子的榜样，也是各国知识分子的模范，我们都应该学习他。"又说，"陶行知不仅属于中国，也是属于全世界的。"至于全国各省各市各基层单位的陶研活动，更是丰富多彩、硕果累累。这些工作和活动，一方面深化和扩展了对陶行知的研究；另一方面又推动和促进了当前的教育改革。我会众多的会员，有的是党和国家德高望重的老同志，有的是教育界的学者专家，社会各界的知名人士，更多的是教育战线第一线教师，还有的是陶行知先生的亲属和挚友、学生。由于大家对陶行知先生的崇敬和对陶研工作的共识，五湖四海，老中青结合，组成了一支学陶师陶的志愿兵，促进教育改革的骨干队伍。这些成就，都是我们全体陶研工作者和广大教育工作者在党和政府的直接领导和关心支持下，共同辛勤耕耘的结果。这些成就，反映了全国陶研工作已经出现了一个新局面，进入了一个新阶段，显示出了陶研工作在新的历史时期新的生命力。

　　为什么全国陶研工作能出现如此众多的成果？其根本原因是因为陶行知创立的生活教育理论具有深刻的时代性，以及陶行知作为伟大的人民教育家的崇高精神具有强烈的感召力。很多教育工作者在通过学陶师陶之后，心悦诚服，倍感亲切，学了能用，具体地说是因为：陶行知的生活教育理论是有其辩证唯物主义和历史唯物主义的哲学基础；是有其始终为人民服务的坚定立场；是有其符合教育教学客观规律的科学依据；是有其与我们党的教育方针息息相关，不谋而合的一致性；是有其与我国国情相适应以及对教育必须为经济建设服务，经济建设必须依靠教育的共同观点；陶行知光辉一生的爱国主义精神，开辟创造精神、科学民主精神、抬头乐干精神和无私奉献的精神又是对青少年进行近代史教育和思想政治品德教育的好教材。广大教育工作者在当前教育改革的实践中，学习和运用陶行知生活教育理论中关于大教育观念、终身教育观念、生利主义教育观念、创造教育观念等，无不取得令人信服的成果。如四川省倡导和实验的创业教育；安徽省倡导和实验的农科教结合；山西省倡导和实验的村校一体、矿校一家；山东省倡导和实验的三教统筹等等。这些实验，就全国范围来说还在起步阶段，但路子是对头的，是在新的历史条件下，学习应用和发展陶行知教育思想的结果，是涉及教育体制改革的重大步骤，是建设社会主义新农村的必由之路。另外，在中师、职教、幼教等方面的实验，也积累了不少成功的经验，正在由点到面，在更大的范围内推广。有的省、市还把这些方面的改革纳入到地区性整体改革范围之内，其影响将会更加深远。通过"以陶为师，教书育人，为人师表"活动加强教师队伍的自身建设，更是效果显著，成绩丰硕。所有这些，我们有理由说，陶行知的生活教育理论是与时俱进的现代先进教育理论。陶行知先生不愧为伟大的人民教育家。

　　不久前，李鹏同志为陶行知先生故乡安徽歙县题写了"行知公园"四字，表示了他对老师的崇敬和怀念之情。李鹏同志还曾说过，"我支持赞成对陶行知教育思想研究，这对我们搞好教育改革，培养人才是有好处的"。国家教委主任李铁映在教师节发表的讲话中说："目前，教育事业已进入发展和改革的新时期，'人民教育人民办，办好教育为人民'的观念日益深入人心。教育正在走上与经济、科技以及社会进步协调发展的健康道路，并且积累了适合中国国情的发展和改革的宝贵的经验。"他又说："我们能不能实现社会主义现代化建设第二步战略目标，并为21世纪的现代化建设奠定良好的物质基础，能不能更好地迎接世界新技术革命的挑战，能不能打破国际敌对势力推行和平演变的图谋，都同教育工作者有密切的关系。"他还说："我们的教育是社会主义的教育，我们的教师是社会主义的人民教师，要为培养一代又一代社会主义事业的建设者和接班人努力奋斗，在振兴中华的历史上，谱写出新的光辉篇章。"这些话，实质是给全国教育工作者指明了当前教育战线的形势，阐明了社会主义教育的性质，确定了今后教育工作的任务。我们陶研工作一定要为此努力工作，作出新的贡献。离开了这些，就会背离方向。只有这样，才能经得起国际形势风云变幻的风浪考验。我们今后的任务是艰巨而光荣的！

在纪念伟大的人民教育家陶行知先生诞辰100周年之际，动员和教育陶研组织和全体陶研工作者响应"实干兴邦"的号召，在党的领导下，认真学习马列主义、毛泽东思想和老一辈无产阶级革命家的教育思想，配合教育行政部门，加强与有关方面的联系和协作，艰苦奋斗，勤奋工作，开拓前进，为"在振兴中华的历史上，谱写出新的光辉篇章"作出新的贡献。学陶师陶，"重在学习，贵在实践"是我们对陶行知先生最好的纪念，最重要的纪念！

中国陶行知研究会工作概况，一定有遗漏、不妥之处，请同志们补充指正。

（原载于《行知研究》1991年第4期）

陶行知教育思想对职业教育发展
仍然有现实意义①

由中国陶行知研究会和广州市教育委员会联合召开的陶行知教育思想与职业教育广州研讨会今天就要圆满结束了。会议期间，我们非常高兴地听取了全国人大教科文卫委员会副主任杨海波同志关于改革发展职业教育，实施科教兴国战略，推进社会主义现代化建设的重要讲话，听取了国家教委职教司司长刘来泉同志关于学习实施《中华人民共和国职业教育法》发展职业教育的讲话，听取了广州市教委主任叶世雄同志关于广州职业教育改革和发展情况的介绍。会议期间，参观了广州市白云行知中等职业学校、白云职业培训学院、电子职中三所学校。会议收到来自广东、广西、四川、江苏、安徽、辽宁、山西、山东、云南、陕西、浙江、福建、上海、河北、北京、江西、天津的学术论文66篇。出席会议的代表90多人。经过大会发言、分组讨论、参观考察，各地的职教经验和学术研究得到了充分的交流。与会代表通过对广州市三所

---

① 本文为1996年11月18日在广州举行的"陶行知教育思想与职业教育研讨会"闭幕式上的总结讲话。收入本书时有少量删减。

不同类型的各有特色的职业学校的参观，对广州市职业教育的改革和发展有了较深刻的了解，受到了有益的启发，感到极大的鼓舞。会议期间，东道主还精心安排了一次别有情趣的珠江夜游自助餐活动。代表们一饱珠江两岸繁荣景象的眼福，活跃了会议气氛。在这里，我要特别说一说的是，这次学术研讨会，从筹备到召开，始终得到广州市党委、政府，广东省、广州市教委、陶研会的直接领导、支持和参与，你们"敬业育人、自力更生、开拓进取"的精神，给我们留下了深刻的印象；你们的文明礼貌、精心服务、友好情谊，给我们留下了难忘的记忆。正如海波同志说的，这次会议选在广州开是选对了。广州的教育改革和发展已经逐步形成带有体系性的成果，是有一定示范作用的，会议的主题选对了；广州处在改革开放的前沿，是向世界展示社会主义中国发展进步的重要窗口，可以受到改革开放的启示，会议的地点选对了；广州四季如春，入冬不冷，气候宜人，在这里开会，很舒服，看来时间也是选对了。用广州同志的话来说，参加这次会议的代表们是高素质的，交流学习的学术论文是高质量的，我们的服务水平应该是第一流的。看来，现在已完全达标。这次会议是成功的，圆满的，它必将对今后职业教育的改革和发展产生积极的推动作用，意义是十分重要和深远的。

刚才张葵、胡晓风、张健等同志作了很好的发言。这些讲话，都带有总结性和指导性的。现在，我代表中陶会就这次会议的成果，也讲几点意见。

第一点，职业教育的改革和发展，要依照《中华人民共和国职业教育法》的规定办事。《中华人民共和国职业教育法》的公布实施，是我国职业教育史上具有里程碑意义的一件大事。要依法办学，首先要学法，懂法，才能正确地执法。根据职教法统一认识，分清责任，落实措施，事情就好办了。千万不要有法不学，有法不依，仍走因人而治的道路。职教法的实施，是改革和发展职业教育最重要的法律保障，是促进职业教育上新台阶的有力武器。同志们要抓紧时机，依法办学，我想必将出现一个职业教育的新局面。

第二点，按照社会主义市场经济发展对人才的需求办学，职业教育才有无限的生命力。我国的社会主义市场经济正在由粗放型向集约型发展，职业教育体制和办学模式应随之变革。社会的进步，科技的发展，经济的繁荣需要各种不同类型、不同层次的人才，而职业教育是和经济建设最主要结合点。因此，社会主义市场经济发展需要什么样的人才，职业教育就应培养什么样的人才。"产销对口""质量第一""社会认可"是办好职业教育的普遍规律，也是各地职业院校的共同经验。广州市白云行知职业中专、山东农民学校、江苏铜山张集职业高中、浙江衢州女子职业中学、四川宣汉毛坝职业高中，以及福建福安职业中学等的办学成果，都充分说明了这一点。同志们，按市场需要办学，必将前程似锦。

第三点，现代职业教育，必然是大职业教育，它具有广泛的社会性，需要动员社会各方面力量参与办学，依靠社会力量兴办现代职业教育，是随着社会主义市场经济发展而出现的自然趋势，发达的经济必然有发达的职业教育，发达的职业教育自然会促进经济的进一步发展。单靠国家办的职业院校培养各级各类不同层次的人才，不仅力量有限，还不能完全适应现代企业迅速发展的需求。职业院校与社会方方面面联合办学，是社会向前发展的客观需要，也是职业院校本身发展的需要。职业院校与企业联合办学、产教结合、工学结合，是当前职业教育改革的成功经验，不仅解除了学校在招生、分配、经费等方面的困难，也解除了企业部门缺少办学人员的困难，更重要的是培养提高了企业职工的素质。像白云行知职业中专那样"工农商学兵、东西南北中"的办法联合办学，不仅使学校的规模、教学设备成倍的增长，也使白云农工商联合企业得到了成批的素质合格的工人，保证了产品质量，促进了企业的迅速发展。

第四点，伟大的人民教育家陶行知是中国现代职业教育的倡导者之一。学习和实践陶行知的职业教育思想，对今天我国职业教育的发展仍然有现实意义。陶行知认为："职业教育应以生利为主义"，为社会"生有利之物，生有利之事"，"以物利群，以事利群"。这对今天办好职业教育，仍具有指导作用。白云行知职业中专在其总结介绍中说："'学陶'是个宝，它是我们向现代化进军的取之不尽、用之不竭的力量源泉。"大家在现场考察中，也深感他们"学陶师陶"深入，不仅学校领导和教师都能领会"教学做合一"的原理教育学生，在知识竞赛中，不少学生都能说出许多陶行知的名言。"学陶师陶"确实有利于今天的教育改革和发展。在这次研讨会中，我们受到了两个启示。一个是生活与教育的关系问题。从这次会上的经验交流中可以看出，凡是办学效果好，培养出受社会欢迎的人才，促进了当地经济的发展，受到了企业和农民的赞扬，都是他们办学的专业。教学内容和方法贴近当地社会生活，顺适了当地人民的生活需要，因而学校有了活力，得到了发展。这说明教育贴近社会生活，就有了生命力。如果脱离社会生活，就难以有生命力。生活是教育的源泉，教育是前人社会生活和现实社会生活的提炼，是人类社会继续前进的一种特殊生活。生活和教育是一个母体两种形态，不宜截然分开。再一个是改革和发展的关系问题。从各地交流的经验中可以看出，凡是摆脱了教育脱离生活旧框架的学校都得到了发展，并在发展中不断地进行改革。这说明改革和发展密不可分，在改革中求发展，在发展中谋改革，已成为各地职业教育的共同经验。职业教育的总目标，是民族的振兴、国家的富强，这些都取决于国民素质的提高。国民素质的提高，当前主要是职业意识的提高和科学技术能力的提高。只有提高广大人民的职业意识和科学技术能力，"科教兴国"战略才能真正落到实处。按照"科教兴国"战略来改革和发展职业教育，是当前我国教育领域中的一件大事，要十分用力地来抓。有了什么样的社会生活，就办什么样的教育，这是第一性的，是客观需要。今天的教育不仅要为今天的社会生活服务，更重要的是要为明天的社会生活服务。人类社会生活总是处于向前发展的动态之中，因此，教育工作应该有超前思想，现在就应该培养跨世纪的生利人才，只有这样，才能体现教育促进社会进步的功能。

建设有中国特色的社会主义，就是在改革开放中不断发展，教育也应该在改革中发展。今天，教育的发展需要改革，改革的目的是为了发展。改革的实质是扬弃那些不适合现代化建设，不适合现代教育的旧观念、旧体制、旧方法，不是简单地否定过去。改革不是照搬国外的一套，应该根据国情，坚持有中国特色的社会主义方向，结合当地实际，有利于社会进步，能提高人们素质，能培养生利人才。

会议即将结束。有的同志和我说，山西省前元庄"村校一体"的办学经验，可以作为我国经济不发达地区农村教育改革的模式推广，那么广州市白云行知职业中等专业学校的办学经验，是否可以作为我国城市职业教育改革的模式推广？我的回答是可以的，但不是唯一的。由于社会经济结构是复杂的，城市职业教育的办学模式也会是多种多样的。白云行知职业中专所取得的成功经验，应该充分肯定。海波同志视察了该校后说："如果每一所学校，都像他们那样自力更生、艰苦奋斗去办，哪有办不成办不好的学校？"并为学校题词："全面育人，师陶典型。"这就是评价，这就是结论。

明天，我们将应邀去深圳，参加那里的陶行知研究会成立大会，这是全国陶行知研究会发展史上的一件大喜事。深圳是个特区，在那里有一个开展学陶师陶活动的窗口，对扩大陶行知研究的影响是有十分重要意义的。我们参加深圳市陶行知研究会成立大会，不单是对他们开展学陶师陶活动的鼓励和支持，也是我们向他们学习的一个好机会。

　　请允许我代表中国陶行知研究会和与会全体代表向广州市党委、政府、省、市教委、陶研会的领导和同志们，表示衷心感谢；向白云行知职业中等专业学校、白云职业培训学院、广州电子职中的全体师生员工表示亲切的慰问和崇高的敬意；向安徽的《行知研究》编辑部、广州市21中学、白云宾馆以及为大会作出努力的领导和同志们表示衷心的感谢。

　　会议结束时，广州市常务副市长伍亮同志又一次莅临大会致闭幕词，表示欢送之情，使我们倍感亲切，依依不舍。海波同志说，这次会议在广州召开，正是"陶花盛开，满园春色"。让我们携起手来，把真挚的情谊化作奋进的力量，进一步开创我国职业教育的新局面。祝大家身体健康，一路平安，陶研事业兴旺发达！

　　　　　　（选自《方明文集》，中国文史出版社2017年版，第158—162页）

陶研工作的回顾与前瞻①

陶行知的一生早就得到一大批老一辈无产阶级革命家的高度评价，陶先生的教育思想和教育实践与解放区的教育方针相符合，也得到充分肯定。

1946 年 8 月 12 日延安各界隆重追悼陶先生时，陆定一同志代表党中央致悼词中号召："我们中国共产党人和解放区的教育界，要为继承陶先生的遗志而奋斗！"新中国成立后，正当我们需要继承发扬陶先生的教育思想，来改造旧中国遗留下来的教育时，1951 年一个大冤案发生了。由于批判电影《武训传》，"涉及陶行知先生"。这场批判，现在已认定"是非常片面的，非常极端的，也可以说是非常粗暴的"，并宣布了平反。但其影响延续了二十多年。陶行知的名字几乎在中华大地上销声匿迹，研究陶行知教育思想成了"禁区"，致使陶行知留下的极其丰富的有利于改革和发展中国教育事业的理论和实践得不到借鉴和运

---

① 本文为 1999 年 11 月 14 日于中国陶行知研究会、基金会在全国政协礼堂举行的全国陶行知教育思想研究与实验先进集体与先进个人表彰大会上的报告，曾以《陶研工作的回顾与前瞻》为题发表于《中国陶行知研究/基金会会讯》1999 年第 9 期。收入本书时对内容做了少量删减与修改。

用，再回顾新中国五十年来教育所经历的曲折发展历程，更使我们深思和遗憾。

党的十一届三中全会以后，改革和发展教育工作成了全党和全国人民十分关注的重大课题。邓小平同志表示愿意做教育科技工作的后勤部长。我们在认真反思教育工作上的曲折和失误之后，人们深感照搬外国的模式不行，反反复复更不行，必须要有符合我国国情，又面向未来的一整套中国的教育理论来指导。随着恢复和发扬党的实事求是的优良传统，许多有志于推进我国教育改革事业的同志就日益怀念起陶先生，并开始重新学习和研究陶行知。1981 年 10 月 18 日，全国政协在北京召开了规模盛大的纪念陶行知诞辰九十周年大会，全国政协主席邓颖超在会上作了重要讲话，她说："陶行知先生一生光明磊落。他是中国共产党的一位亲密战友。他后十年坚定不移地跟着中国共产党革命到死。他不避艰难险阻，不顾敌人威胁利诱，不计个人得失安危，为中国民族民主革命和人民教育事业而献身的精神，是值得我们敬佩和学习的。"邓颖超同志的高度评价，实际上恢复了陶行知先生的名誉。1985 年，胡乔木同志代表党中央再一次宣布"陶先生是一个伟大的、进步的教育家、教育思想家，伟大的民主主义战士，伟大的共产主义战士，伟大的爱国者"。学陶师陶活动便与日俱增地在祖国大地兴起。江泽民同志的"学习陶行知教育思想，促进教育改革"，李鹏同志的"学习、研究、运用、发扬陶行知教育思想，为发展社会主义教育事业服务"的号召，更推动了全国学陶师陶的热潮。各地在学习和实践陶行知教育思想之后，推进了教育事业的发展，深化了教育、教学改革，创造了许多有实际成效的新经验。使人们深深感到陶先生的教育理论与实践非常符合我国国情，与现在党对教育工作的方针和要求完全一致。虽时过半个多世纪，仍很有针对性，大家学起来觉得就是现在说的，指导方向，分析弊端，非常亲切。凡能进入到学陶中来的人们，都会有一种非学不可的感觉。

因而对此有越来越多的人，不断产生以上共识。历史更将证明陶先生为创建有中国特色的社会主义教育体系奠定了基础。

新中国成立以后，我国教育事业有着巨大的发展，教师队伍已逾千万。"振兴民族的希望在教育，振兴教育的希望在教师"。建设好这么一个庞大的教育队伍是个极为重要而又是非常艰巨的任务。陶行知是我们无比崇敬的榜样。李岚清副总理也曾于1995年3月19日题词号召我们"以陶行知先生为楷模，为办好我国全民素质教育作贡献"。"爱满天下"，"损己利人"，"捧着一颗心来，不带半根草去"的彻底奉献精神，集中体现了陶先生的崇高师德，而这正是广大教师所特别需要学习的。"千教万教教人求真，千学万学学做真人"的教育思想是实施素质教育，提高学生素质的关键所在，是我们深入教改的指针；陶行知那种"敢探未发明的新理"，"敢入未开化的边疆"的开拓创新精神，也是我们坚持教改，勇于创新，所必须具备的品质。

历史的遗憾，现实的需要，未来的基石，充分说明学习、研究、运用、发扬陶行知教育思想，是深入教改的趋势，是历史的必然。

一、陶研工作的兴起与发展

随着全国陶研工作的兴起，在安徽、江苏、上海、四川等省、市已率先成立陶研会的推动下，中国陶行知研究会应运而生。1985年9月5日，在北京全国政协礼堂正式宣告中国陶行知研究会、中国陶行知基金会同时成立。在两会成立大会上，中共中央政治局委员胡乔木代表中央又一次为陶行知恢复了名誉，并作了高度评价，进一步澄清和消除了在错误路线影响下对陶行知评价所产生的错误认识和不公正的态度，为在全国进一步全面开展学陶师陶活动奠定了政治基础。当时副总理兼国家教委主任李鹏也在大会上说："我是陶行知先生的学生，1939—1940年我曾在育才学校社会组学习过，那时我很小，才十几岁。今天党中央叫我担负国家教育委员会的工作，我支持和赞成对陶行知教育思想进行研究，这对我们搞好教育改革，培养人才是有好处的。"两会制定和通过了各自的章程和领导班子。选举张劲夫为名誉会长，刘季平为中国陶行知研究会会长，方明为常务副会长兼秘书长。后钱伟长任会长，现任会长是方明。许涤新为中国陶行知基金会会长，张健为常务副会长兼秘书长。后孙起孟任会长，现任会长周道炯。由此，全国学陶师陶活动进入一个由原来分散的各自独立探索的局面转为有领导、有组织、有规划、上下结合、纵横交错的崭新局面，全国开展学陶师陶活动奠定了组织基础。

14 年来，中陶会在各方面的支持下，在各地陶子共同努力下，积极开展工作，主要表现在两个方面：

（一）陶研组织不断发展壮大

刘季平会长说："陶行知的宝贵精神财富属于全国、全人类"，"陶研会一定要搞五湖四海"。根据这一原则，1980 年开始到 1998 年，全国已有安徽、江苏、上海、四川、北京、福建、陕西、广东、云南、吉林、湖北、辽宁、浙江、山东、广西、山西、江西、河南、天津、黑龙江、河北、重庆等二十二个省、市自治区成立了陶行知研究会。在各地党政领导的重视、支持下，各地教委、教育工会、教育学会等组织积极参与下，许多地方的陶研组织已延伸到地（市）、县、乡（镇），各类学校和幼儿园。有些地方的工矿企业和部队也建立了陶研会或陶研小组，特别是一大批师范院校的陶研组织已发展到学生，基本上形成了一个全国学陶师陶的组织网络。

（二）陶研活动逐步发展，学术研究和实验工作不断深入

首先，为适应学陶师陶的需要，1985 年湖南教育出版社出版了六

卷本《陶行知全集》；1991 年，为纪念陶行知诞辰 100 周年，四川教育出版社出版了十卷本《陶行知全集》，1998 年 10 月，第十一卷又在成都正式出版发行。这一光辉巨著是我国近代教育史上的一座极其丰富的宝库。为了抢救陶行知留下来的宝贵精神财富，胡晓风等同志还在搜集整理国内外的陶行知的资料，准备在十一卷的基础上再出版十二卷。此外，各地还出版了大量关于陶行知的诗歌、画册、书信、传记、故事、年谱、集锦和论文集、儿童文学集、专辑。创办《行知研究》等期刊、会讯等。还拍摄了电视片、文献片。《陶行知》八集电视剧已在 1998 年底拍摄完成。在安徽歙县、江苏南京、上海宝山区建立三个陶行知纪念馆，搜集、整理、布置、展出了陶行知的生平事迹和文物，接待了近百万参观者。安徽省歙县陶馆已被中宣部等部门确定为全国一百个爱国主义教育基地。在南京劳山脚下陶墓旁又新辟了由国家主席江泽民题写园名的"行知园"，在黄山新建了陶行知诗词碑亭。各地还建立了众多的陶行知塑像，供广大群众瞻仰。

第二，有计划开展了全国性大型纪念活动和学术研讨会，其中影响较大的共二十次。

——1986 年 10 月 18 日，中国陶行知研究会、基金会在上海召开第一届理事会并隆重纪念陶行知 95 周年诞辰暨学术研究会，江泽民同志在大会上发表长篇重要讲话。他说："陶行知的一生，是由卓越的民主主义战士进而成为伟大的共产主义战士的典型，是中国进步知识分子的典型。"他又说："陶行知为中华民族谋取解放，为中国教育探求新路，鞠躬尽瘁，死而后已，他怀着'教育为公''甘当骆驼'的精神，从中国的国情出发，努力发展人民教育，'为整个民族利益来造就人才'，作出了永远值得后世纪念的贡献。"

——1988 年 1 月，在广东召开了"师范教育改革研讨会。"

——1988 年 10 月，在广西桂林召开了"生活教育理论研讨会"。

——1989 年 10 月，中陶会会同中华职教社、中国教育工会在安徽黄山市举办了"农科教统筹协调研讨班"。其后，1990 年 5 月，农业部、国家教委、国家科委、林业部和中国农业银行又联合在安徽滁县召开了部分省、市农科教结合工作座谈会，一致认为"农科教结合是十年来借鉴陶行知教育思想进行教育改革的产物，是安徽人民的创举"。

——1989 年 11 月 28 日至 12 月 2 日在成都召开了"全国生活教育理论研讨会"。

——1990 年 11 月，中陶会又与中华职教社、中国教育工会在安徽肥西师范和徽州师范联合举办了"农村师范教育改革班"。

——1991 年 10 月 18 日，在首都人民大会堂隆重举行了纪念伟大的人民教育家陶行知先生诞辰 100 周年纪念大会。李瑞环、李铁映、张劲夫、胡乔木、孙起孟、雷洁琼、钱伟长等 500 多人出席了大会。中共中央政治局委员、国务委员、国家教委主任李铁映讲话。他说："陶行知为中国教育求新路，为振兴中华民族造就人才，作出了永远值得后世纪念的不可磨灭的贡献。"中国陶研会名誉会长张劲夫在致辞中说，陶行知为了实现生活教育的理想，前后开展了乡村教育、普及教育、国难教育、战时教育、全面教育、民主教育等，为中华民族培养出成千上万的国家栋梁人才。

——1992 年 10 月 27 日至 11 月 1 日，在上海山海工学团基地召开了纪念生活教育运动 65 周年、创立山海工学团 60 周年暨两会第二届理事（委员）会和学术讨论会。中陶会名誉会长张劲夫到会并作了"为普及人民大众教育探求新路"的讲话。

——1993 年 11 月 23 日至 28 日，在江苏江阴市召开了"中陶会小学素质教育研讨会"，会议采取以看为主，看、听、读、议相结合。由于主题重要，现场典型，虽规模不大，但影响大。

——1994 年 11 月 7 日至 12 日，在山西省太原市和吕梁地区举行了

"农村中小学和师范学校素质教育研讨会"。会议为贯彻《中国教育改革和发展纲要》，主要在于深化农村教育综合改革。特别是柳林县前元庄的"村校一体"的实验成果，给大家以很深的印象。为我国比较贫困地区的农村教育改革探索出了新路，创建科教兴村的成功典型。

——1995年10月27日至30日，在上海市宝山举行了"纪念中国陶行知研究会、基金会成立十周年暨弘扬行知思想，深化教育改革研讨会。"21个省、市200多位代表参加了会议。中陶会名誉会长张劲夫到会并作了重要讲话。中国陶行知研究会、基金会作了"十年工作回顾和总结"汇报，并宣布了表彰名单（全国共192名）。

——1996年7月12日至21日，在江苏省南京市举办了"全国首届中青年陶研骨干培训班"，18个省、市、自治区的300多位学员积极参加，是中陶会举办规模较大的一次学术聚会。

——1996年10月18日至21日，在湖北武汉市华中师范大学举行了"陶行知研究国际学术研讨会"，中国、日本、美国等地50多位专家学者参加了研讨会。李鹏、李岚清、李铁映、雷洁琼、钱伟长、杨海波、张承先、柳斌等领导同志为大会题了词。

——1996年11月18日至21日，为贯彻《中华人民共和国职业教育法》和纪念陶行知诞辰105周年，在广州、深圳召开"陶行知教育思想与职业教育研讨会"。

——1997年7月18日至24日，在纪念"生活教育"运动70周年期间，中国陶行知研究会又在南京举办"全国第二届中青年陶研骨干培训班"。来自19个省、市自治区的340多名学员参加了学习。

——1997年11月4日至8日，中陶会在山西太原召开了"师范教育和农村教育综合改革山西现场研讨会"。全国人大科教文卫委员会副主任杨海波、中共山西省委副书记、省长孙文盛给大会发来贺信。山西省副省长王昕、国家教委副总督学王文湛、山西省教委主任曹福成等到会并讲了话。会议主题是在科教兴国战略和可持续发展战略的指引下，把农村师范教育改革和农村教育综合改革深化一步，促进"科教兴村""科教兴乡（镇）""科教兴县"的伟大事业有一个新的进展。

——1998年7月20日至25日，在南京实验国际学校（中学部）举办了中陶会全国第三届中青年陶研骨干培训班，来自19个省、市、自治区的326名学员参加了学习。

——1998年10月25日至30日，在四川成都召开了中陶会全国素质教育四川现场研讨会。教育部部长陈至立亲笔签发了给大会的贺信，说："中国陶行知研究会在实施素质教育，培养学生全面发展方面做了许多有益的探索和实践，取得了一定的成绩。"四川省委书记谢世杰也发来了长篇贺信。开幕式上还举行了《陶行知全集》第十一卷的首发式。这次会议主要活动是到成都、绵阳、温江、新都等地参观了27所大中小学的教改现场，边听边看，内容丰富多彩，形式生动活泼，与会代表一致认为所到之处学陶氛围很浓，改革力度大，成效突出，并各具特色，给大家印象很深。是一次开得很成功的会议。

——1998年11月1日至3日，又在四川省绵阳市召开了中陶会师范教育专业委员会成立大会暨首届一次学术研讨会。有17个省、市的51所师范院校参加，会议还发出了一个师范教育改革的倡议。

——1999年8月2日至5日，在苏州国际外语学校，举办了全国第四届中青年陶研骨干培训班。

中陶会通过14年的学陶实践，各地创造了不少经验，要进一步深入，迫切需要给予在理论上的深层指导，更要有针对性和有说服力地阐明陶行知教育思想"与当前的社会主义教育学息息相通"。经反复酝酿筹备，正式申请了一个"陶行知教育思想现代价值研究"课题，并经全国教育科学规划领导小组批准，被列为全国教育"九五"规划课题。1997年7月20日至21日在南京召开了开题会议。课题分理论和实验两部分。理论部分按照统一议定的提纲，由十位陶研专家分别撰写。1998年12月，在上海又共同议定，各章都要突出重点，不求全而求精，要有新意，要有特色，一定要体现出其现代价值。实验部分共有九个子课题，专家鉴定验收后，各自出书。整个结题工作将于2000年底全部完成。

二、陶研的丰硕成果

全国开展学陶师陶活动只十几年，但已显示出陶行知教育思想鲜明的现实针对性和强大的生命力，越来越使更多的人有了迫切的要求。全国各地的陶研成果不断涌现，其中最突出的有五个方面：

（一）"农科教结合"是创造性学习借鉴陶行知教育思想改革农村教育的重大突破

陶行知在实践农村教育改革的过程中，多次提出过"教育要与农业携手"，"科学要下嫁"。安徽省黄山市（原徽州地区）是较早学习研究陶行知的地区，而且一开始就注意把学习研究与改革实践结合起来，把教育与经济同步调查研究。经过"安徽省陶行知教育思想研究与教育改革徽州实验区"的长期试验、探索，总结出农科教统筹的新经验。1989年3月，安徽省农村教育改革会议在黄山召开，会议肯定了"农科教统筹协调是休宁县溪口区重要的探索和创造，是发展农村经济的方向"，并决定在全省推广。同年10月，全国人大常委会副委员长孙起孟到溪口视察，怀着极大的喜悦题词："农科教结合，展示了农村改革深化的有效途径，特别是农村教育深化改革和蓬勃发展的宽广道路；并为贯彻两个文明一起抓的方针提出了惹人注目的有益经验""定将在建设有中国特色的社会主义的过程中表现出越来越旺盛的生命力"。1989年10月底，中国陶研会、中华职教社、中国教育工会完成了对休宁县农村教育的联合调查，并写出报告，又以"农科教结合的一项重要实验"为题在《光明日报》摘要发表。12月，又联合举办了有21个省、市187人参加的"农科教统筹协调研究班"，向全国宣传推广。1990年3月，在全国政协七届三次会议上，方明等同志为这一问题的联合发言和提案，提出农科教结合这一新生事物是十年改革的产物，是安徽人民借鉴陶行知生活教育理论的创造，是建设社会主义两个文明、建设社会主义新农村的必由之路，深得人心，得到各界知名人士131人的签名支持。从而，1990年5月，国家农业部、国家科委、国家教委、国家林业部、中国农业银行在安徽滁县联合召开了"部分省市农科教座谈会"，方明等同志也应邀参加。会议提出了许多积极的意见，如建议将"科技兴农"的提法改为"科技教育兴农"，后又经多次呼吁，为中央领导同志所接受。正如1991年1月24日，李鹏同志与出席全国农业工作会议的部分代表座谈时的讲话中指出："科技兴农战略现在又加上了教育工作，要提高劳动者的素质，成为科技教育兴农，这个提法很好。"

1992年10月12日，江泽民同志在党的十四大报告中正式肯定"坚持依靠科技、教育兴农"。1992年2月12日，国务院以国发（1992）11号文件发出《国务院关于积极实行农科教结合推动农村经济发展的通知》，明确指出"农科教结合是实现农业现代化的一个重要途径""实行农科教结合，把农业发展和农村经济建设转移到依靠科技进步和提高劳动者素质的轨道上来，是一场广泛而深刻的变革"。此后国务院多次召开有关部门会议交流实行农科教结合的经验，研究农科教结合中的问题，以推动全国农科教结合健康、深入地发展。李岚清副总理在1994年2月26日的一次有关会议上进一步强调："农科教结合是极为重要的方针，是发展农业和农村经济的一个关键问题。发展农业靠科技、政策和投入，最终还是靠科技，而科技的基础是教育。农业要上新台阶，没有文化、没有技能的农民是无法实现的。发展农业和农业经济，首先是提高农村劳动者的素质。"

关于农科教结合方面的实验，在全国也还有不少地方也先后以不同模式进行各种实验。如四川合川县从 1987 年开始的"整体改革"实验，山西屯留县东古村行知学校从 1991 年开始的"整体教育实验"，江苏省江浦县五里行知小学从 1993 年开始的"村级大教育"实验。特别是山西省前元庄从 1987 年开始的"村校一体"的实验，成果突出。

（二）学习借鉴陶行知的大教育观，为实施"科教兴国"战略夯实基础工程，取得了显著成果。

从前元庄的教育综合改革，推动了科教兴村事业，到苏州地区的科教兴镇和温江县、渝北区的科教兴县（区）的实践，发展了陶行知的大教育思想。

山西省吕梁地区柳林县前元庄是一个偏僻山村，过去这里穷得出名，"丰年吃糠，灾年逃荒"。十一届三中全会以后，温饱虽初步解决，教育也有了发展，但山河依旧，面貌未改。这个村从 1972 年到 1982 年的十年间，共培养了 120 名高、初中毕业生，外流得只剩下七人。这说明，在应试教育体制下，农村教育实际上成了一种"离农教育"。要变"离农教育"为"兴农教育"，必须探索一条农村教育的新路。前元庄在山西省陶研会、吕梁地区教育局和各方面的帮助指导下，借鉴陶行知先生的大教育思想，1987 年创办了一所实验学校。一是实行"村校一体"的办学体制，采取村校干部交叉任职（村党支部书记任教委主任，校长兼任村党支部副书记）、村委会聘请老师为"智囊团"，建立教师联系农户等制度等办法，从体制上克服了教育与经济的两张皮现象；二是构建三教统筹的教育结构，使基础教育和职业教育、成人教育互相渗透，职前教育和职后教育互相衔接，形成了教育对象覆盖全村幼、少、青、壮的大教育网络；三是确立教科劳兼顾的教学体制，把教学活动、科技活动和生产劳动有机结合起来，强调理论联系实际，培养手脑并用的一代新人。这项改革实验在短短的几年里就收到了明显的成效，不仅大大地提高了教育质量和办学效益，而且有力地促进了当地经济发展和精神文明建设。农民人均收入由 1987 年的 320 元提高到 1994 年的 1 100元；63% 的农户发展起庭院经济；27% 农户成为科技示范户。村里无赌博、无盗窃、无违法案例，计划生育获先进单位称号。1990 年被省政府命名为精神文明村。这里的青壮年已全部扫盲，适龄儿童全部接受学前教育，小学的入学率、巩固率、合格率均达 100%。跟踪调查了 1993年、1994 年的 143 名初中毕业生，升入高一级学校的占 57%，比吕梁地区的初中升学率高出了 27 个百分点。其余升不了学校的，分别当了乡镇企业工人、司机、电工、缝纫师、农机员、果农等。以上事实充分说明前元庄实验学校是一个科教兴村的好典型。吕梁地委和行署作出了在全区推广前元庄实验学校"村校一体"办学经验的决定，至 1994 年底，吕梁地区进入农村教育综合改革实验的学校已有 2 872 所，占全区中小学总数的 49.7%，有力地加快了吕梁人民脱贫致富奔小康的步伐。

1995 年 3 月 18 日，中国陶研会、全国人大教科文卫委员会、全国政协教科文卫委员会、民盟中央教育委员会、民建中央教育委员会、中国教育工会、中华职教社、中国贫困地区文化促进会等八个单位在北京召开了一次"山西省吕梁地区前元庄实验学校教改经验汇报会"。会上国家教委副主任柳斌传达了李岚清副总理的三点指示：1. 向前元庄和吕梁地区的教育工作者表示慰问。2. 前元庄和吕梁地区把教育发展放在优先地位，兴教富农、农科教结合、三教协调是好的，应很好地总结。3. 希望前元庄和吕梁地区继续总结完善自己的经验，全面贯彻《中国教育改革和发展纲要》和实施意见，使吕梁地区的教育在现在的基础上再上一个新台阶。与会有关方面领导和专家对这个"办好一校、致富一村、带动一片"的好典型，一致给予了充分的肯定和很高的评价，认为他们的经验具有一定的普遍意义，值得各地农村学习推广，尤其值得贫困地区学习推广。会后，《人民日报》《光明日报》《中国教育报》都作了报道。李岚清副总理在看他们的材料后又作了批示，认为他们的经验"符合经济不发达地区办教育的实际和方向"。1995 年 6 月 27 日，山西省陶研会、山西省教委等七个单位在太原召开了一个汇报会，山西省人民政府孙文盛省长出席并作了重要讲话，他说："对于这样一个科教兴农、科教富民的好典型，我们一定要加强宣传和指导，在不断总结和完善的基础上，进一步在全省范围内加以学习和推广。"此后山西省人民政府于 1995 年 8 月 17 日以晋政发（1995）93 号文件向全省推广前元庄的经验，通知要求："各地、市、县及有关部门结合当地实际，认真学习、推广吕梁地区柳林县前元庄实验学校的办学经验，因地制宜，因校制宜，不断总结和完善本地农科教结合的新经验，为深化教育改革，促进科教兴农，振兴我省经济，推动社会主义精神文明建设作出新的贡献。"1998 年 7 月 7 日，中陶会会长方明、民盟中央主席丁石孙、民进中央副主席张怀西、中华职教社常务副理事长黄大能又联名向国家科技教育领导小组朱总理、李副总理推荐山西省陶研会总结的《农村实施科技兴国基础工程的实践》，得到了朱总理和李副总理的及时批示，教育部陈至立部长也很重视。

此后，不少同志又建议，希望能再总结一些经济发达地区和中等水平地区实施科教兴国的经验，使我们受到启发。我们在全国各地广泛的调研中，发现了一大批借鉴陶行知教育思想，改革农村教育，促进地区经济和精神文明建设事业的发展，初步实现科教兴村、科教兴乡（镇）、科教兴县（区）的先进典型。首先我们选定了我国经济发达地区之一的苏南地区，苏州市农村二十年来发生的巨大变化，令人信服地展示了他们探索和实践科教兴镇的成功之路。中陶会、江苏省陶研会和苏州市教委一起，总结了他们实施"科教兴镇"的五条基本经验：一是以邓小平理论为指导，实践陶行知乡村教育思想，探索"科教兴镇"的实现途径；二是教育先行成为政府行为和乡镇干部的实际行动；三是不断深化农村教育综合改革，形成终生教育体系，提高全民素质；四是运用各种形式实行农（经）科教结合，提高生产水平；五是发扬社会主义的创业精神和培养一大批创业骨干。为了进一步论证，中陶会与民盟、民建、民进在京联合召开了"苏州市科教兴镇基础工程汇报研讨会"，全国人大常委会原副委员长、民进中央名誉主席雷洁琼，全国人大常委会副委员长、民盟中央主席丁石孙，全国人大常委会副委员长、民进中央主席许嘉璐，中国陶行知研究顾问杨海波，全国政协科教文卫委员会副主任王明达，民建中央副主席朱元成，民进中央副主席张怀西，教育部基础教育司副司长朱幕菊，教部职业成人教育司副司长王季平等应邀参加了研讨会。在听取了苏州市教委、江苏省教委的汇报后，进行了热烈的讨论。丁石孙、杨海波、王明达、朱元成、许嘉璐等同志先后发言，对苏州农村二十年来巨变的显著成绩十分赞赏，充分肯定了他们总结的基本经验，并认为具有战略意义，建议宣传推广。丁石孙同志还说："中陶会在这方面的工作很有意义，我愿意跟在你们后面摇旗呐喊。"会后四家又联名致函李岚清同志，呈送了苏州的材料。李副总理在百忙中于收到信的第二天即批示给教育部参阅。教育部陈至立部长亦即作出批示："陶研会工作很有成效，所总结之经验应推广。请研究室参阅。"现在，中陶会又在考察、调研的基础上，帮助总结中等水平地区实施科教兴国工作的经验，四川省温江县和重庆市渝北区的"科教兴县（区）"的经验已较成熟。

（三）借鉴陶行知的全面发展教育观，推动了"应试教育"向"素质教育"转变的进程。

李岚清副总理 1995 年 3 月 27 日所作的"以陶行知先生为楷模，为办好我国全民素质教育作贡献"的题词，给大家以极大教育。

早在 1934 年，陶行知就严厉指出："中国传统教育界是展开了许多幕的滑稽的悲剧。学生是学会考，教员是教人会考，学校是变成了会考筹备处。会考所要的必须教，会考所不要的，不必教，甚而至于必不教。于是唱歌不教了，图画不教了，体操不教了，家事不教了，农艺不教了，工艺不教了，科学的实验不教了，所谓课内课外的活动都不教了，所要教的只是书，只是考的书，只是《会考指南》！教育等于读书，读书等于赶考，好玩吧，中国之传统教育！"半个多世纪过去了，"应试教育"在今天的表现与此相比，是有过之而无不及！1993 年 2 月 13 日，由中共中央、国务院颁发的《中国教育改革和发展纲要》中再一次明确提出："中小学要由'应试教育'转向全面提高国民素质的轨道，面向全体学生，全面提高学生的思想道德、文化科学、劳动技能和身体心理素质，促进学生生动活泼地发展……"中陶会在学习贯彻纲要的过程中，探索如何借鉴陶行知一贯主张的全面教育观，以推动"应试教育"向"素质教育"转轨的进程。1993 年 11 月在江苏江阴市举行了"小学素质教育研讨会"，大家肯定了江阴市推进素质教育的丰硕成果，总结了他们的成功经验，江阴市由"应试教育"转向"素质教育"的基本经验，一是上下一致，转变观念。我们所见到的小学校长都很有水平，他们教育思想端正，办学思路清晰，有的还有独到见地。二是由点到面，逐步推进。他们采取"点线牵引、球状滚进、板块推移、全面启动"，并精心安排，讲究实效。三是全面改革，各具特色。全面构建实施素质教育的三类课程，即优化学科课程，强化活动课程，开发环境课程。各校又都在全面落实教育方针的基础上，办出各自的特色。江阴市小学在推行整体改革，实施素质教育的过程中，普遍学习和借鉴了陶行知教育理论和实践。他们学陶师陶做到三个结合：学习邓小平教育思想与学习陶行知教育思想相结合；研究推行教育教学改革与陶研活动相结合；提高教师队伍素质与学习陶行知的崇高师德和伟大人格相结合。各校园内陶味很浓，领导和教师对陶行知教育思想均很熟悉。他们的教育教学改革的成功实践，显示出陶行知教育思想在今天形势下的运用和发展。例如，他们鲜明地提出"把时间还给学生"，提倡"析疑光荣"，"创新光荣"，鼓励学生做学习的主人，创造充分的条件，组织学生在丰富多彩的活动中，发展各自的兴趣和特长，等等，完全体现了陶行知所倡导的"六大解放"的思想。再如，学科教学以综合训练为基本方法；劳动课以指导学生自己动手去做为主；活动课放手让学生去实践、制作、去创造；养成教育反复进行训练，等等，基本上运用了"教学做合一"的原则。安徽省芜湖市镜湖区参加江阴会议的代表，会后在区里校长会上作了认真传达，引起了积极反响。区教委主任随即组织全体校长专程赴江阴参观学习，经过热烈讨论，一致赞成启动素质教育实验，并得到区委、区政府的大力支持。在安徽省陶研会第一会长王光宇同志和常务副会长王世杰同志亲自来芜指导和芜湖市陶研会始终给予帮助下，由点到面，区域推进。安徽省教委也极为重视，确定镜湖区为安徽省第一个素质教育实验区，并与安徽省陶研会共同召开了全省素质教育现场研讨会。1999年6月2日至4日安徽省陶研会又在芜湖市暨镜湖实验区召开了全省素质教育现场会。省及全省各地教育部门负责人、芜湖市党政领导20多人参加了会议。王光宇同志作了《学习、运用陶行知教育思想，继续深入推进素质教育》的报告，安徽省教委、芜湖市教委负责人相继讲话，镜湖区教委介绍了他们《以陶研为先导，探索素质教育之路》经验体会。与会人员分组参观了芜湖市暨镜湖区的17所学校，深入课堂观摩了24节课。感到学校陶研气氛很浓，特别是采用现代化教学手段，灵活运用多媒体，以学生为主体，充分调动全班学生的学习积极性，引导学生手脑双挥，主动参与围绕教学目的的各项活动。使大家具体感受到，真正运用陶行知的教育思想，深入改革人才的培养模式，就能达到减负增效的要求，实现全面提高学生素质的目的。

成都地区认真学陶师陶，大力深化素质教育，硕果累累，形势喜人。他们借鉴陶行知教育思想，全面实施素质教育，并有重大突破：一是已从幼儿园、小学发展到一批中学，特别是重点中学。如新都一中就是一个典型代表。他们提出："立足改革，发展兴校；以人为本，人和兴校；学陶研陶，科研兴校。"启动"陶行知生活教育理论的综合实验工程"，要求学生以生活为中心，做到"四个学会"。即："学会生活、学会学习、学会创造、学会做人"。同时，教师把创造教育模式在各学科教学中加以具体化；实行开放式的语文教学，生活化的英语教学，探究性的理科教学，涵养式的艺体教学。为提高教学效率，努力运用现代教学手段，多媒体进课堂，并给180名教师配备了电脑，便于在家备课。二是在一个县区域推进素质教育。如：温江县兴办大教育，全县推进素质教育，促进了科教兴县。为此他们在全县广泛开展了各种形式的学陶师陶活动。连续三年派出50多名校长和骨干老师参加中陶会组织的陶研骨干培训班学习。精印了各种学陶资料，供干部、教师学习，给学生做课本。他们面向全体学生，致力全面发展。以抓艺术教育为素质教育的突破口，开展生动活泼的课内外活动。许多农村小学的音、体、美课和艺术教育活动都十分出色，如他们展示的几百名小学生整齐优美的哑铃操、千人竖笛合奏、千只形状各异、栩栩如生的剪纸蝴蝶等都令人赞赏不已。同时，综合改革农村教育，兴办大教育，建设新农村。他们树立大教育观，抓大统筹，带来大发展，实现了"教促富、富促教"的大好局面。上海行知中学、上海培进中学等在素质教育中十分重视调动学生的主观能动性，鼓励学生自治，培养学生手脑并用的习惯，使学生真正成为学习的主体，也都取得了显著成效。

创造教育是素质教育的深层发展。陶行知是我国创造教育最早的开拓者。上海、天津、四川等地实施创造教育均取得了令人瞩目的成果。

上海市闸北区和田路小学校长金礼福探索创造教育近二十年，成果尤为突出。他在上海陶研会的帮助下，学习了陶行知关于创造教育的一系列论述，受到很大的启发，从而对创造教育的研究和思考不断深化，设计了《运用陶行知"教学做合一"理论培养小学生创造力》的研究课题，在小学阶段培养创造型的预备人才，使学生初步具有创造的意识、思维与人格。为此从小学一年级开始，按智商平均分配后，随机取样确定一个创造教育实验班和一个对照班，经过五年实验，课题组运用权威量表对学生的创造意识、创造思维、创造技能、创造人格四方面分别测试，13 项指标的数据表明，实验班显著优于对照班。特别是在分班时智力上没有任何优势的实验班，五年来坚持贯彻实验措施，更不加班加点补课，但由于学生创造力的提高而促进了学生基本学习能力的提高，统一考试的总分高出对照班 12 分，达到了"减轻负担，提高质量"的要求，另外，实验班是上海市先进中队，品德良好。实验班体育达标也强于对照班，而近视眼也低于对照班。可以说，创造教育促进了学生素质全面提高，还造就了一批进行创造教育实验的教师。他们还总结出了"和田创造二技"并在国际会议上交流。金礼福同志总结他近二十年进行创造教育的基本感受时，归纳为四点：一是创造教育重要的在于对师生内部潜能的开发；二是创造教育为基础教育注入了新的活力，使素质教育提到一个新层次；三是创造教育是一个完整的系统工程，必须在学校全方位进行；四是实现创造教育目标，必须根本改革现有的教学模式，代之以创造性的"教"与"学"。今年 10 月 12、13 日，中陶会和12 个省、市、自治区的代表应邀参加了在上海市闸北区召开的"小学创造教育展示研讨会"，现场参观了和阳路小学、和田路二小和宝山路小学。三所小学以不同的方式生动、深入地从小实施创造教育，各具特色，给大家以很深的印象。他们 20 年的实验不是重复，而是不断创造不断深化。金礼福同志在发言中，阐述了小学阶段启蒙与开发学生创造力的几点理论思考，探讨了四个关系，即：继承与发展的关系，基础与创造的关系，课内与课外的关系，学生与教师的关系，很有新意。成都创造发明学校的创造教育实验，已坚持不懈地搞了十年。他们在学科教学中渗透创造性思维的训练，培养学生的自动精神和自学精神，鼓励他们敢于发表不同意见，敢于大胆发问，在学习中逐步建立自尊心、自信心，激发求知欲。同时开展各种创造发明活动，让学生手脑并用，发挥创造能力。最近我们又深入该校得知，他们的创造教育，已全面进入了课堂主渠道，这是个重大进展。

（四）以陶为师，为加强师资队伍建设作出了贡献

"振兴民族的希望在教育，振兴教育的希望在教师。建设一支具有良好政治业务素质、结构合理、相对稳定的教师队伍，是教育改革和发展的根本大计。"当前社会对教师的反映，普遍强烈的是师德问题。"捧着一颗心来，不带半根草去""甘当骆驼""爱满天下"，陶行知的伟大人格和崇高师德堪称全国教师的楷模，已为大家所共识。所以在全国各地陶研组织的推动下，以提高师德水平为中心的学陶师陶活动，得到较普遍的开展，而且形式多样，如讲故事、演讲比赛、征文评奖和短小精悍的文艺演出等，得到较好的效果。陶研工作深入地区，在转变教育工作者、教师的教育观，增强教改意识和提高教育理论水平，促进教师基本建设和教学能力提高上也有成效。

"陶子以后，万亿陶子。"在提高现有教师素质的同时，更要着力于师范教育改革，以期源源不断地培养出高素质的新教师来，才能扩大"陶子"队伍。大家都清楚，我们教育的大头在农村，难点也在农村。要改革发展农村教育，要实施农科教结合，把科教兴村、兴乡、兴县落到实处，突出的困难还是师资问题。关键是要有一大批既合格称职，又安心农村教育工作的教师。所以面向农村改革农村师范教育工作，是刻不容缓的任务。也正如70年前，陶行知先生为了乡村教育，要培养一百万乡村教师，而毅然抛弃大学教授的优越生活，到南京远郊农村创办晓庄学校的意向是完全一致的。为此，各地陶研会着力指导和办好一批师范，面向农村实际进行教育教学改革，取得显著成绩。1990年，1994年，1997年，1998年，中陶会先后在安徽、山西、四川参观、交流、研讨了农村师范教育改革工作，也是较集中地检阅了以陶为师改革农村师范的成果。1990年底，来自全国的部分师范和教委负责人220多位，先后现场参观了肥西师范和徽州师范，逐项测试了学生的基本功，并到毕业生工作的小学和徽州的中心小学实地考察，亲眼看到毕业生安心农村小学教育工作，并创出办好学校、致富乡里的突出成绩。与会代表一致反映他们改革的方向对头、路子正确、成绩很大。其基本经验是：第一，面向农村，面向小学，培养献身农村小学教育的合格教师。根据需要定向招生。通过多种形式和方法，与农村小学建立密切联系，增强爱家乡，爱农村的感情。肥西师范非常重视与本校毕业生加强联系，建立经常交流渠道，总结毕业生的先进事迹，现身说法。徽州师范通过建设"中心小学"，形成沟通网络。第二，改革课程设置和教学计划。加强德育和劳动教育，增加陶行知教育思想课，上好写字、珠算、生产劳动技术和乡土教材课。第三，贯彻"教学做合一"原则。强化基本功训练，并引导学生自觉自主、手脑并用，自制教具和仪器，培养学生的实际能力，实现多能一专，适应山区和边远地区办学需要。第四，全面实行学生干部轮流担任制，培养学生自治、自立能力。利用假期，组织学生开展农村调查和经营庭院经济，接触农村实际，增强适应能力。1994年11月在山西太原召开的"农村中小学和师范学校素质教育研讨会"期间，与会代表实地参观了太谷师范。该校学陶的氛围很浓。他们买了大量学陶书籍，图书馆设立了陶行知的著作专柜。全校每个师生还有一册《陶行知的教育论著选编》，从1990年起开设了《陶行知教育思想与实践》的选修课，有 3 700 人直接听了陶课。学校成立了陶研会，教职员工、学生和各中心小学都建立了陶研小组。师生撰写陶研论文 700 多篇，还建立了太谷师范师陶馆。他们不仅把培养合格的小学老师和各项要求落到实处，更了不起的是二千多名毕业生全部分到农村，并安心做好农村基础教育工作。山西省长治师范不仅组织在校学生学陶，还坚持帮助毕业生学陶，成为当地学陶的基地和辐射中心。四川绵阳市内的一个"师范群体"学陶师陶促进素质教育，全面提高学生（学员）素质，各有特色，很有生气，为我们展示出新姿。类似这样的师范各省都有自己的典型。还有一批高等师范院校也积极开展了学陶师陶活动，他们在校园内塑陶像、建陶馆、办陶刊陶报，开学陶讲座。浙江丽水师专学生中的陶研会很活跃。为了进一步促进全国师范教育改革，1998 年中陶会成立了下属第一个专业委员会——师范教育专业委员会，加强彼此联系，交流改革信息和新鲜经验，以利共同提高。

（五）学习运用陶行知教育思想，有效地促进了职业教育的发展

职业教育是现代教育的重要组成部分，必须有一个较大的发展和提高。1996 年 11 月，中陶会与广州市教委为贯彻《中华人民共和国职业教育法》在广州联合召开了"陶行知教育思想与职业教育研讨会"，也较集中地检阅了十几年来，全国各地学习运用陶行知教育思想，发展职业技术教育的成果。会议的主要现场是广州市的职业教育群体。广州白云行知职业中专原是一所办学条件十分简陋，学生不足 200 人的农村小学，近十多年来，在教育行政部门和省、市陶研会领导和指导下，走上了学陶道路。现在有了巨大发展，已拥有校舍三万平方米，教学设施现代化，在校学生超过 2 300 人，形成一所规模大、设备好的中等职业技术学校。并且集义务教育、职业教育、成人教育于一体；实行教育、科研、生产经营相结合，教学做相统一。探索了一条创建现代化大联合、

大教育的路子,被誉为新时期生活教育现代化的一种新模式。他们的主要经验是:第一,实践陶行知"社会即学校"的思想,创建联合办学、产教结合的新体制。采取多种形式,分别运用社会各方面的力量联合办学。"工农商学兵,东西南北中",只要对教育发展有利,就可在互利互惠的基础上联合办学,联合得越广泛,办的活力就越大。第二,实践陶行知现代大教育思想,创建现代化的"校级大教育"新模式。经过多年的实践探索,以职业教育为主体,以学校现代化为目标,以大联合为途径,使有限的校园发挥最大的育人能量,增强了学校"自我造血"功能,形成良性循环局面。第三,实践陶行知"教学做合一"的教学计划,改革教学结构和教学模式,培养现代化的能力型、通才型、全面发展的实用人才,很受各用人单位的欢迎,往往学生不到毕业即被"抢"走。整个教学工作重视实训环节,充分调动学生在做中学的积极性,手脑双挥,增强学生动手能力和创造能力。为此,对专业课教学实验和生产实施设备舍得投入,力求实用、先进,为学生提供实际操作的各种条件。同时,认真培养一批有经验、有学术、有教法的专业教师。广州白云行知职业中等学校的成功经验,充分显示了以陶为师改革和发展职业教育的强大生命力,给教育界同仁以很大鼓舞和深刻启示。广州白云职业培训学院,是一所民办学院。八年来,他们经历了"由求生存到求发展,由上规模到上水平,由讲发展速度到讲质量信誉"的创业过程。现在已有96亩校园,建筑面积八万多平方米,开设八系一部近40个专业,形成一所多学科、多层次的大型综合性的职业培训学院,每年培训学员超过8 000人。他们的成功经验主要是:建立了适应当地经济发展、以社会需要为导向的职业教育办学体系和以德育为纲从严治教的职业教育管理体系。广州市电子职业高中是一所公办的、规模上台阶、设备现代化、学生质量高的示范性职业学校,他们最主要的经验也是坚持面向社会生活、面向市场的办学方向。会上还交流了安徽、江西、福建、浙江、四川、北京、江苏、山西、上海、山东、广西、河北、辽宁等省、市、自治区涌现的一大批生气勃勃的职业学校的办学经验，都是职教领域里一朵朵绚丽的"陶花"。会后，中陶会还编辑出版了《现代大职业教育之路》一书加以宣传推广。

1981年，根据中陶会会长刘季平同志的提议，在杭苇同志的领导下，经上海市陶研会、宝山区教育局和原山海工学团的老团友共同努力，在当年山海工学团的所在地——上海市宝山区大场镇重建了"上海市山海工学团"。十几年的工作实践，使我们深感工学团在社会主义建设中仍可以发挥巨大的作用：可以利用社会各单位的力量合力办学；可以吸引社会上科技人员、专家和有志之士为农村的两个文明建设服务，为城乡一体化服务；可以推进普及教育；可以进行民主教育；有利于解决城乡劳动就业问题；可以利废用旧，拾遗补阙；可以促进农村的现代化。工学团这朵奇葩，仍将会以各种形式发出灿烂的光辉。

以上简要介绍的陶研成果，进一步说明了陶行知教育思想的现代价值，它对贯彻中央方针，推进教育改革和发展确实具有重大的现实意义。同时，也看出我们在学陶师陶活动中都有不同程度的创新和发展，这正符合陶先生生前所强调的"仿我者死，创我者生"的遗愿。

三、新世纪陶研工作的展望

今年6月，党中央、国务院召开了改革开放以来的第三次全国教育工作会议，对新世纪我国教育如何改革和发展作了全面部署，目标明确，重点突出，要求全面，内容具体，只要切实贯彻落实，必将开创教育振兴的新纪元。我们更欣喜地看到，江总书记、朱总理、李副总理的重要讲话和《中共中央国务院关于深化教育改革全面推进素质教育的决定》在诸多方面与陶行知教育思想完全一致。可以告慰陶先生，他奋斗终生所追求的改革中国教育的理想，在今后将有希望逐步实现了。这就更加激励我们要以邓小平理论为指针，更自觉地为贯彻中央决定而效力，在继续争取国家教育部的支持和帮助下，为加快改革和发展教育的各方面发挥陶研工作的积极作用。因此，新世纪中国陶行知研究会的工作有以下初步设想。

1. 按照党中央关于进一步加强社团组织管理要求，继续抓好中陶会和各省、市陶研组织自身建设是持续开展陶研工作的根本保证。一是千方百计推动尚未成立陶研会的省、自治区，积极筹建陶研会，特别是西部地区，以利促进那里兴教致富工程；二是主动帮助那些陶研工作开展不够顺利的省、市、自治区，加强组织领导，发挥应有的作用；三是全国陶研组织都要高度重视发现、培养中青骨干力量，力争使领导层形成梯形结构，以保证陶研活动的持续发展；四是各级陶研会都要不断壮大组织，发展新成员，使之形成网络。要注意在中青年老师和师范学生中培养小陶子。

2. 要进一步大力宣传陶行知。在这方面虽也做了不少工作，但深度和广度上均不够。陶行知纪念馆规模较大的已有三个，安徽歙县与上海宝山两个馆已准备扩建、重建，重庆市合川市草街镇正规划新建第四个大型的陶馆。各地还有一批规模较小的纪念室。各陶馆要在加强管理的基础上发挥宣传陶行知的积极作用。上海图书馆接受中陶会的委托已正式成立"陶行知研究资料中心"，将永久保存陶行知的珍贵资料，今后将会发挥其独特的作用。四川《陶行知全集》正将出版第十二卷。其他各种学陶书籍仍需继续编写，现在主要是发行工作困难较大，各级陶研组织要做好细致的工作。各地希望中陶会能有一个有公开刊号的刊物，也是我们在考虑的一件大事，将积极争取早日实现。安徽拍摄的《陶行知》八集电视连续剧，中央电视台将正式播出，希望各地能组织好收看。各地方行之有效的学陶活动，如讲演比赛、文艺演出、征文竞赛、论文评比、内部发行的学陶报刊等，要坚持，要推广。今后要着重在中央和各地的大型报刊和广播电视上打开宣传渠道，以扩大影响。陶行知的事迹和文章编进中小学教材，进入课堂的问题，必须积极创造条件逐步解决好。还要依靠国家和各级教育部门，争取他们更多的支持，以便通过行政途径进行宣传发动工作。总之，要运用各种形式，加强宣传的力度。

3. 围绕"陶行知教育思想现代价值研究"课题，进一步开展研究和实验工作。作为课题，理论与实验两方面的结题工作，将全面完成，并出版一部系列丛书。但作为陶研工作，仍是一个较长时间的任务。将与各地学陶实践基地相结合，他们实验的成果，就有力论证了陶行知教育思想的现代价值。中陶会打算在各省、市、自治区分别抓的学陶实验基地的基础上，经各地的推荐，逐步选定一批全国的陶研基地，予以挂牌，定期检查交流，以期总结一些典型材料，在全国宣传推广。2001年是陶行知诞辰110周年，打算创造条件，届时举办一次陶行知教育思想国际学术研讨会。要着力推出一批陶研精品。

4. 实践陶行知大教育思想，深化农村教育综合改革，促进社会主义两个文明建设，为实施"科教兴国"战略出力，是中陶会今后要继续抓好的一项重要工作。我们打算今后总结出三大类地区探索和实践科教兴村、科教兴镇、科教兴县（区）的典型后，汇编一个小册子，以便大力宣传、扩大其影响。同时希望各省、市、自治区都能积极参与，推动和总结各自的典型经验，以不断扩大成果。在此基础上，上下结合，共同努力，再筛选一批具有普遍意义的材料，加以推广。并争取各级党政领导对这一夯实科教兴国的基础的工程的高度重视。

5. 全面推进素质教育，是陶研工作的大头，要做的事很多。首先是各级陶研实验基地要在坚持深化教育改革中，使全面实施素质教育实实在在地推进，并取得明显效果，再以有说服力的经验带动区域共进。中陶会打算与各地配合重点抓如何有成效地进行德育、课堂教学改革和实施创造教育等几个问题。学习陶行知教育思想与进行改革实践紧密结合，以小型为主，深入研讨，不断总结出新经验来。为创造出适合我国国情和新时期需要的新的人才培养模式而努力。真正实施素质教育是一项极其艰巨的任务，我们要有不懈奋斗的思想准备。

6. 继续为培养、建设一支具有良好素质的教育队伍出力。在现任教师队伍方面，结合学陶师陶活动和坚持各种形式的陶研培训制度以提高师德水平，转变教育观念，增强教改的紧迫感，提高教育、教学能力外，建议教育部门能将学陶内容纳入教师继续教育计划内，以便真正落实。在培养未来教师的各级师范院校，争取长期坚持开设学陶选修课或讲座。这是培养众多小陶子的根本措施。根据各地的意见，尚需妥善解决好两个主要问题：一是师范院校教学指导计划中，最好能有一个说法（有关省、市教委已作安排）；二是要有一本较好的教材（很多省和地方已编了教材）。对此，中陶会将尽力做工作，也希望各地不要等，各自努力争取做好。师范院校在贯彻中央决定中，坚持开展学陶活动，借鉴陶行知教育思想，积极深化教育改革，切实推进素质教育，全面提高师范毕业生的质量，还是要大力倡导的。

中国的教育大有希望，我们的陶研事业也大有希望！只要全国陶子坚持不懈，共同努力，我们一定能为创建具有中国特色的社会主义教育体系作出贡献，为实现中华民族的伟大复兴而奋斗。

（原文以《陶研工作的回顾与前瞻》为题刊载于《中国陶行知研究/基金会会讯》1999 年第 9 期）

在中陶会 2005 年工作会议上的讲话[①]

又到了我们一年一度聚集一堂总结去年工作、研究今年工作的时候了。为了便于大家讨论,我先作一个简要的发言。

一、2004 年工作回顾

在去年的工作会议上,我们分析了亦喜亦忧的陶研形势,明确了2004 年的工作重点,并确定了五项重点工作,即坚持为"三农"服务的方向,切实在农村教育改革和发展上多作贡献;努力开展研究工作,特别是抓紧抓好中陶会承担的国家教育部"十五"重点课题的深入研究;抓好组织建设,特别是中陶会自身建设;抓好思想建设,加大宣传力度;加强专委会建设,推动基层学陶师陶研陶。由于全国各地同志们的共同努力。去年年初确定的这几项工作可以说都取得了明显进展。

第一,在深化教育改革为"三农"服务方面,去年有三件工作影响较大。一件是 8 月 24—26 日在黑龙江省哈尔滨市举办的推进县级教育综合改革培训班。这个班人数不多,但层次很高。通过听、看、思、

①本文为 2005 年 4 月 24 日在北京举行的中陶会工作会议的年度工作报告。收入本书时有少量删减与修改。

议，从哈尔滨市呼兰区（原呼兰县）学习陶行知农村教育思想、更新教育观念、端正农村办学方向、全面推进农村教育综合改革的显著成就中，大家学到了许多行之有效的经验，加深了对陶行知生活教育理论的理解，增强了深化农村教育改革、探索21世纪中国农村教育新模式的自觉性。

另一件是12月9—11日我们在上海华东师范大学召开的第二届全国民工子女教育研讨会。城市民工子女教育是新形势下农村教育的一种新形态。这次会议的主题确定为"让民工子女不仅能受到教育，而且能受到良好教育"。来自20个大中城市的200多名教育专家、志愿人员和民工子女学校校长出席会议。会议期间考察的嘉定行知学校，是得到上海市陶行知研究协会支持、指导，按照陶行知教育思想办学的一所民工子女学校。该校开办不到两年，许多原来行为习惯较差的学生已经训练得待人接物大方有礼。1 600多名学生的集合、操练、背陶诗、演唱陶歌和武术文艺表演给与会者留下了深刻印象。该校教师精神状态很好，十几堂课让大家随意听课，总的感觉教学质量都有保证。与会者在研讨发言中一致表示，学习、继承、发展陶行知教育思想，是提高民工子女教育的重要途径，坚持学陶师陶一定能使新世纪民工子女教育健康发展。

第二届民工子女教育研讨会已经产生了一定的影响。上海的一位企业家参加这次研讨会后，认为民工子女教育确实非常重要，而陶行知的精神和教育思想对提高民工子女教育质量确实有非常现实的指导意义，决定资助上海陶研会对民工子女学校教师进行培训。今年3月，上海已经利用三个星期六对嘉定区的200多名民工子女学校骨干教师宣传陶行知、介绍先进教育理念和科学教学方法。因为有了资助，培训不仅免费，还赠送教材，供应午餐。这样的培训班5月将在浦东，下半年将在其他两个区举办。

还有一件事，是2004年5月由中陶会主办，农村教育综合改革专委会承办的农村劳动力转移培训班在北京举办。培训班传达了全国有关会议的精神，举办了专题讲座，研讨了一些重大问题，相互交流经验。

此外，去年很多地方陶研会的同志们参加了城乡特别是农村的职业技术培训工作。

第二，关于开展研究工作，去年 9 月 24—26 日在江苏省苏州市所属吴江市召开的我会教育部"十五"规划重点课题"陶行知教育思想与新世纪基础教育改革与发展研究"研讨会取得了很好成效。来自 12 个省、市、自治区的 222 人出席会议。通过报告、参观、交流、辅导，研讨会达到了预期的目标。出席研讨会的许多同志认为，这次会议虽然时间不长，但安排紧凑，学术报告和大会交流发言的质量较高，特别是从十个大会交流发言中，可以取人之长，补己之短，回去后要进一步深入领会国家教育方针，进一步深入学习、研究陶行知教育思想，进一步深入吃透总课题的要求，进一步抓好实验研究，力争通过最后一年的努力，把自己承担的子课题尽可能搞成质量较高、有一定理论和实践创新价值的研究成果。

研讨会期间，还穿插安排了课题样稿研讨会，会上讨论了 12 个专题组提交的样稿，研究了各专题调查报告的题目和基本格式，检查了课题理论研究特别是实验研究的进展情况，并就如何抓紧时间继续深入实验学校进行调研、写调查报告和典型个案经验等问题展开了热烈讨论。这次会议的最大成果，是增强了大家的精品意识，明确了我们的研究一定要有"陶味"，一定要符合国家的现行政策、法规。这对于我们今年善始善终做好重点课题结题工作、拿出科研精品起到了积极的推动作用。

各地的陶行知研究工作，无论实验研究还是理论研究，去年也都有许多成绩。拿理论研究来说，上海经过几年努力，在专家带领下发动大学博士生编撰的《20 世纪陶行知研究》在去年如期完成，已经由上海教育出版社出版。这本专著全面梳理了 80 年陶行知研究的历史，搜集的资料相当齐全，在某种意义上填补了陶研工作中的一项空白。

去年各专委会也把推进课题研究和管理工作作为首要工作，不少专委会都完善了课题研究机制和课题管理制度，强化了课题管理。以中学专委会为例，2004年立项课题66个，过程中检查汇报26个，结题鉴定6个，还开展了第三届教育科学成果暨优秀论文评比活动，从485篇参选论文中，选出优秀论文173篇，并出版了《陶行知教育思想与中学教育实践》论文集第三辑，工作是大量的。

第三，抓好组织建设方面，全国各地推荐中陶会理事和常务理事的工作去年进展顺利，各省、市陶研会经仔细研究，都慎重上报了推荐名单。这就为我们在昨天下午的会议上研究加强中陶会自身建设、完成补充新生力量问题创造了条件。

据我们了解，许多省（市）和市、县陶研会为适应教育教学改革需要，去年在发展陶研组织方面也有明显进展，陶研队伍在学陶师陶中不断扩大。突出的例子有，山西11个地市中已经有八个建立了陶研会，其余三个也正在酝酿成立。上海在长宁、闵行两个区的一些中小学和幼儿园积极开展学陶师陶活动，以此推进该区陶研组织的建立。我曾到上海闵行田园高级中学参观，他们在师生中开展学陶讲座，并编印陶行知名言录，全校师生人手一册。影响所及，闵行区教育局决定修订这本陶行知名言录，印制一万册，发给全区所有教师。

据不完全统计，全国相当多的地市一级陶研会不仅组织健全，队伍壮大，而且工作出色，成效显著。例如江苏的徐州、无锡、吴江，四川的温江、绵阳，安徽的芜湖、黄山，山西的太原、吕梁，新疆的乌鲁木齐，广东的汕头、深圳，福建的福安、莆田，浙江的嘉兴、绍兴和上海的闸北、宝山等地，由于陶研工作确实对当地的教育教学改革多有贡献，陶研会也就受到了教育行政部门和广大教师的普遍好评。

第四，去年我们在宣传陶行知教育思想方面加大了力度，主要是促进《中国教育报》关于重读陶行知的讨论向纵深发展。我们动员各地把学习陶行知、宣传和发扬陶行知崇高师德及借鉴教学做合一提高课堂教学质量等方面的心得体会写成文章，参加重读陶行知的讨论。《中国教育报》的有关编辑十分感慨地说，想不到他们发起的讨论引起了这样强烈的反响，在这么短的时间内就收到了这么多的稿件。

去年以来，我们的会刊《爱满天下》的编辑质量有了较大提高。大家反映《爱满天下》比较全面地报道了中陶会和全国各地的陶研动态，发表了具有一定指导意义的陶研论文，介绍了许多学校学陶师陶的做法和经验，对各地陶研工作起到了指导和促进作用。《行知研究》一如既往，侧重发表理论性较强的陶研论文，去年的编辑、出版、发行工作都有很好的表现。《生活教育》创刊三年来在全国陶研界已经产生了广泛的影响，由于继续以书代刊受到限制，正在争取使它成为正式刊物，我们为此上书胡锦涛总书记，胡总书记在百忙中及时批复，给了我们很大的鼓舞与支持。现在教育部已同意给我们正式刊号，并报请新闻出版署审批。去年工作会议上我们提出学习和宣传陶行知要抓活动、抓载体，据了解各地在这方面又有许多新的创造。例如中陶会和上海陶研会、上海陶行知纪念馆联合举办的"借鉴陶行知教育思想教育教学案例评选活动"，就得到了全国各地教师的积极响应，一共收到近 900 篇参赛案例。有关专家对这次评选活动给以很高评价，认为这样的活动引导教师把陶行知教育思想所拥有的优势运用于教育教学工作，找到了陶行知教育思想与现代师资培训方法的最佳结合点，是学习、宣传陶行知教育思想的有效载体，是学陶师陶在新形势下的一种新发展。此外，去年中陶会网站又有较大改进，实现了及时互动。

第五，在加强专委会建设方面，去年我们作了艰苦的努力。为了各专委会能尽快得到民政部有关部门的批准，我们根据他们的意见作了适当调整，还为了此事上书温家宝总理。温总理也是在百忙之中很快作出批复。这对我们建立健全分支机构是最大的支持。

各专委会的工作去年在原有基础上继续正常运行，学陶师陶、课题研究、编辑刊物、举办征文活动、开展课堂教学大赛、出版文集、建立网站、发行简报，大家做了大量扎扎实实的工作。民办教育、女学生教育和中教、小教等专委会在去年分别召开了年会。

2005 年是国家"十五"最后一年，是中陶会成立 20 周年。今年我们有许多重要工作要逐件落实。昨天上午隆重召开的陶研先进表彰大会，是今年已经完成的第一件大事。在大家的共同努力下，这次表彰大会开得隆重又简朴，大会表彰的先进集体和先进个人在学习、宣传、继承、发展陶行知精神和学说方面的成绩和表现，为今后的陶研工作树立了榜样、提供了经验，一定会对新时期的研讨工作产生积极的影响。

今年究竟抓哪几件工作，事前听取了会长、部分副会长和管德明、王铁城等同志的意见，现在归纳后，供大家讨论时参考。有不妥和遗漏之处，请同志们纠正补充。

第一，善始善终做好"十五"课题结题工作。

中陶会申报的"十五"课题，既然题为"陶行知教育思想与新世纪中国基础教育改革与发展研究"，那就要通过总结陶行知理论和实验研究经验的形式，全面反映改革开放 20 多年来中国陶行知研究推动基础教育改革与发展所取得的成果；就要反映中小学老师在陶行知实验研究这个领域所做的大量很有价值的工作；就要有大量生动、鲜活的事例，使理论渗透于实例之中。我们要使 21 世纪的中国基础教育能从我们的研究成果和所总结的实例中受到启发和鉴戒。

要达到这样的高度，不经过加倍的努力是不可能的。我们一定要抓紧最后不到一年的时间，再接再厉，全力投入，拿出精品。总课题组和各专题组的同志已经做了大量工作，只要坚持不懈，按照吴江会议提出的要求认真细致完成各自的任务，我相信我们就一定能交出一份出色的答卷。

要尽可能争取如期在今年 9 月 30 日完成结题工作，但前提是要保证质量。如果有些部分质量不尽人意，我的意见宁可在时间上宽限一些。12 个专题和所有的典型个案，当然最好是每个都能成为结题报告的组成部分，但最终能不能采用，关键还看质量。质量达不到要求的，我们要舍得忍痛割爱。总之，一定要按"拿出精品"的标准完成"十五"教育部重点课题的结题工作。

各地申报的 175 个课题，据了解发展很不平衡。按照过去特别是吴江会议的规定，请各地陶研会或有关专委会认真做好结题验收，一定不要因为我们的忽视而损伤了那些认真坚持实验研究的单位的积极性。各地具有较高质量、有一定创新价值的理论和实验研究成果，经省市陶研会或有关专委会审核同意，报给中陶会办公室，经专家评定后，刊登或出版时可以标上"教育部'十五'重点课题'陶行知教育思想与新世纪中国基础教育改革与发展研究'子课题"的标识。

第二，"十一五"课题的申报。

做好申报教育部"十一五"课题的准备工作，是今年的重要工作之一。

我们初步研究，"十一五"是否可以从"陶行知与学习型社会"和"陶行知教育思想与教育结构调整"等课题中筛选，请大家研究。

不久前在上海召开过一次有关学习型社会的国际研讨会，有个与会的瑞典学者听了上海闸北区借鉴陶行知教育思想创建学习型社区的发言，听翻译讲解上海陶研会赠送给他的陶行知著作后，深有感触地说，陶行知思想就是创建现代学习型社会的百科全书。现在中央大力提倡创建学习型社会，陶行知的生活教育理论，特别是社会即学校的理论、终身教育的理论，都值得我们作为专题深入研究。

教育结构合理调整，怎么构建现代学校制度也是"十一五"期间教育上的大事。陶行知在这方面有不少重要论述，特别是在怎么构建四通八达的教育、怎么抓好在"中国学校制度中中学最关紧要"的工作，都是很有现实针对性。

到底申报哪个课题，我们提出的建议谨供大家参考，希望大家能提出更好的课题。这个问题也不必急于在这次会议上作出决定，会后还可广泛听取意见，集思广益，在适当时候再作定论。

"十一五"各地申报中陶会课题，总结"十五"的经验，我们的意见是数量要减少，质量要提高。各地申报省、市陶研课题可以多一些，各省、市陶研会从中平衡后，选择1—2个申报中陶会课题，中陶会再作平衡调整，最后确定一批课题。这样不仅能够减少重复、保证质量，而且中陶有精力可以认真指导、检查、督促。也请充分发表意见。

第三，宣传陶行知崇高品德、普及陶行知教育思想。

我们建议这方面的工作今年主要抓住两个重点。

一个是配合加强师德建设大力弘扬陶行知无私奉献精神，爱满天下精神，学而不厌、诲人不倦精神，知难而上精神，开拓创新精神和与时俱进精神。如果我们的教师通过学陶师陶更加忠诚于人民教育事业，更加热爱关心学生，更加富于创造，更加虚心学习，那我们的学校教育教学工作就一定能够逐步克服应试教育的影响，全面实施素质教育，进一个新境界。建议各地在教师中举办学陶师陶报告、征文、演讲、研讨等活动，有效发挥陶行知崇高品德在师德建设中的楷模效应。上海教育出版社希望由中陶会组织专家专门为全国教师编选一本字数不一定太多、价格比较低廉、每个教师都应该阅读的陶行知读本，大家看目前是否有这个必要？如果有这个必要，应该如何进行这项工作？

另一个是配合加强未成年人思想道德建设，在青少年中普及陶行知精神和思想。中陶会已经决定继续和上海陶研会、上海陶行知纪念馆联合举办全国中小学生"学陶文、写体会"征文评选活动。上海为此编写出版了《陶行知读本（少儿版）》和即将出版《陶行知读本（中学生版）》。我们希望通过这样的活动让青少年从小了解陶行知，崇敬陶行知，立志学习陶行知。由于上海陶行知纪念馆争取到了企业的资助，我们举办的征文活动不收取评审费，也不把购买推荐图书作为参加活动的条件，还要给获奖者颁发奖金奖品。这样就没有了当前各种评比活动中普遍存在的商业气息，对此我是非常赞赏的。这次活动已经得到《人民日报》《解放日报》和上海教育出版社等许多单位的支持。我们希望各地陶研会能广泛发动中小学生参加这次活动，并创造条件举办类似活动。

第四，陶研骨干培训。

自 1995 年中陶会举办第一期陶研骨干培训班以来，我们已经连续举办了八期。每一期都受到各地的欢迎和好评。

我们初步考虑今年中陶会将集中力量办好两期骨干培训班。

一期是本来决定去年举办、因自然灾害而未能如期举办的山西省柳林县以前元庄为现场的村、乡级教改骨干培训班。这个班作为中陶会第九期骨干培训班，将由中陶会和赞助单位光华集团公司主办，山西陶研会承办。时间定在五月下旬。主要培训西部欠发达地区，其次是一些干部和个别东部欠发达地区从事农村教育改革的乡村领导和农村学校校长、教师。对前元庄农村综合教育改革的经验，李岚清同志曾给以很高的评价，温家宝总理也作了很重要的批示。我们希望有关地区能认真做好推荐学员的工作，使前元庄的经验能在更多欠发达地区农村脱贫致富过程中发挥示范作用。

另一期是今年暑假将在江苏无锡的江阴举办的第十期骨干培训班。江阴是最早借鉴陶行知教育思想、全面推行素质教育的地区之一。中陶会早在 1993 年就在那里召开过全国小学素质教育研讨会，当时产生了很大影响。中陶会举办的每一期陶研骨干培训班无锡地区参加的人数总是最多，他们早就提出希望能够承办一期培训班。中陶会初步同意今年在无锡举办第十期培训班后，他们已经起草了详细的接待方案。对于无锡的这种积极性我深表赞赏。我们研究，第十期培训班以陶行知教育思想与当前课程改革为主要内容，还是采取学术报告、经验交流、考察参观等方式，比较深入地探讨当前课程改革从陶行知教育思想中能够受到哪些启发、能够吸取什么智慧，力争我们的教学能够首先做到陶行知倡导的"师生共同在做上学，在做上教，在做上讨论，在做上质疑问难"，进而达到"师生运用科学方法，在做上追求做之所以然，并发现比现在可以做得好一些的道理"的理想境界。

同时，我们建议各地陶研会也能够一如既往，积极创造条件，或利用假期，或以会代训，因地制宜地举办各种形式的陶研培训班。此外，中陶会也积极支持以宣传生活教育为主题，收到很好的效果的陶子们举办各种培训班。

第五，支持几种重要的学陶书籍的出版或再版。

一是川版《陶行知全集》的再版与发行。应学陶研陶的急需，全集的再版工作已于去年启动，除对已发现的错处进行修改外，这次又新收进陶行知先生的两篇文章，有的相当重要。计划于上半年先印1000套供各地急需。大家需要的，可与四川教育出版社联系，也可这次开会时作个登记，由中陶会办公室汇总交出版社，今后再统一办手续。

二是上海的百家出版社有意出版陶行知词典，去年和我们联系，希望我们组织力量编撰。我们觉得这是一件好事，经数次研究，由我到上海与出版社商定，正式启动了这项工作。现在定下来的方案是，词典约100万字，分为陶行知生平、陶行知主要著作等四编；由金林祥教授主编，编撰工作主要由华东师范大学、华中师范大学和西南师范大学的博士生导师带领一批博士生负责，上海、浙江、江苏的一些专家也将参与编撰工作。我们研究，这样做的好处是，可以提高效率，便于集中管理，有利培养高层次的陶研新生力量。

经过几个月的努力，现在已经拿出了词目二稿，召开了专家论证会，并书面征求了许多专家的意见。现在编撰任务已经落实。词典计划在明年年中出版，因此今年要基本完成全书的编撰工作，任务是相当繁重的。我们希望大家都来关心这件事情。金林祥教授要我们转告大家，如果有的同志愿意参加词典的编撰，他将非常欢迎，请直接和他联系。

三是编辑出版"陶行知论教育专题丛书"。去年已将编辑意见（讨论稿）发给承担教育部"十五"重点课题的有关同志，计划出十一册，除《陶行知论生活教育》外，其他十册原则上由分工负责各专题组的同志承担选编，统一规划，统一规格，先交先出。丛书编委会由胡国枢、屠棠同志负责。

第六，调整中陶会理事会，增加领导层新生力量。

这是陶研会系统，特别是中陶会的一项比较紧迫而重要的任务。解决中陶会班子年龄太大问题，增加中青年骨干力量，是这几年一直在进行的工作。去年，中陶会就组建下一届理事会问题用通讯方式征求了每一位理事、常务理事的意见。大家对领导层调整、新增成员、自己的去留安排等作了反馈。综合反馈意见，并汇集各省、市、自治区陶研会对下届理事会组成的推荐名单，按照民政部社团管理的有关规定，中陶会专门组织力量进行整理，提出了昨天供大家研究讨论的名单。下一步尽快把大家讨论审定后的方案仍用通讯方式，请各位理事民主推选会长、副会长、秘书长、副秘书长，按章程按民主集中制原则完成新一届理事会的组建，报业务主管部门及社团管理部门审批。这件事要抓紧进行，才能促进上报的二级机构方案的审批，为各专委会开展工作创造良好的外部条件。

今年的工作会议只安排了一天半的时间，我相信大家一定会抓紧时间，畅所欲言，集中精力把这次会议开好。

（原载于《爱满天下》2005 年第 3 期）

推行农科教结合

在全国农科教结合工作座谈会上的讲话①

　　我们中国陶行知研究会、中华职业教育社、中国教育工会三个群众团体很高兴来到安徽滁县参加全国农科教结合工作座谈会。

　　昨天晚上，国家教委副司长王文湛同志转告我，要我今天在大会上讲讲今年三月在全国政协会议期间，关于农教科统筹协调提案的签名情况。

　　这就使我不得不讲一下去年我们三个群众团体曾两度去黄山市休宁县的情况。两年前，安徽省陶行知教育思想研究会的同志介绍了休宁县关于农科教统筹协调的情况，引起了我们极大的兴趣，我们趁参加中华职业教育社安徽分社成立大会之便，于去年10月对休宁县实行农科教结合进行了调查。我们了解到安徽徽州实验区是经过安徽省委、省政府的批准，确定了实验区的指导思想，认真贯彻"两个必须""三个面向"的方针，从徽州实际出发，参考借鉴陶行知的生活教育理论进行试

---

　　① 本文源于1990年5月7日在全国农科教结合工作座谈会上的讲话，曾以《在全国农科教结合工作会议上的讲话》为题刊发于《中国陶行知研究/基金会会讯》1990年6月的总第36期，后收入中国文史出版社2017年出版的《方明文集》。收入时做了少量删减修改。

验的。实践表明，农科教结合，充分发挥了社会主义制度的优越性，更好地促进了当地两个文明的建设。这是建设社会主义新农村的必由之路，农科教结合是安徽人民的创举。

为此，我们三个群众团体倡议于去年12月下旬在黄山举办了农科教统筹协调研讨班，到会有21个省、市187位同志。研讨班采取介绍经验，实地考察，分组讨论，大会集体总结的方法，就农科教统筹结合中有关问题进行了认真研究，与会同志普遍反映，举办这样的研讨班十分必要。

关于农科教统筹协调的重大战略意义的问题

大家认为，农科教统筹协调是十年改革的产物，是经济、科技、教育体制改革逐步深入的必然趋势，特别是在党的十三届五中全会号召全党大力加强农业的形势下，农科教统筹协调是转变各部门的职能，改变条块分割的状况，实行优势互补，综合治理，持续、稳定、协调地发展农村经济、科技和教育的有效的途径，也为农村两个文明建设提供了有益的经验。大家认为，农科教（工科教、经科教）统筹协调，不仅对经济不发达地区，而且对经济发达地区，都具有普遍的现实意义。

参加研讨班的同志赞扬和肯定了黄山市休宁县溪口区农科教的做法。普遍反映，受到了启发，开阔了思路，学到了改革精神和创业精神。上海"燎原计划办公室"的同志认为，黄山市农科教统筹协调，不是停留在关门搞空想，而是建立在深入系统的经济、教育调查的基础上，有坚实的思想基础，组织上不搭空架子，而是层层落实，切实加强了领导，做了大量实事；内容上不搞点缀，而是脚踏实地推动工作；部门分工明确，不抢位子，忙而不乱，农业出课题，科技出项目，教育出人才。大家表示回去要认真向党政领导汇报，结合本地实际，大力推进农科教统筹协调工作。

关于农科教统筹协调的提法和意义

在研讨中，大家认为，农、科、教的农，是指大农业，包括整个农村经济，也包括整个农村的两个文明建设，涉及到农村工作的各个部门；科，是指大科技，包括科技推广、科技应用、科技普及等；教，指大教育，包括普教、职教、成教，也包括高教。这几个部门应该首先在内部实行统筹，面向农村，面向农业。

目前涉及农科统筹的提法很多，不尽一致。大家认为，农科统筹协调是指各级党委、政府的责任，就农科教各家来说，提参与农科教结合更为准确些。从总的目标来说，可以说是农科教多位一体，农科教合一或者说农科教结合，这样，不致造成思想上的混乱和工作职能上的误解。

关于农科教统筹的步骤和重点

大家认为，安徽省黄山市把乡作为统筹协调的重点，路子是对头的，步骤是稳妥的，效果也是显著的。乡一级是农村的基层，部门观念比较淡薄，各方面工作都在一个乡得到体现和落实，既应首先在乡一级统筹，也完全可能较顺利地进行统筹。统筹的重点，应紧紧围绕着眼于提高劳动者素质。

大家也提出，在乡一级统筹的基础上，县和县以上的统筹是难点，也是重点。目前部门分割，各自为政，重复投资，效益不高的弊端必须加以改变，建议从中央到省、市制定有关统筹协调的政策，并给地方更多的统筹权，不要层层设卡，以利于农科教统筹工作的进行。

关于开展经济、教育调查问题

参加研讨班的同志对安徽省开展经济、教育调查工作产生了很大的兴趣，认为这是一项基础工程，是推动教育观念转变的有效机制，应当予以肯定和推广。安徽省从 1984 年在休宁县开展经济、教育调查的基础上，已推广到 22 个县和 102 个"燎原计划"试点乡，使农科教统筹协调工作建立在科学基础上。

关于陶行知、黄炎培教育思想研究问题

参加研讨班的同志认为，黄山市农科教统筹协调始终同学习、实践陶行知的生活教育理论紧密结合，给大家以深刻的启示。陶行知先生的教育思想内容十分丰富，对农村教育改革有着全面的论述和实践，他的思想与时俱进，不愧为伟大的人民教育家。他提出"教育与农业携手""与科学机关充分联络"和黄炎培先生的"大职业教育主义"正在变为农科教统筹的现实。学习研究陶行知、黄炎培等教育改革先驱的教育思想，并在新的历史条件下加以应用和发展，是我们大家的历史责任。

关于农科教结合的联合发言和提案签名问题

我们三个群众团体，鉴于农科教结合是建设社会主义新农村的必由之路，应该大声疾呼，让社会各方人士都来了解它，重视它，关心它，支持它，所以在今年三月的全国政协会议上，由我和民建中央副主席黄大能、民进中央副主席葛志成、中华职业教育社副理事长饶博生委员提了一个题为"加强农科教统筹协调齐心协力把农业搞上去"的联合发言。还提了一个《从总体制改革方面入手，对农科教制订统筹协调的具体政策》的提案，这个提案深得政协会议上各党派领导人和各人民团体负责人的重视，特别是得到经济、文化、教育、科研等各界人士如孙晓邨、孙越崎、冯梯云、黄辛白、叶恭绍、张毕来、叶笃义、经叔平、顾大椿、张瑞芳、王丹凤、谈家桢、贾亦斌、林享元、浦通修、叶至善、龚育之、高天、冯亦代、孟雁君、霍懋征、高锐、滕茂桐等 131 位委员

的签名。在交谈中，委员们认为现在搞农科教结合，发挥社会主义优越性很好，只有齐心协力把我国农业搞上去了，一切事就好办了，这是当前最大的政治。对我来说，征集提案签名，既受到感动，又受到一次深刻的教育。

最后，提三点建议：

1. 关于"科技兴农"的提法问题。

提"科技兴农"不如提"科教兴农"好。实施农科教统筹结合，就是三者紧紧围绕"兴农"这个大目标，充分发挥各自的优势和整体功能，重点是提高广大劳动者素质。广大农民是"科技兴农"的主体，如果主体的文化科学素质太低，尽管有科技成果，也不能转化为现实的生产力。实行农科教结合，是科技兴农的主要途径，因此我们认为还是提"科教兴农"为好。

2. 关于加强农科教统筹协调的领导问题。

从农科教统筹协调研讨班反映的情况看，各地农科教等部门如何结合，搞得好的地区，共同的经验，都是由当地党、政主要负责同志亲自抓，因此我们建议，全国农科教统筹与协调指导小组，应由国务院一位主要负责同志亲自抓，加强对这方面工作的领导，像今天我们开这样的大会，如果国务院有一位主要领导亲临指导，就更好了。

3. 农科教统筹协调是体制上的重大改革。

我们建议：中央有关部门体制改革方面研究决策，制订统筹协调的具体政策，条件成熟时，应通过立法来明确各部门的职责和协调。

（原载于《中国陶行知研究/基金会会讯》1990年总第36期）

"科教兴农"是农村教育改革的方向①

中国陶行知研究会、中国陶行知基金会在这里举行在京的两会理事和委员会议，让我以两会的名义，向到会的理事、委员们汇报一下两年来的工作和今年工作的打算。

一、两年来的工作

（一）举办了两次素质教育研讨会

自 1991 年两会在北京召开纪念陶行知诞辰一百周年大会以后，又于 1992 年 10 月在上海举行了纪念山海工学团成立 60 周年大会，同时召开了两会常务理事、委员会议，讨论了中陶会的工作，交流了各地教改的经验，特别是农村教改的实验经验和师范教育的改革经验。会议提出了要发展教育的整体改革和提高人的素质等问题。

1. 1993 年 2 月以来，全国各级各类学校都在学习贯彻中共中央国务院颁布的《中国教育改革和发展纲要》(简称《纲要》)，指出基础教

---

① 本文源自 1995 年 2 月 8 日中国陶行知研究会、中国陶行知基金会在京理事、委员会议上的汇报。收入本书时有少量删减和句序调整。

育是提高民族素质的奠基工程，必须大力加强中小学教育，从"应试教育"向"素质教育"转轨。我们认真学习了《纲要》，认为抓好素质教育的实施，是我会当前研究工作的一个重大课题。

我们注意到，对基础教育的转轨，江苏省教委早在1990年就颁布了《关于当前小学教育改革的意见》，提出了在全省小学实施素质教育的要求。就在1993年下半年，我会联合江苏省教委、省陶研会、省教育学会、省教育工会一起在江阴市召开了小学素质教育研讨会，有江苏、北京、上海、广东、安徽、山西、四川等七个省市50多位代表参加，交流和研讨了加强小学素质教育的问题。代表们通过参观和研讨，对江苏省党政领导重视素质教育的超前意识，经济建设要依靠教育，农村教育要为本地建设服务的先进思想印象极深，对在全省教师中开展学陶师陶，特别是借鉴陶行知教育思想进行教改实验所取得的成绩也给予了高度的评价。

今天在会上发给理事、委员们的《小学素质教育专集》小册子，就是这次会后编印的。在去年中央召开的全国教育工作会议上，向与会领导和参加会议的代表们分送了这本小册子。希望大家阅后提出宝贵意见，推动素质教育进一步发展。

2. 1994年，我会继续贯彻《纲要》，抓紧素质教育这一中心课题开展调查研究。11月8—12日，我会和山西省教委、省陶研会、省教育工会一起，在山西太原市召开了农村中小学和师范学校素质教育研讨会。这次会议，在江阴会议的基础上，增加了浙江、福建、河北、山东、内蒙古等省、市、自治区，有12个省市70多位代表参加了会议。代表们参观了吕梁地区前元庄实验学校、太谷师范和沿途一些中小学，以及太钢的一部分子弟学校。山西省各级党政领导非常重视这次会议，尤为感人的是90岁高龄的德高望重的冯素陶老同志亲自陪同、亲自过问，给代表们留下了深刻印象。通过参观和研讨，大家对山西省学陶师陶的广度和深度大为赞赏，对山西省教改实验所取得的成绩赞不绝口，尤其是前元庄实验学校的实验报告，更是代表们讨论的热点。

前元庄是吕梁地区柳林县的一个偏僻山村。解放前这里是"丰年吃糠，灾年逃荒"。解放后，通过变革，人民生活有了提高，教育有了发展，但是山河依旧，面貌未改。究其原因，中国的农村教育实质上办的是一种"离农教育"。长期以来，经济与教育"两张皮"，各干各的，一直不能结合。所以说中国教育的重点与难点在农村，如何把"离农教育"转变为"兴农教育"，这是农村教育改革的方向问题。

前元庄实验学校就是在这样的现实背景下于1987年创建的，他们根据小平同志解放思想，实事求是的精神，结合本村实际，借鉴陶行知教育思想和实践经验，创造了"村校一体"的办学模式，走"科教兴农"之路。它的实践表明：在农村办好一所学校，就是改造落后面貌，带富了一个村。前元庄1987年进行实验时，人均收入320元，到1994年人均收入增加到超千元，初步解决了经济与教育两张皮的问题，实现了他们提出的三个标准：

（1）通过教育的力量，使当地的经济发展速度明显高于其他同类地区。

（2）通过教育的力量，使当地的精神文明明显好于周围其他地区。

（3）根据国家"普九"标准，尽先实施九年义务教育，毕业生进入社会适应能力明显好于同级同类学校。

该村早已扫除了文盲，在青壮年中无科盲。它的改革实验既有理论依据，又能实际操作，它的办学模式已在吕梁地区2 250所学校进行推广，并且取得了明显的成效。这是一个有说服力的教改实验，在农村教改中具有普遍的现实意义，值得进一步总结推广。

（二）参加了两次会议

1. 我会和中国教育学会、中国发明协会共同促成了全国中小学创造教育委员会的成立，并参加了 1993 年天津召开的年会，1994 年在北京召开的第二届学术讨论会。我会在会议上宣传了陶行知创造教育思想，这对于中小学中进行创造教育的实验工作，起到很好的推动作用。

2. 1994 年 12 月 27 日至 1995 年 1 月 1 日，我会和中国贫困地区文化促进会、民进中央、全国教育工会、深圳能源总公司等单位，在北京联合举办了老、少、边、穷地区 50 名优秀教师参加的经验交流会。这 50 名代表来自国务院最新确定的贫困县，分布在全国 22 个省、自治区，他们都是勇于改革、无私奉献，在艰苦条件下一心从教，为本地区脱贫致富作出了突出贡献的优秀人物。研讨会是本着 "兴教富民是老少边穷地区的根本出路" 的思想。山西前元庄实验学校的同志介绍了办学模式，得到了与会代表的好评。

（三）通过协商，妥善地解决了两大问题

1. 关于南京晓庄国际实验学校，在报上公布消息后，社会上议论纷纷，陶门弟子也写文章批评。劲夫同志对此十分关注，派我们去江苏南京处理这个问题。我们在南京和省市陶研会、晓庄的同志进行了友好协商，取得了一致意见：校名更名为南京市国际实验学校，在建造南京市国际实验学校的同时，对陶行知墓地进行维修，并加修墓地围墙。同时在陶墓旁边，仿晓庄时代犁宫的形式修建陶行知纪念馆。两项工程完成后，取名为 "行知园"。我们通过劲夫同志商请江泽民总书记题写了 "行知园"。1994 年 10 月，请劲夫同志专程去南京参加了 "行知园" 的揭幕典礼。

2. 1992 年 10 月，我们在纪念山海工学团 60 周年时，知道行知中学要迁移到宝山新址。原地经各方商定，创建行知实验中学，继续弘扬陶行知教育思想，为当地培养建设人才。可是不久，发生了变化，行知实验中学校址出租给人创办东方文化学院，把行知实验中学更名为东方

文化学院的附属中学。这就改变了学校的性质,违反了1992年共同商定的原则,引起当地群众和行知实验中学师生的不满。劲夫同志得知后派我们去上海,会同市陶研会查阅了学校的档案,和有关方面进行了协商。最后,上海市委负责同志接见时明确表示,行知中学旧址仍要办弘扬陶行知教育思想的学校,东方文化学院应该搬走,另找地方办学。但没有确定限时搬走。去年10月,趁劲夫同志去上海之机,我们一起去上海和各方协商,顺利地落实了东方文化学院在半年内迁走。至此,问题遂告一个段落。

两年来,陶研工作一如既往,围绕党的中心任务,配合党政做了一些工作,也取得了一些成绩。

但是,我们的不足之处也很明显,例如,在组织工作方面,全国30个省、市、自治区,只有21个省、市、自治区建立了陶研组织。这21个陶研组织,经常开展活动,进行教改实验较好的约占三分之二。其他几个省、市陶研会,虽然也宣传了陶行知教育思想,也开展了一些活动,但搞教改实验的比较少。所以说在组织上、工作上发展是不平衡的。

另外,我们根据老中青结合的原则,在学陶师陶活动中,吸收了一批青年积极分子参加了陶研会,增补了两会理事委员121人。以后,我们仍将通过学陶师陶活动,吸收更多的积极分子参加我们的队伍。对有些省市的陶研会,中陶会关心得不够,这方面应该引起我们的重视,在今后的工作中逐步加以解决。

二、1995年工作的打算

1. 前元庄实验学校的办学模式要大力宣传与推广。

中国陶行知研究会有责任,主动积极地联合有关社团,适当时候在北京举行一次汇报会,广泛地宣传前元庄实验学校的办学经验,以加速实现《纲要》提出的任务，为提高民族素质作出应有的贡献。

2. 在适当时候举行一次基金会委员会议，研究筹募基金事宜。

3. 拟于 1995 年 10 月在上海召开中国陶行知研究会、基金会成立 10 周年纪念会；研讨、交流反映 10 年来理论研究上、实验工作中突出成绩的论文和实验报告。

4. 基金会拟表彰一批在理论研究上、实践工作中做出显著成绩的个人与集体。

（原题《中国陶行知研究会、中国陶行知基金会在京理事、委员会议上的汇报》，刊发于《中国陶行知研究/基金会会讯》总第 82—83 期，1995 年 3 月；后以《"科教兴农" 是农村教育改革的方向》为题收于《方明文集》，中国文史出版社 2017 年版，第 107—111 页）

让前元庄之陶花开遍祖国大地^①

刚才听了几位同志的讲话，给我启发很大，很受教育，感到非常高兴。现在我讲点想法。

一、前元庄的经验是令人信服的

中国的主要问题是农业问题，而农业问题的主要环节是如何使教育和农业携手，使教育更好地为经济服务，也就是要解决好教育与经济"两张皮"问题。前元庄的经验恰好在这个问题上创造性地找到了一条切实可行的路子。中国陶行知研究会之所以大力宣传、推广这个经验，就是认为这个经验最适合我国国情，最有利于我国农村教育和经济的协调发展。我们通过各种形式，向有关部门宣传介绍和向中央领导同志汇报，得到了专家和领导的肯定和较高的评价，尤其是得到李岚清副总理的肯定。今后，我们将继续做好农村教育改革工作，以求得最大的效益，促进我国农村物质文明和精神文明建设。

前元庄的经验，它根据小平同志解放思想、实事求是的精神，结合

---

① 本文为 1995 年 6 月 27 日在前元庄实验学校教改经验汇报会上的讲话。收入本书时有少量删减，修改了明显的错字。

本村实际，借鉴陶行知教育思想和实践经验，创造出"村校一体"的办学模式，走"科教兴农"之路。经过七年实验，取得可喜的成绩。在这里，让我对这个前元庄实验学校教改实验方案的具体策划者刘辉汉同志表示敬意。我们已故的中陶会会长刘季平同志曾提出，要搞好人民教育事业，中国需要"众多的现代化陶行知"。刘辉汉同志可以说是"众多的现代陶行知"中的一员。

前元庄的经验是干出来的。前元庄人民在党的领导下，根据党和国家的有关方针政策，发扬老区人民改天换地、艰苦奋斗的革命传统，用自己的双手创造了比较美好的生活，也总结了一个村庄的教改经验。我在这里要提一下前元庄党支部书记康梦熊同志，他是一个抬头乐干的全村带头人。陶行知先生曾说过：做人，要说真话，办实事，做个一品大百姓。根据康梦熊同志的所作所为，我认为他就是一品大百姓。我希望在我国的农村里能涌现出千千万万个像康梦熊这样的一品大百姓，那么我国广大的农村就能早日跨入现代化行列了。

前元庄的经验，现在在吕梁地区推开了，这是与吕梁地区党政领导的重视、关心支持、真抓实干分不开的。吕梁地委副书记段丽卿同志就是一个代表人物。她是一个有远见卓识的、和家乡人民心连心的女同志，是位好领导。山西省各个地区的党政领导，如果都能像段丽卿同志那样因地制宜地推广先进的教改经验，一定能取得同样甚至更大的成绩。

二、山西省各级领导重视陶研工作，令人钦佩

山西省陶研会是 1987 年成立的，虽然只有七八年，但发展异常迅速。从小学到中学，从师范到大专院校，从农村到城市，从学校到厂矿，甚至到军营，"陶花"烂漫之势可以说是遍及山西大地，方方面面涌现出了许许多多的先进人物、先进事迹。这些成绩的取得，是和各级

党政领导的大力支持和重视分不开的。今天省领导亲自参加汇报会并讲话，鼓励先进，足以说明他们对农村教育改革的关心和重视。在这里，我对90高龄的冯素陶老前辈表示崇敬之情！他为着人民教育事业，不顾年高体弱，依然亲自下基层指导工作，每事必问，有会必到，有难必帮，热心之至，令人感动。我代表中国陶行知研究会向冯老表示崇高的敬意！还有山西陶研会会长宋玉岫同志，去年患病还没有完全康复，仍然亲自到长治参加研讨会，亲自参加农村中小学和师范素质教育研讨会。他这种热心陶研、关心教改的精神，是我们陶研工作者的榜样。总之，山西省的陶研工作，如果没有上面所说的党政领导同志们的大力支持和帮助，就没有今天山西陶研的大好形势，也就没有可能推广前元庄的好经验。我衷心感谢山西省各级党政领导对陶研工作的大力支持、热心帮助。这是出之于对中国农村的真心关心，对中国老百姓的真正关心，是关心中国农村的现代化，关心中国的未来。你们关心老百姓，老百姓会永远记住你们。在这方面，我真诚地向你们学习，并表示敬意。

三、前元庄的经验要好好地宣传介绍

前元庄的经验正在山西省得到逐步推广，一定会取得令人满意的成功。希望前元庄的同志们，按照李岚清副总理的指示，继续总结完善自己的经验，在现有的基础上再上一个新台阶。

关于"把离农教育转变为兴农教育"的问题，这是吕梁的同志们在深入农村调查研究，根据当地的实际情况提出来的。我们认为，这个提法说的是真话，是正确的，科学的，它和"变应试教育为素质教育"的提法，其实质是一回事，不是两码事。

今年十月，中国陶行知研究会和中国陶行知基金会要在上海召开"弘扬行知思想，深化教育改革"研讨会。届时，请山西省的同志更多地介绍自己的经验，让全国各地的同志们共同来研究、交流农村教育改

革的好经验，创造出更多的具有中国特色的社会主义教育模式。

最后，让我们在党中央的领导下，切实认真地贯彻《中国教育改革和发展纲要》和最近中央提出的"科教兴国"的战略方针，更好地借鉴陶行知教育理论和实践经验，为开创我国社会主义新农村的美好未来，继续奋斗。

（选自《方明文集》，中国文史出版社 2017 年版，第 115—117 页）

教育扶贫是增强造血功能的
根本扶贫①

　　农民问题始终是中国革命和建设的一个根本问题。我国教育工作的一大难点也在农村，尤其是贫困的农村。中国陶行知研究会本着陶研工作为现实教育工作服务的精神，几年来，特别是中央颁布《中国教育改革和发展纲要》以来，一直关注着农村教育。我们经过多次观察和研究，认为山西省吕梁地区柳林县前元庄实验学校的办学经验，是一个具有中国特色的社会主义农村教育的好经验，是"科教兴村"的好典型。

　　我们编写这本《科教兴村之路》，生动具体地介绍了吕梁地区柳林县的一个偏僻山村前元庄的变化。那里解放前"灾年逃荒，丰年吃糠"，解放后通过变革，人民生活虽有提高，但未能摆脱贫困。1987年在吕梁行署教育局的指导下，根据"教育必须为社会主义建设服务，社会主义建设必须依靠教育"的总方针和小平同志解放思想、实事求是的精神，结合前元庄的实际，借鉴陶行知教育思想和实践经验，探索出一条科教兴农、科教富民的道路。前元庄的实践证明：在农村办好一所学

---

①　本文为方明为他主编的《科教兴村之路》写的序言。

校，就能改变一个村的落后面貌，村民的素质和生活都有了提高。人均收入从 1987 年实验时的 320 元，到 1994 年的 1 100 元，人均粮食由 500 斤增至 950 斤，全村 27% 的农户成了科技示范户，村里无文盲，无赌博，无盗窃，无违法案件，1990 年被评为省级精神文明单位。学生从不爱农、不会农，到爱农、会农，学生的巩固率、升学率都提高了。农民高兴地说："办这样的学校真管用，升了学的高兴，回了村的安心！"回村学生不少成了生产能手、技术骨干。1990 年，吕梁地委、行署决定全区推广前元庄的经验，经历四年时间，全区已有 2 872 个村校发生了显著的变化，其中 370 所村校被评为先进村校或示范村校。这就大大推动了吕梁地区经济的振兴，社会主义精神文明建设也取得了明显的效果。

前元庄的经验给我们的启示是：

——农村教育改革必须贯彻落实中央关于教育的根本指导思想。搞好教育增加投入固然十分重要，但至关重要的另一方面是切实解决好办学的指导思想，把"应试教育"转变为"素质教育"。前元庄学校在改革中既重视打好学生文化科学知识的基础，更重视打好"做人"的基础，培养良好的思想道德和劳动习惯，同时授以建设农村的生产知识和本领，达到"升学有望，谋生有路"的目标，深受群众的欢迎。

——农村教育改革必须抓好管理体制的改革。前元庄解决了教育与经济两张皮的问题，实行"村校一体"，采取村校干部交叉任职，村里的经济发展规划和教育发展规划统一制定，同步运行，村委会聘请教师为"智囊团"，教师联系农户，有技术的农民兼任教师等方法，强化了农村干部科教兴农的意识，自觉把教育摆上了优先发展的战略地位，形成了"教促农，农促教"的良性循环。教育与人民群众的利益直接联系，调动了全村办学的积极性，集资办学，共创经济实体，使过去消耗、分利的教育变成了生利的教育。

——农村教育改革必须建立"三教一体"的教育结构。普教、职教、成人教育互相渗透，互相衔接，形成教育对象覆盖全村幼、少、青、壮的大教育网络，体现了陶行知的大教育思想，有力地促进了全民素质提高和两个文明建设。

——农村教育改革必须依靠村校干部，因地制宜，大胆创新，不走前人走过的路子。吕梁行署教育局深入农村进行了教育和经济关系的调查研究，摸清了农村教育存在的突出问题，明确农村教改的方向，帮助前元庄制定了实验方案，探索农村教育为农村社会主义建设服务的新路子。待实验取得成果后，又协助吕梁地委行署在全区推广，使各县涌现出各具特色的典型群。实践证明，没有这么一批忠诚党的教育事业的干部的艰苦奋斗精神，前元庄的经验不可能创造出来和推广开来。

——农村教育改革离不开各级党政领导的重视和支持。前元庄的教改方案还在实践中，省教委领导和省陶研会及中陶会的同志就曾多次进行实地考察，对这一新生事物给予充分肯定和支持。今（1995）年3月，中陶会和全国人大科教文卫委员会、全国政协教育文化委员会、民进中央教育委员会、民盟中央教育委员会、全国教育工会、中华职业教育社和中国贫困地区文化促进会联合在北京召开的前元庄实验学校教改汇报会上，国家教委副主任柳斌传达了李岚清副总理的指示："前元庄和吕梁地区把教育放在优先地位，兴教富民，农科教结合，三教协调发展是好的，应很好总结。"6月中旬，李岚清副总理又亲自批示，前元庄实验学校的教改经验"符合经济不发达地区办教育的实际和方向"。6月下旬，山西省陶研会和省教委等七个单位又在太原召开了前元庄实验学校教改经验汇报会，省领导充分肯定了这个经验，认为这是科教兴国落实到了基层。会后，山西省人民政府又转发了省陶研会和省教委等七个单位关于建议在全省山区农村学习、推广前元庄实验学校教改经验的报告，进一步促进"科教兴村"之花开遍"三晋"大地。

当前党中央重视农村工作和农业问题，在这形势下，宣传推广前元庄的经验更有其重要意义，必须抓住这个有利时机。这不是单纯的教育部门的行为，而是作为加强整个农村工作的一个重要环节。充分发挥教育的功能，既培养人才，又促进经济，搞好精神文明，建设社会主义新农村，农村学校应该也可以发挥更大的功能作用。实践证明，教育可以扶贫，而且是增强造血功能的根本扶贫。

前元庄经验，当前有针对性，有普遍意义，特别是对贫困的农村地区更具有推广价值。由于各地情况不同，应该在学习其精神实质的同时注意因地制宜，即使吕梁地区在推广前元庄经验时也不是照搬，具体做法各有特色。必须看到，在探索农村教育改革方面，全国各地都有好典型、好经验，许多同志为之作出了长期不懈的艰苦奋斗。我们宣传推广前元庄经验，是想通过此典型宣传中央的精神，调动方方面面的积极性，从本地的实际出发，共同促进我国农村教育和农村工作出现新局面。希望各级党政加强领导，我们将一如既往地愿意联合各有关组织、团体以及各界有识之士共同为之贡献力量。

（原载于《中国陶行知研究/基金会会讯》总第 89 期，1995 年 10 月）

教育要为农业、农村和农民服务[①]

我在这一天半时间里，听了宋玉岫会长作的关于开展农村教育改革十年实验报告，听了孙文盛省长、王昕副省长的重要讲话，看到那么多老领导亲临指导会议，又听了一天时间的大会经验交流，那么多办好一校、致富一村的感人事迹，使我很受教育，很受鼓舞，因此，我代表中国陶行知研究会向到会的各位老领导，特别是94岁高龄的冯老表示崇高的敬意，向到会的100个科教兴村先进单位，30多个"科教兴乡"的代表和各地市教委主任和陶研会的负责同志表示亲切的慰问和热烈的祝贺！

一、四点最突出的感受

同志们！两天来我的感受很多，下边我主要说四点最突出的感受：

1. 你们的行动快，措施得力。去年10月党的十五届三中全会作出《中共中央关于农业和农村工作若干重大问题的决定》，今年全国人大

---

① 本文为1999年3月23—24日在由山西省教育委员会、山西省陶行知研究会于太原召开的山西省"科教兴村"先进单位表彰大会上的讲话。收入本书做了少量删减与修改。

086 ·

和政协九届二次会议又提出农业、农村和农民问题，当全国人民正在学习和贯彻两会精神时，你们召开"科教兴村"先进单位表彰大会，会议交流了科教兴村、兴乡的工作经验，又提出科教兴县的任务，这完全符合党的十五届三中全会精神，也是贯彻两会精神的实际行动。我国是个农业大国，农业是国民经济的基础，农业的根本出路在科技、在教育，山西提出在全省开展办好一校、致富一村的"科教兴村""科教兴乡"活动，是完全符合十五届三中全会精神的。你们召开"科教兴村"先进单位表彰会，布置安排"科教兴乡""科教兴县"工作，是具体贯彻三中全会精神的实际行动，所以我说你们行动快、措施得力。

2. 你们抓住农村教育改革实验十年不放松，从刘辉汉在前元庄实验学校搞的"村校一体"的改革实验，到山西省人民政府提出在全省开展办好一校、致富一村的"科教兴村"活动，把前元庄的教改经验推广开来，由 1 校到 100 校，由前元庄到吕梁山、到太行山，今年又即将完成 100 个"科教兴乡"典型，省政府又提出"科教兴县"任务，由点到面，由村到乡到县，面儿不断扩大，层次越来越高，这种农村教育改革实验的坚定信念和坚韧不拔的精神是十分可贵的。

3. 山西省领导如此重视农村教育改革和省陶研会的工作，十分感人。山西是革命的老区，有着优良的革命传统，他们革命在农村，整天和农民滚在一起，对农村和农民有着深厚的感情。他们一发现前元庄的教改经验是兴村富民的经验，便立即发了 93 号文件，号召全省农村山区学习前元庄"办好一校、致富一村"的经验，并肯定他们是"科教兴村"的好典型，号召全省开展办好一校、致富一村的"科教兴村"活动。当省教委和省陶研会总结出 100 个科教兴村典型经验时，省长孙文盛同志亲自为《科教兴村实践与探索》一书写了序言，并建议："各级教育行政干部，各级各类学校领导和教师，读一读这本书，它对于不断深化教育综合改革，端正办学方向，树立教育为当地经济建设和社会服务的思想，会有很大启发和指导作用的。"1997年我们在山西召开农村教育综合改革现场研讨会时，副省长王昕同志说："在今年总结100个'科教兴村'典型的基础上，明年总结树立100个'科教兴乡'典型。这是实施科教兴晋的基础工程，是帮助广大农民脱贫致富奔小康的有效途径。对此，山西省委、政府是全力支持的。"这次表彰会议是省教委和省陶研会联合召开的，省长、副省长工作这么忙，他们原来都要出席会议讲话，因为临时有了紧急会议，他们把讲话稿送来作为书面发言。省委、省政府、省人大、省政协退下来的一些老同志都亲临大会指导。这种重视农村教育改革，重视农村和农民问题的实际行动，使我们十分感动。

4. 省教委领导非常支持省陶研会的工作，支持在全省范围内开展科教兴村、科教兴乡、科教兴县的活动。他们为开展这项活动多次发通知，省教委主任连续三年都在全省教育工作会议上强调各地市教委要抓好科教兴村、科教兴乡活动，今年全省教育工作会议上他又根据省政府的意见，提出抓部分"科教兴县"典型，发挥群体典型的作用，促进科教兴晋战略任务的落实。这次会议表彰的科教兴村先进单位，又是省教委和省陶研会联合表彰的。曹主任刚从北京参加全国人代会回来，开幕式就主持了会议。今天下午，省高校工委副书记刘惠民同志分工农村教育改革，他还要给会议作总结和布置安排农村教育综合改革工作。省教委和省陶研会配合十分密切，这在全国也是不多见的，我们应该向你们学习。

二、农村教育改革的突破与发展

73年前，陶行知就尖锐地指出："中国乡村教育走错了路！它教人离开乡下向城里跑；它教人吃饭不种稻，穿衣不种棉，做房子不造林；它教人羡慕奢华，看不起务农；它教人分利不生利；它教农夫子弟变成书呆子；它教富的变穷，穷的变得格外穷；它教强的变弱，弱的变得格外弱。前面是万丈悬崖，同志们务必把马勒住，另找生路！生路是什么？就是建设适合乡村实际生活的活教育。"他辞去东南大学的教授到南京神策门外劳山脚下创办了举世闻名的晓庄学校，目的是要培养一批具有改造乡村生活意识和能力的小学教师，到农村去办好农村教育，改造农村生活。在旧社会，陶行知只是一个民间学校的校长，不仅手中无权，而且还受国民党的迫害，所以他的宏愿未能完全实现。新中国成立50年来，我国农村教育有了很大的发展，为农村培养了一大批有文化的劳动者。但是由于受传统教育思想的影响，长期以来农村教育结构单一，职业教育和成人教育薄弱而且是各自为政，教学内容又不结合农村实际，有些地方把升学教育作为唯一的目标，结果是升了学的学生不回农村，回了农村的学生不安心，想尽一切办法往外跑。前元庄对1972年至1982年十年时间的学生进行调查，共毕业初高中学生120人，留在村里务农的只剩下7个，这怎么来建设社会主义新农村呢？党的十一届三中全会以后，在邓小平"解放思想，实事求是"的路线指引下农村教育的旧观念和旧模式才有所突破。

1. 前元庄实验学校实行"村校一体"。村党支部书记兼任学校校长，校长兼任村党支部副书记，沟通了教育同经济，学校同社会的联系，就是农村教育体制改革中的一种突破。这项改革现在在全国许多地方都被人们接受了，而且实践得很有成效。前元庄实验学校的第二个一体就是"三教一体"，也就是三教紧密结合。第三个一体就是"教科劳一体"，也就是教育与生产携手，知识与能力共进。这是一种大教育观。大教育观是陶行知早年的教育思想，也是世界教育未来发展的趋势，只有使多种教育紧密结合才能使人们不断学习，不断进步，不断适应社会发展的需要。只有使我们的民族成为科学的民族，不断学习掌握先进的科学技术，才能适应21世纪科学技术飞速发展的需要，才能站在科学技术竞争的前列。

2. "农科教统筹"和前元庄的"三个一体"的精神是一致的，同是使教育服务于农村经济，农村经济紧紧依靠教育的教育改革。"农科教统筹"这项改革，首先在安徽徽州搞了个实验区，我们在那里开过会，它是以发展农村经济为中心，以科技为动力，以农村三教为载体，把教育发展规划纳入到当地经济与社会发展规划，把人才培养和科技推广密切结合起来，使农村、经济、教育的人力、财力、物力综合利用，合理配置，各自发挥优势，相辅相成，形成合力，取得人才培养、科技开发和经济振兴的最佳效益。各类学校普遍向学生进行爱农村、爱农业、爱农民的"三爱"教育；大胆改革教学内容，使学生在学好文化课的同时学好建设农村的实际本领。同时为了发挥农科教的整体功能，一般学校都成立了三个中心：一是先进科学技术试验示范中心，用校内的试验成果，为群众提供示范和技术服务；二是先进科学技术信息传播中心，定期向农民介绍科学种田、养殖技术及优良品种等；三是人才培训中心，根据农村生产上的需求，举办各种技术培训班，提高农民的科技意识和科技能力。"农科教结合"的经验已在全国各地推广，同时还和实施燎原计划、星火计划、丰收计划等密切地结合在一起。

3. 开展"科教兴农"活动，为落实科教兴国战略任务打好基础。这是党的十四大提出的科教兴国战略任务之后，全国农村教育改革出现的新形势。山西在这项改革活动中最早提出科教兴村，科教兴乡，科教兴县任务。不仅提得最早、工作最扎实，一步一个脚印向前走，而且是一步一个台阶地往上升。1997年总结了100个"科教兴村"典型村校，今年又要总结树立100个"科教兴乡"典型，明年还要登上"科教兴县"的台阶。这一改革活动是以全面提高农民的文化科学技术素质为核心，依靠科技教育兴农，促进教育、科技和经济的快速发展，引导农民脱贫致富奔小康。把科教兴村兴乡同农村两个文明建设紧密地结合起来，改变了过去那种就经济抓经济，就教育论教育的传统观念。认识到振兴经济必须依靠科技进步和提高劳动者素质，把农村教育改革当作兴县富民的一项战略任务来抓。我听一些"科教兴乡"的经验介绍，他们都是把"科教兴乡"活动当作实现经济发展战略目标的根本措施，纳入到当地经济和社会发展规划中，列入党委、政府重要议事日程和考核干部的政绩内容，使农村教育改革成为振兴经济和推动社会发展的重要组成部分，实现了教育为经济建设服务，经济建设依靠教育的观念的根本转变。

以上三项活动，使农村教育改革发生了很大的变化，使农村人口的素质不断提高，经济收入成倍增长，农民生活发生了翻天覆地的变化。据省陶研会给我提供的情况，他们从 100 所"科教兴村"的典型村校中抽查了 40 所学校，以 1996 年的人均收入为基数，经过 1997 年和 1998 年两年时间，人均平均收入增长了 31.49%，增长最高的是 60%。这说明科教兴村的确是一项兴教富民的措施。从大家的科教兴村、科教兴乡经验来看，教育体制改革，如"村校一体""农科教统筹"也有教育内部改革，如"三教结合""教科劳结合"，所以这三点不是割裂的，而是在改革实践中不断发展完善，相互沟通，相辅相成的综合整体。在这综合整体改革中不断更新人们的教育观念，使改革不断地向前发展。

三、三点希望

同志们！我们的农村教育改革虽然近年来有很大的进展，取得了很大的成绩，但是我们的改革离党的十五届三中全会的要求还有很大的距离，还有那么多的农村人口还没有摆脱贫困生活，生产上还是旧的传统的耕作方法，新的农业科学技术还没有进村入户，科教兴村还是些典型，还没有普及到全省各个角落，还需要加大努力，继续做好兴村、兴乡的工作。下边我提三条希望供同志们参考。

1. 要高举邓小平理论伟大旗帜，认真贯彻落实党的十五届三中全会精神，充分认识教育为农业和农村服务的重要性和紧迫性，继续深化农村教育改革。三中全会决定中指出："农业、农村和农民问题是关系改革开放和现代化建设全局的大问题。""农业的根本出路在科技、在教育。""发展农村教育事业是落实科教兴农方针，提高农村人口素质的关键。"近年来，我们教育为促进农村经济发展和社会进步起到了积极的推动作用，但是为农业和农村服务的力度还不够大，农村教育还存在一些不容忽视的问题。主要是教育思想、教学内容和教学方法脱离农村实际，农村教育投入不足，办学条件还比较差，在一定程度上制约着农民素质的提高，严重影响着农业科技成果的普及和推广，也影响着建设有中国特色的社会主义新农村目标的实现。因此，希望大家要认真学习领会党的十五届三中全会精神，强化教育为农业、农村和农民服务的思想，要像陶行知先生说的那样，我们从事乡村教育的同志，要把我们整个的心献给我们的三万万四千万的农民（现在就是九亿农民），我们要向着农民"烧心香"。我们的心里要充满那农民的甘苦。我们要常常念着农民的痛苦，常常念着他们所想得的幸福，我们必须有一颗"农民甘苦化的心"，才配为农民服务，才配担负改造乡村生活新使命。

2. 要进一步促进"村校一体""三教统筹"和"农科教结合"的改革和发展。因为这是农村教育改革的方向，是提高农民素质，引导农民脱贫致富奔小康之路。"村校一体"是一种办学体制改革，是教育社会化的一种模式，是把"离农教育"转变为"兴农教育"一种新体制，应该继续研究、试验推广。"三教统筹"要根据当地经济和社会发展的需要，统筹规划农村基础教育、职业教育和成人教育，使"三教"互相沟通，协调发展，提高教育质量和办学效益，增强为农业和农村工作服务的能力。"农科教结合"是要改变农村经济、科技、教育相互脱节的状况，坚持农业发展靠科技教育，教育科技要为农业和农村服务，逐步使农业、科技、教育互相促进协调发展。因此希望大家在开展"科教兴村""科教兴乡"活动中，要学习、研究这三项从实践中产生的新经验，根据本身的实际情况，积极采取新的措施，不断提高农民的科技文化素质，促进生产的快速发展，使人民生活水平不断提高。

3. 当前要十分重视发展和提高农村职业教育和成人教育，通过职教和成教把先进的农业科学技术普及到农业、农村和农民中，提高他们的科技意识和能力，增加生产中的科技含量。这是当前广大农民脱贫致富奔小康的急需，也是农业的出路在科技、在教育所决定的。因此，当前农村教育改革要十分重视职业教育和成人教育的发展与提高。特别在实施"科教兴乡"活动中，职业教育和成人教育的责任更加重大，要充分发挥他们的整体功能，使其更好地为农村培养大批高素质的创造型劳动者，初、中级技术人才和基层管理人才，普及和推广农业适用技术，为农业和农村经济发展服务。

同志们！农村教育改革的任务是艰巨的，工作是光荣的，你们已走出一条"科教兴村""科教兴乡"之路，不久又要走出"科教兴县"之路。我相信在你们实现"科教兴晋"之日，也将是我国实现"科教兴国"战略任务之时！同志们！努力奋斗吧！我们的理想目标一定要实现，也一定能够实现！

（原载于《中国陶行知研究/基金会会讯》1999 年第 4 期）

全面建设小康社会的基础工程①

当前全国人民正在学习和贯彻党的十六大会议精神，以"三个代表"思想为指针，全面建设小康社会，开创中国特色社会主义新局面。在这个大好形势下，山西省教育厅和山西省陶研会召开科教兴乡先进单位表彰大会，这就是以实际行动贯彻党的十六大会议精神。刚才听了省长、厅长、宋岫玉会长的报告，他们用大量事实说明实施科教兴村、科教兴乡就是实施科教兴国，全面建设小康社会的基础工程，我感到非常高兴。我代表中国陶行知研究会向中共山西省委、山西省人民政府、山西省教育厅和到会的全体老领导和全体同志表示崇高的敬意和热烈的祝贺，祝贺大会开得圆满成功！

陶老夫子是中国人民伟大的教育家，他的教育思想不仅具有超前性、先进性，而且具有中国特色，符合中国实际的现代先进教育思想。陶行知 1926 年就提出教育要与农业携手。他说："中国乡村教育之所以

① 本文为 2003 年 1 月 8 日，在山西省教育厅、山西省陶行知研究会召开的表彰 100 个"科教兴乡"先进典型大会上的讲话，曾以《科教兴村、科教兴乡是实施科教兴国全面建设小康社会的基础工程》为题发表于《爱满天下》2003 年第 1 期。收入本书时有少量删减与修改。

没有实效，是因为教育与农业都是各干各的，不相闻问。教育没有农业，便成为空洞的教育，分利的教育，消耗的教育。农业没有教育，就失去了促进的媒介。"而且提出："中国是著名的农业国，中国农民占全国人口总数的85%。"他始终重视解决教育与农业"两张皮"的问题。山西省陶研会1987年一成立就指定副会长刘辉汉同志借鉴陶行知的农村教育思想在柳林县前元庄实验学校，创造性地提出："村校一体""三教一体""教科劳一体"的实验方案。经过七年实验，解决了教育与农业分离，三教分裂、教学脱离的实际问题。从办学体制、教育结构和教学内容上使"离农教育变为兴农教育"。使前元庄村提前普及了九年义务教育和扫除了文盲，农民的文化水平和科技意识逐年提高，经济得到快速发展，农民生活跨越过温饱走向富裕。1995年山西省人民政府发出了93号文件，要求在全省范围内推广前元庄实验学校的教改经验。时隔四年时间，全省在学习前元庄的过程中，涌现出一批"办好一校，致富一村"的科教兴村典型，1999年省教委和省陶研会召开了100个科教兴村先进单位表彰大会，这次大会我来了，我发表了五条意见和三点希望。从1999年到现在又是四年时间，你们又召开100个"科教兴乡"先进单位的表彰大会，这实在振奋人心！你们是全国开展"科教兴村""科教兴乡"最早的地区，总结了许多成功的经验，涌现出一大批先进典型，为夯实"科教兴国"战略打下了坚实的基础，带动了全国的农村教育改革。

下面我想说一说，为什么说开展"科教兴村""科教兴乡"是实施"科教兴国"，全面建设小康社会的基础工程。

我想要说清这个问题，至少有以下四点：

1. 村是基础。从国家组织机构来讲，村民委员会是最基层的村民自我管理、自我教育、自我服务，以法制为据的群众性自治组织。只要村富民强了，基础稳固了，国家就会兴旺发达。我非常赞同老省委书记李立功同志在 1995 年山西省召开的前元庄教改经验汇报会上的发言，他说："实施科教兴国，必须从科教兴村、科教兴乡、科教兴县、科教兴省做起。没有科教兴村、兴乡、兴县、兴省，就不可能做到科教兴国。"这话的意思很清楚，就是实施科教兴国战略任务，必须从基层抓起，只有把基层基础打牢，才能实现科教兴国战略任务。这就像盖楼房一样，基础一定要打牢固，根基打好了，社会主义大厦才能盖得坚固漂亮。所以说实施科教兴村、兴乡是落实科教兴国、全面建设小康社会的基础工程。

2. 村民素质是基础。科教兴村、兴乡的关键在于提高村民的思想道德和文化科学技术素质。因此，提高村民的素质是实施科教兴村、兴乡的基础。党中央、国务院颁发的《中国教育改革与发展纲要》中提出："现在农业科学技术得不到普遍推广，宝贵的资源和生态环境得不到保护，人口增长得不到有效控制，一些不良社会风气屡禁不止，其中一个重要原因是劳动者素质低。"党的十五大提出：要把经济建设转移到依靠科学技术进步和提高劳动者素质的轨道上来，就是要以科学技术实力和国民教育水平这两个不可缺少的飞轮，使我们的国家走向繁荣昌盛。因此，在科教兴村、兴乡过程中，一定要把提高村民素质当作基础来抓。只有全面提高了村民素质，才有可能使物质文明建设和精神文明建设跨入一个新的阶段，全面建设小康社会。

3. 农村、农民是基础。中国现在仍是以农立国的老模式，农业人口占全国人口 80% 左右。因此科教兴国的重点和难点在农村和农民，科教兴村、兴乡必须以农户为基础，帮助农民脱贫致富奔小康，使农民过上富裕而文明的生活。这才是科教兴村、兴乡的根本目的，也是科教兴村、兴乡的基础工程。因此在实施科教兴村、兴乡过程中，必须使科技教育进入家家户户，使农村家家户户都能采取科学种植和养殖，提高生产中的科技含量，利用科技进步来摘掉贫穷落后的帽子，使农民过上幸福的生活。十六大报告中提出：我国是一个发展中国家，生产力和科学教育还比较落后，根本原因是全民族的科学文化素质不高。要提高民族科学文化素质靠教育，教育是发展科学技术和培养人才的基础。因此，在实施科教兴村、兴乡过程中，必须把教育摆在优先发展的战略地位，必须全面贯彻党的教育方针，坚持教育为社会主义现代化建设服务，为人民服务，与生产劳动和社会实践相结合，坚持教育创新，深化教育改革，优化教育结构，合理配置教育资源，提高教育质量和管理水平，全面推进素质教育，提高农民的科技意识和能力，使农民成为科学的农民，才能使农民脱贫致富奔小康。

4. 农业现代化是基础。科教兴村、兴乡必须跳出自然经济和半自然经济的圈子，以实现农业现代化为目标。十六大报告中指出：建设现代农业，发展农村经济，增强农民收入，是全面建设小康社会的重大任务。加强农业基础地位，推进农业和农村经济结构调整，保护和提高粮食综合生产能力，健全农产品质量安全体系，增强农业的市场竞争力。积极推进农业产业化经营，提高农民进入市场的组织化程度和农业综合效益。农村富余劳动力向非农业和城镇转移，是工业化和现代化的必然趋势。实施科教兴村、兴乡必须以这个目标为基础，为实现农业现代化服务，为农业经济市场化和全面建设小康社会做文章。

下边我还想讲几点意见和建议：

一是要继续完善和总结科教兴村、兴乡的经验。1999 年总结了"科教兴村"的十种模式和六条经验，今年又总结了"科教兴乡"的八种模式和十条经验，这些模式和经验我看都是很实际的，都是从实践中总结出来的，但是从党的十六大会议精神来看，还需继续完善和总结提高。特别是在哲学理论、教育理论、教育规律上加以完善总结和提高。比如科教兴乡，它的层次高，难度大，它面对的是十多个或二十多个比较分散的行政村，面对乡（镇）一级人民政府，在实施过程中必须加强乡（镇）党委和乡（镇）政府的领导，充分发挥乡（镇）一级政府的政权力度。它同科教兴村不一样，村里只要有一个好书记、好主任和好校长，三人一条心，扭成一股绳，事情就办成了。乡镇一级牵涉的面儿很宽，范围很大，没有政权的力度事情就很难办成。十六大提的是要把发展作为我们"党执政兴国的第一要务"。看来我们开展科教兴乡、兴县，必须发挥"党的执政兴国"的作用。

二是要根据党的十六大提出的全面建设小康社会的目标、完善我们科教兴村、兴乡、兴县的标准条件。你们在实施"科教兴村"过程中提出了三条标准，对"科教兴乡"提出了五条标准，看来同全面建设小康社会目标还有差距。十六大提出的小康目标是：（1）在优化结构和提高效益的基础上，国内生产总值到2020年，力争比2000年翻两番，综合国力和国际竞争力明显增强。基本实现工业化，建成社会主义市场经济体制和更有活力、更加开放的经济体系。城镇人口的比重较大幅度提高，工农差别、城乡差别和地区差别扩大的趋势逐步扭转。社会保障体系比较健全，社会就业比较充分，家庭财产普遍增加，人民过上更加富足的生活。（2）社会主义民主更加完善，社会主义法制更加完备，依法治国的基本方略得到全面落实，人民的政治、经济、文化权益得到切实尊重与保障。基层民主更加健全，社会秩序良好，人民安居乐业。（3）全民族的思想道德素质、科学文化素质和健康素质明显提高，形成比较完善的现代国民教育体系、科教和文化创新体系、全面健身和医疗卫生体系。人民享有接受良好教育的机会，基本普及高中阶段教育，扫除文盲。形成全民学习、终身学习的学习型社会，促进人的全面发展。（4）可持续发展能力不断增强，生态环境得到改善，资源利用效率显著提高，促进人与自然的和谐，推动整个社会走上生产发展、生活富裕、生态良好的文明发展道路。这四条是全面建设小康社会的四条目标，也是中国特色社会主义经济、政治、文化全面发展的目标，是与加快推进现代化相统一的目标，符合我国国情和现代化建设的，符合人民愿望的目标。所以我们实施科教兴村、兴乡、兴县的目标应同这个大目标一致起来，真正做到发展有新思路，改革有新突破，开放有新局面，工作有新举措。

三是要坚持教育创新，构建新的教育体制，深化教育改革。因为教育是发展科学技术和培养人才的基础，在现代化建设中教育具有先导性和全局性的作用，因此，必须把教育摆在优先发展的战略地位。在科教兴村、兴乡、兴县的过程中要坚持教育为社会主义现代化建设服务，为人民服务，与生产劳动和社会实践相结合，全面推进素质教育，培养德智体美全面发展的社会主义建设者和接班人。要把"三教"紧密地结合起来，继续普及九年或十二年教育，加强职业教育，发展继续教育，构建终身教育体系，逐步创建成全民学习、终身学习的学习型社会。你们的前元庄村和其他先进单位，就是由于做到了全民学习、终身学习的学习型村庄和乡（镇），所以致富的步子越迈越快，应该大力推广你们的经验。

同志们，朋友们！你们已经表彰了100个科教兴村先进单位，时隔四年时间，全省已涌现出2 096个科教兴村单位。今年又表彰100个科教兴乡的先进典型，再过四年时间，全省又会涌现出一大批科教兴乡先进单位。在省委、省政府的领导下，在教育厅的大力支持下，我想很快又会涌现出一批科教兴县的先进典型，我等待着第三次参加你们的表彰会。最后我送你们两句话："借问陶花何耀眼，只缘辛苦种桃人。"

（原载于《爱满天下》2003 年第 1 期）

第三辑

促进教育优质均衡发展

阻碍我国基础教育发展的关键何在①

　　必须把教育放在优先发展的战略地位，这是党在领导社会主义现代化建设的指导思想上的一个飞跃。一年前颁发的《中国教育改革与发展纲要》开宗明义指出：中国共产党第十四次全国代表大会在建设有中国特色社会主义理论指导下，确定了 1990 年代我国改革和建设的主要任务。同时明确指出：必须把教育放在优先发展的战略地位，努力提高全民族的思想道德和科学文化水平，这是实现我国现代化的根本大计。党中央高瞻远瞩，从战略高度总结我国和借鉴国外的经验，告诫我们：在我们这个人口众多、资源相对不足、经济比较落后的国家进行建设，实现社会主义现代化的宏伟目标，进一步解放生产力，必须优先发展教育，提高劳动者素质，把沉重的人口负担转化为人才资源优势，舍此没有别的出路。

　　小平同志指出："实现四个现代化，科学技术是关键，教育是基础。"基础教育是提高民族素质的奠基工程，是基础的基础。基础是一切事物的起点，在基础教育阶段为学生打好思想道德、科学文化、生理

---

① 本文为方明、葛志成 1994 年 3 月在全国政协八届二次会议上的联合发言。照原文核校收入本书。

心理全面素质的基础，不仅关系到每一个青少年一生的幸福，为他们在未来社会的生存发展建立起坚实的生长点，而且从国家整体来说，基础教育能否"使受教育者具备作为国家公民和世界一员的素质"，直接关系着我国经济发展目标的实现和我们民族在 21 世纪世界激烈经济竞争中的成败。

尽管党中央、小平同志一再强调教育的重要，强调基础教育作为提高民族素质的奠基工程必须大力加强。然而在实际工作中并没有形成共识，落实《纲要》的要求仍有很大差距，致使一些长期困扰基础教育发展的重要问题，未能从根本上得到解决。

当前，人们最为关切和忧虑的有两大问题：

一是基础教育的经费投入问题。

增加教育投入，是落实教育战略地位所不可缺少的物质保证。舍得投资，这不单是钱的问题，而是一个重视教育问题的重要标志，只有眼光远大，才会不失时机地把大量资金投放在教育，尤其是基础教育上。

坚持把教育放在优先发展的战略地位，就必须切实增加教育投入，使教育能够适度超前发展。有关资料证明，现代所有经济发达国家的教育投资速度，几乎没有不超过国民生产发展速度的。如美国 1945—1961 年间，国民生产总值增长了近 1.5 倍，而教育支出却增长了 6 倍；国民生产总值年均增长 5.5%，而教育支出年均增长 7.6%。日本 1946—1960 年间，国民收入增长了近 31.8 倍，而公共教育费用增长高达 86 倍；这一时期国民收入平均增长率为 26%，而公共教育费平均增长率达 35%。1970 年代中期，美、日、英、法、西德等国的教育经费均已达到占国民收入总额的 5%—7% 左右。亚洲"四小龙"原来都是经济基础薄弱的地区，他们成功经验的共同特点是重视基础教育，舍得在教育上投资。以韩国为例，二次大战结束时韩国人口有 80% 是文盲，劳动力素质很低，在五六十年代该国经济最困难时期，教育经费一直不少于财政支出的 15%—20%，1965—1974 年教育经费每年递增 28%，1978—1979 年增加 73.2%，使其教育经费占国民生产总值的比例达 5.54%。我国教育经费同国民收入比，起点一直很低，1950 年仅占国民收入的 0.9%，1978—1985 年一直在 2.6% 左右徘徊。诚然，在我们这个穷国办世界最大规模的教育，增加教育支出是有诸多困难的。但是据专家们评估，目前国家的教育投资并不能说已经达到国民经济承受能力的极限了。国外的经验还表明，教育经费达到国民收入的 4%—5%，才是促进经济起飞的水平。《纲要》提出本世纪末国家财政性教育经费支出占国民经济总值的 4%，达到这一目标，我们还要付出极大的努力。

使人深感忧虑的是，在一些地方就连这点不足的教育经费也不能全部用在教育上。在商品大潮的冲击下，一些地方财政支出结构畸形，行政管理经费急剧膨胀，教育投入不能做到"两个增长"，只能把有限的资金投向能够赚钱的行业和部门。长期以来我们又缺乏一套有效的监督和检查的机制，致使挤压、截留、挪用教育资金的现象屡有发生，屡禁不止。

二是教师的地位待遇问题。

振兴民族的希望在教育，振兴教育的希望在教师。教师作为人类社会最古老的职业之一，在人类社会发展中承担着继往开来的角色。正因为如此，古今中外无不对教师寄予厚望，把教师在社会中的地位、作用视为社会文明进步的一个重要标志。

我国历来有尊师的传统，尊师重教成为中华民族的一大美德。从孔夫子到陶行知，历代教育家都强调尊师重教。陶行知先生说过："农不重师，则农必破产；工不重师，则工必粗陋；国民不重师，则国必不能富强；人类不重师，则世界不得太平。"他十分关注教师，特别是小学教师的地位、待遇，认为改善教师待遇是发展教育的当务之急。他指出："小学教师的待遇太苦，对于整个国民教育之影响是很严重的。"

"教师忍不住饥饿，改做生意，何能专心教人做人？" "校长的精力大部分消耗在全校米粮问题的解决上，对于真正的教育问题反而难以顾到。"

由于种种原因，我国教师的地位、待遇问题一直未能从根本上得到改善，突出表现在经济待遇、社会权利（教育权利）两个方面。近些年政府采取了不少措施，新出台了一些新的政策，可是在有些地方并未兑现和落实。教师队伍不稳定，大批骨干教师外流弃教改行（如北京市去年中小学教师外流上千人，其中文化层次较高的骨干教师所占比例较前两年又有增长），成为教育事业发展的潜在危机。更为严重的是，近两年出现的长时间、大范围的拖欠教师工资的现象，使人们尤感焦虑。前一阶段解决这个问题，各地虽然也采取了一些措施，但据调查多属拆、借、贷款等办法，"寅吃卯粮"，治标不治本，因而"前清后欠、边清边欠、越欠越多"的隐患远未消除。新出台的工资改革方案能否兑现，不少教师仍有担心。

教师待遇偏低，必然引起两个方面的严重后果：其一是，教育系统内部后继乏人，无法稳定高水平的教师专心执教，无法吸引素质高的学生报考师范院校，低水平的教师只能教出低水平的学生。其二是，低水平的教育质量难以取得良好的社会效益，又反过来促使教师的社会地位日益低下。以上两个方面的恶性循环，造成当前教育难以摆脱的困境，成为教育适应经济起飞的一大障碍。

上述两个问题，看来都是老生常谈了。这些年来多少有识之士多方呼吁，为什么在实际上却不能按照中央的指示去办，真正把基础教育摆在突出地位加以重视呢？

我们认为关键还在对于教育的战略地位，在一些干部中还未真正形成共识。有人提出，目前一个不容忽视的现实是：一些干部中"教育盲"和"半教育盲"同群众中的文盲、半文盲相应成比，严重影响着基础教育的发展，中国教育必须首先担起扫除这两种盲的双重任务。从某种意义上说，扫除教育盲比扫除文盲的任务更艰巨。文盲多在边远山区，影响所及无非一户一村；教育盲多在领导部门，影响所及少则一乡一镇，多则县、市以上。这些人无视中央的指示精神，把教育当成软任务，在工作中想不到教育；有的虽然也按上面的调子说一说，但不准备实行，说什么"抓教育见效慢，任期内见效难"，"经济不大上，教育顾不上"，甚至"上有政策，下有对策"。在这种认识指导下去领导教育，出现那种一面拖欠教师工资，克扣教育经费，一面争相兴建楼堂馆所，用公费大吃大喝、出国旅游、购买高级轿车的种种现象也就不足为怪了。在他们管辖范围内的教育状况也就可想而知了。

小平同志早在 1985 年就指出："一个地方，一个部门如果只抓经济，不抓教育，那里的工作重点就是没有转移好，或者说转移得不完全"。并且一针见血地指出："忽视教育的领导者，是缺乏远见的、不成熟的领导者，就领导不了现代化建设。"小平同志的指示如能真正形成各级领导的共识，真正做到"经济再困难，也不能挤教育；财政再紧张，也不能紧老师；条件再艰苦，也不能苦孩子"，即使基础教育面临的问题再多，也会不难逐步解决的。

（原载于《中国陶行知研究/基金会会讯》1994 年第 3 期）

得益于"三个早"和"三个转变"①

中共中央、国务院 1993 年 2 月 13 日颁发的《中国教育改革和发展纲要》(以下简称《纲要》)指出:"中国共产党第十四次全国代表大会在建设有中国特色社会主义理论指导下,确定了九十年代我国改革和建设的主要任务,明确提出'必须把教育摆在优先发展的战略地位,努力提高全民族的思想道德和科学文化水平,这是实现我国现代化的根本大计'。"在这个思想指导下,《纲要》指出:"基础教育是提高国民素质的奠基工程,必须大力加强。""中小学要由'应试教育'转向全面提高国民素质的轨道,面向全体学生,全面提高学生的思想道德、文化科学、劳动技能和身体心理素质,促进学生生动活泼地发展,办出各自的特色。"为了贯彻和落实《纲要》精神,以促进我国教育改革和发展,由中国陶行知研究会发起,会同江苏省教委、江苏省教育学会、江苏省陶行知研究会、江苏省教育工会,在江苏的江阴市组织了一次"小学素质教育研讨会"。参加会议的除了上述组织的领导外,还有安徽、上海、四川、广东、山西等省市代表,无锡市教委,江阴市委、市政府、市人

---

① 本文为方明为《小学素质教育专集》写的序言。收入本书时依据现行规范对少量不当的标点加以修改。

大、市政协、市教委、市教育工会的领导和江苏省各地、市实验小学校长 50 余人参加了会议。会议于 1993 年冬在江阴市举行。

这次会议的开法，有别于一般学术研讨会的开法，以看为主，看、听、读、议相结合，看江阴市抓素质教育卓有成效和富有经验的实验、中心小学，中心幼儿园，成人教育中心等 15 所，参观了两所校办工厂和两个首富村（华西村和三房巷村）；听中陶会和江阴市党政领导的报告以及江苏省教委、江阴市教委等领导的经验介绍；读提交会议交流的经验材料；议江苏省尤其是江阴市学陶师陶抓素质教育的成功经验和参加这次探讨会的代表各自所得到的启示。

这本《专集》就是这次"小学素质教育研讨会"的结晶。从这本《专集》里，我们可以得到的启示是：江苏省江阴市抓"小学素质教育"之所以较有成效，江阴市小学素质教育之所以能步步深入，从教育的内部看，是得益于三个起步早，从教育外部看，得益于三个转轨好，同时还得益于学陶师陶搞得好。

第一，得益于教育内部的"三个早"。

1. 开展教改科研起步早。江阴市教委领导从 1978 年起就不断增强教改科研意识，总结工作中正反两方面的经验教训，认识到只有重视、依靠科研，坚持探索研究的科学精神，提高科学管理水平，才能事半功倍。他们年年举办教育科研骨干培训班，开设科研讲座，"借脑袋、找靠山"，请北京师大、南京师大、上海华东师大、中央教育科学研究所的专家教授作顾问讲学，先后制定实施"六五""七五""八五"三个教改科研规划，坚持分层指导，分类提高，并制定政策，保证科研经费，奖励科研，重视总结，逐步推进，终成大局。改革需要科研，依靠科研才能深化改革，这是江阴市的基本经验之一。

2. 初等教育、初中教育普及早。1984 年，江阴市普及初等教育就经省验收达标，并普及初中教育，中小学的入学率、巩固率、普及率、升学率都大大超过了国家规定的要求，1987年被评为省基础教育先进县。1988年全市就取消了小学毕业生的统一升学考试，实行就近划区入初中就读。多年来，小学流生基本杜绝，全市学龄盲、聋、弱智残疾儿童少年入学率也分别达到100%、98.9%、99.8%；初中未满16周岁、未读满九年的流生率降低到1.26%。普及和提高是互相影响的，在普及的基础上提高，提高才有真正的保证。

3. 教育自身战略调整抓得早。多年来，江阴市教委在教育内部着力于战略调整，研究三教统筹协调发展，初步形成了一个全方位、多层次、多侧面的教育综合改革体系，突破了单一的普通高中模式，普中、成教联办职教，直接为经济建设服务；普通中学探索"综合高中"模式，实行两年文化课、一年就业准备或专业课程的教育；实行中考招生制度改革，迫使普通教育从过去的应试教育、升学教育转到全面实施素质教育，主要为地方经济建设培养合格人才，兼顾为高一级学校输送合格新生的轨道上来。教育内部战略的调整，为基础教育转轨、小学素质教育的深化创设了一个良好的内部环境。根据这一战略部署，他们采用"点线牵引、球状滚进、板块推移、全面启动"的策略，全方位、有成效地推进了江阴市小学的素质教育。

第二，得益于教育外部的"三个转"。

1. 在江阴，经济建设转上了自觉依靠教育的轨道。他们的经验是：离开经济建设依靠教育发展这个大背景谈基础教育的转轨，那是一句空话。在会议进行中，江阴市的党政等主要领导都谈到了江阴经济的腾飞得益于教育对人才的培养，得益于文化教育事业的发展。江阴市的领导们说，江阴的面积是全国的万分之一（983平方公里），人口是全国的千分之一（112万），工业总产值却接近全国的百分之一（1992年达263.8亿元），国民生产总值是全国三百分之一，是全国十大财神县（市）之一，列全国百强县综合实力第二位。江阴是全国"十佳"卫生城市（县级第一名）、全国双拥模范城、全国体育先进县（市）、全国文化先进县（市）、全国农村图书发行工作先进县（市）、全国幼儿教育先进县（市）、全国特殊教育先进县（市）。在江阴，经济、教育紧密结合，教育工作列入了各级政府、部门和企事业单位的工作目标，智力投资作为企业无形资产增值项目列入了厂长、经理的任期目标，职工文化素质成了企业考核、升降和评比先进的重要内容。全市69.6万劳动力平均每两年受到一次正规专业培训，形成了经济、教育的双向转轨。从某种意义上说，这正是陶行知的"社会即学校""生利主义之教育"的具体实践。

2. 在江阴，农村教育转上了主动为本地建设服务的轨道。据我们观察了解：基础教育、职业技术教育、成人教育协调发展，一个以职工大学、职业中学、职业高中为示范，部门、行业、大中型企业单独兴办职教为主体，乡镇成教中心与普通中学联办职业班为基础的多层次、多形式、多规格、讲实效的职业技术教育体系正在形成，职教和普高招生之比出现了1.3∶1的好势头。至今，全市已有42所职工学校和干部培训中心、30所镇成人教育中心校、900多所村厂综合学校，教育开始形成主要为当地建设服务的最佳格局。

3. 在江阴，办学体制转上了政府为主、社会各界共同办学的轨道。一个"政府统筹，三级办学，二级管理，社会参与"的教育管理体制已经形成。新体制的建立，充分调动了各级政府和人民群众办教育的积极性，形成了政府财政、教育事业费附加、人民教育基金、勤工俭学和社会集资捐资"五位一体"的教育投入轨制。"七五"期间，在全市完成九年制义务教育的达标过程中，非财政渠道用于基础教育的投资达到了1.4亿元。

在江阴，特别是校办工业的大步发展，给学校增强了活力，1992年全市校办工业总数达758家，产值达18亿元，用于教育1 436万元，改善了教育设施，解决了教师福利，为稳定教师队伍起到了很大的作用。

由于江阴市多年来不断加固"科技兴市，教育为本"的战略地位，加快了经济、教育转轨合辙的运行速度，在这样的大背景下，基础教育向素质教育转轨才有可能成为现实。

第三，得益于学陶师陶。

在江苏省陶行知研究会会长罗明同志（原江苏省教育厅厅长）的领导下，全省中、小学和幼儿园，以及高等教育部门都重视陶行知教育思想研究，运用陶行知的教育思想改进教学，改革教育。陶行知的"生活即教育""社会即学校""教学做合一"的理论；"农科教结合""教人创造富的社会""教人创造平等互助的世界"的思想；他的创造教育思想，"手脑并用""以教人者教己，在劳力上劳心"等教学原则，以及他的在儿童教育上实施"六大解放"，主张"创造的考试"，反对"杀人的会考"等，对我们今天进行教育改革尚有现实意义。通过这次研讨会，我们了解到：江阴市所有中、小、幼、成人教育中心以及各级教育领导，没有一个不亲自听过罗明同志关于"学陶师陶"的报告。江阴的不少小学、幼儿园都有"陶味"。例如江阴市华士中心小学，他们运用陶行知的"解放儿童的时间"的思想，提出"把时间还给学生"，从1990年以来，该校进行了"自主性教育模式"的探索与实验，经过两年多的发展和完善，初步形成了"把时间还给学生"的自主性教育模式，使学生获得全面发展和发展个性特长统一起来，较为完整地体现了全面发展的涵义，把全面发展思想直接转化为教育行为，从根本上提高了学校教育的质量。他们做到有"宽松民主的课堂生活"，有"丰富有趣的课外活动"，他们做到使儿童享有"生动活泼的早晨""自治自理的中午""各得其所的下午""欢乐愉快的假日"。在这样的实践中，儿童得到了全面的发展，学习成绩有了显著的提高。在江阴，这样具有"陶味"的学校不少，与会代表参观后，一致的感想是：江阴的小学素质教育真是"看有看头，说有说头，讲有讲头，学有学头"。

在这样的意义下，这部《专集》的编辑出版，对于促进中国小学素质教育之提高当有参考价值，希望得到全国关心教育改革和发展以及关心提高民族素质的同志们的指教！

（原载于《中国陶行知研究/基金会会讯》1994 年第 4 期）

全面实施素质教育
是师范教育的当务之急[①]

中国共产党十五届中央委员会第五次全体会议 10 月 11 日结束，到现在整整一个月时间，全国各条战线都在学习贯彻五中全会精神，按照"十五"奋斗目标，研究制订第十个五年计划，国家教育部又提出《面向二十一世纪深化中等师范教育教学改革的几点意见》，我们在这样一个大好形势下，来到陶行知的家乡徽州师范研讨师范教育如何深化教育教学改革，全面实施素质教育，为二十一世纪的基础教育培养高质量、高素质、高水平的教师，为实现"十五"奋斗目标提供有力的人才和智力支持。为此，我讲如下几点意见，供同志们参考。

一、进行师范教育布局结构调整是全面实施素质教育的需要，也是我国教育事业发展的必然趋势

师范院校布局结构调整是大家最关心的问题，也是当前师范院校改

[①] 本文为 2000 年 11 月 13 日在中陶会师范教育专业委员会于安徽歙县召开的首届三次学术研讨会上的讲话。收入本书时有少量删减与修改。

革的热门话题，为了说清楚这个问题，我想从以下几方面加以阐述：

为什么要调整师范院校布局结构？

首先是经济发展的需要，是提高民族素质的需要。江泽民总书记在全国教育工作会议上指出："在当今世界上，综合国力的竞争，越来越表现为经济实力、国防实力和民族凝聚力的竞争。无论就其中哪一个方面实力的增强来说，教育都具有基础性的地位。改革开放二十年来，我国经济建设和科技进步都取得了巨大的成就。但是，也要清醒地看到，我国经济增长方式还没有根本转变，沉重的人口负担还没有转化为人力资源优势。我们的劳动力素质和科技创新能力不高，已经成为制约我国经济发展和国际竞争能力增强的一个主要因素。中央全面分析国际国内发展的形势，认为必须坚定不移地实施科教兴国战略，大力提高全民族的思想道德和科学文化素质，提高知识创新和技术创新能力，密切教育与经济、科技的结合，加快实现经济增长方式和经济体制的根本转变。这是全面推进我国现代化事业的必然选择，也是中华民族自立于世界民族之林的根本保证。"他还说："教育是知识创新、传播和应用的主要基地，也是培养创新精神和创新人才的摇篮。无论在培养高素质劳动者和专门人才方面，还是在提高创新能力和提供知识、技术创新成果以及增强民族凝聚力方面，教育都具有独特的重要意义。"师范教育是教育工作的母机，是培养塑造教育人的地方，如果师范教育培养不出高质量、高素质的教师，又怎么能培养出高素质的劳动者和专门人才呢？没有高素质的劳动者和专门人才，又怎么去实现经济增长方式的根本转变，使沉重的人口负担转化为人力资源优势呢？又怎么能去增强我们的综合国力呢？陶先生说过："师范教育可以兴邦，也可以促国之亡。"从目前师范教育在全面实施素质教育中的地位和作用来看，它直接肩负着我国经济发展和国际竞争能力增强的特殊使命。

其次是教育事业发展的需要。"九五"期间我国义务教育在普及的基础上，教育水平和质量都有新的提高，特别是中央出台了全面推进素质教育的决定，搭建起素质教育的大舞台，启发了人们新的教育观念，提出了新的教学要求，探索新的教学模式，中小学教育教学发生了显著的变化。但是我们师范教育发展远不能适应基础教育改革发展、提高质量的要求。

主要表现在师范教育适度超前、优先发展的方针尚完全落实；高师院校总量不足，中师学校布点过多，办学层次重心偏低，布局结构不尽合理，规模效益、质量不高和投入不足并存；教育思想，课程体系，教学内容和教学方法、手段不能完全适应现代化和实施素质教育的需要。因此，师范院校布局结构必须调整，通过结构调整，逐步提高层次结构重心，提高教师培养培训质量和效益。

第三，从发达国家的师范教育来看，他们已经历过一个由中等师范学校向高等师范学校发展，又由高等师范学校向综合性大学发展的过程，并逐步使师范教育由独立性、封闭型向依存性、开放型转变。西方发达国家师范教育结构调整的路子不完全符合中国的实际，但是提高层次、提高质量是师范教育改革的必由之路。去年教育部颁发的《关于师范院校布局结构调整的几点意见》中提出，中国师范教育的发展趋势是：（1）以师范院校为主体，其他高等学校积参与，中小学教师来源多元化；（2）师范教育层次结构重心逐步升高；（3）职前职后教育贯通，继续教育走上法制化轨道，以现代教育技术和信息传播技术为依托，开放型中小学教师继续教育网络初步建立。目前我们才由中师向高师发展，而且步伐刚刚迈开。据教育部统计，普通高等师范学校已由1997年的222所调整为2000年的210所，其中本科师范院校由74所增加到101所，师范专科学校由151所减少到109所；教育学院由1997年的229所减少到2000年的142所；中等师范学校由1997年的892所减少到2000年的815所，减少了77所，占8.6%。按照教育部的调整规划意见，到 2003 年，全国高等师范院校、教育学院、中等师范学校由现在的 1167 所，调整到 1000 所左右。到 2010 年，小学和初中新补充的教师，要分别达到专科和本科学历。

在师范院校布局结构调整上，坚持从我国国情出发，走具有中国特色的师范教育道路，不盲从外国，也不照搬西方的东西，我们要坚持独立设置师范院校，在发挥他们主体作用的同时，鼓励一批高水平综合大学参与培养中小学教师，走多元化路子。对中等师范学校要积极稳妥地进行调整，在一定时间内还要继续办好一批中师，为经济和教育欠发达的山区、老区培养合格的小学教师，这是中国的实际，不能一刀切，不能遗忘了山区、老区的经济和教育实际情况。五中全会提出，完成"十五"奋斗目标，必须把发展作为主题，把结构调整作为主线，把改革开放和科技进步作为动力，把提高人民生活水平作为根本出发点，我们在师范院校布局结构调整上要很好地学习领会和认真贯彻执行这些精神，把我们师范院校布局结构调整工作切实搞好。

二、全面实施素质教育，培养高质量、高素质的教师队伍是当前师范教育改革重点，也是基础教育对师范教育的紧迫要求

研究全面实施素质教育，必须首先弄清楚素质教育的内涵是什么？1993 年，中共中央、国务院在《中国教育改革和发展纲要》中明确规定："全面提高学生的思想道德、文化科学、劳动技能和身体心理素质。"去年中共中央、国务院《关于深化教育改革全面推进素质教育的决定》中进一步指出："实施素质教育，就是全面贯彻党的教育方针，以提高国民素质为根本宗旨，以培养学生的创新精神和实践能力为重点，造就有理想、有道德、有文化、有纪律的，德智体美等全面发展的社会主义事业建设者和接班人。"江泽民总书记在全国第三次教育工作会议上的讲话和关于教育问题的谈话中进一步阐述说，思想政治教育是素质教育的灵魂；培养学生的创新精神和实践能力是素质教育的重点；学习和掌握先进的文化科学知识是素质教育的基础；身体和心理健康是学生将来为祖国为人民服务的基本前提，是中华民族旺盛生命力的体现；美育对陶冶情操，提高素养，开发智力，全面发展具有不可替代的作用；教育与生产劳动相结合是培养全面发展人才的重要途径。但是，现在有些地方对素质教育的理解却存在一些误区：一是教育部三令五申要求切实减轻学生负担，有些学校就误认为素质教育就是减轻学生的负担；二是误认为素质教育就是发展学生的特长，于是便占用学生的"双休日"举办各种特长班、兴趣班；三是误认为素质教育就是加强培养学生的各种能力和技能，盲目地训练学生做家务、搞活动、学电脑、增加书法绘画，殊不知素质教育是一项系统工程，执迷于任何一点都可能走向偏颇；四是误认为素质教育就是轻松地教与学，于是在课堂上不停地换座位，不用站起来回答问题，保持一种轻松、活泼的教学环境，教师不在教会学生学习上下功夫；五是误认为创新教育就是素质教育，只要培养了学生的创新精神和实践能力就算实施了素质教育。凡此种种误解都是不对的，应该把思想认识统一到素质教育"决定"和江总书记的"谈话"上，全面贯彻教育方针，以现代教育思想和教育观念为先导，加强思想政治教育，改革教学内容、教学方法和教学模式，提高教育教学质量，为二十一世纪培养具有良好政治业务素质、现代教育思想和观念、改革创新精神和创造能力的基础教育教师。为此，我们应该努力做到：

1. 把转变教育思想，更新教育观念作为全面实施素质教育的先导。教育思想和教育观念制约着人们的教育行为，影响着素质教育的全面实施。因此，全面实施素质教育必须首先转变教育思想、更新教育观念，用"决定"和"谈话"精神指导素质教育的实施。目前影响素质教育全面实施的旧教育思想和观念主要表现在：重智育轻德体，重书本轻实践，重知识轻能力，重课内轻课外，重说教轻示范，重考试分数轻分析问题解决问题能力，重教师单向灌输知识轻学生主体参与，重知识结论概念轻知识形成发展过程，重教轻学，旧的"师道尊严"，教师是绝对正确的观念严重地影响着师生的正常关系等等。目前师范院校在全面实施素质教育中应该坚定地树立起五个教育观念：一是把思想政治教育摆在首位，努力做到"两代师表"一起抓；二是在加强文化科学知识学习的基础上，树立传授知识，培养能力，全面发展的辩证统一的素质教育观；三是克服忽视学生个性发展，树立因材施教，促进学生个性健康发展的教育观；四是克服教学思想、教学方法、教学手段和教学模式相对单一陈旧，树立在教师主导下，充分确定学生的主体地位，使学生生动、活泼、主动地学习，注重培养学生分析问题、解决问题、创造思维和创造能力的思想观；五是教会学生学会学习，树立学生终身学习的观念。

2. 把德育摆在各项工作的突出地位，提高德育工作针对性和实效性。因为思想政治素质是最重要的素质，它对学生健康成长和学校工作起着导向、动力和保证作用。陶行知早在多年前就说过："道德是做人的根本，根本一坏，纵然使你有一些学问和本领，也无甚用处。没有道德的人，学问和本领愈大，就能为非作恶愈大。"江总书记在第三次全教会上指出："要说素质，思想政治素质是最重要的素质。不断增强学生和群众的爱国主义、集体主义、社会主义思想，是素质教育的灵魂。"师范教育是培养基础教育师资的场所，学生毕业后要为人师表，所以师德更为重要，要坚持为人师表今日始，两代师表一起抓。师范德育首先要突出师范性，要以马列主义、毛泽东思想和邓小平理论特别是其教育思想自觉地武装头脑，并作为从事教育事业的一切言行的指南；树立具有内在自觉心理驱动机制的事业心，执着的历史使命感和责任感，并体现到实际工作中去，做到无论何时何地都不动摇；把热爱、献身人民教育事业，热爱儿童少年的情感，提高到应有的高度。因此，师范教育的师范性应表现为师范生热爱教育事业，热爱自己的职业，热爱自己的教育对象——学生。其次师范德育要注重实效性。师范生要为人师表，首先要学会做人，做有理想、有道德、有文化、有纪律的人。因此，在对师范生进行理想信念教育的同时，必须加强基本道德、完整人格。第三要突出师范德育的主体性。因为离开了学生主体性的发挥，德育目标无法实现。第四要体现师范德育的层次性，要彻底改变过去单一灌输、不分对象齐步走的做法，要根据学生的年龄、专业、年级特点提出不同的要求，做到先进性和广泛性的统一，普及与提高的有机结合，在培养学生思想品德和行为规范方面形成一定的目标递进层次。第五要注重师范德育的时代性。要根据新时代发展的要求，不断丰富和拓展德育内涵，主动承担起培养、激发学生创新意识和创新能力的任务，回应时代的挑战，使德育为培养高质量、高素质的创造型教师提供持久的精神动力。

3. 大胆改革教学内容、教学方法、教学手段，优化教学过程，加强对学生创新精神和实践能力的培养。提高学生的科学文化知识是素质教育的基础，没有宽厚的现代文化科学基础知识，素质教育就缺乏坚实的基础。师范生要教书育人，把先进的文化科学知识教给学生，自己必须有"一桶水""长流水"。因此，师范教学内容要不断更新，不断挖掘和引进当今人类社会的新发明、新创造、新知识、新成果，不断充实教学内容。特别在当前要加强计算机教育，迎接信息化社会的挑战，要加强科技教育，提高师范生的科学素养。因为高科技已被引进中小学教材，已出现在学生家庭和课外读物中，如果师范学校不提高师范生的高科技知识水平和科技意识，使之产生对科学技术敏锐的吸收意向和强烈的参与意识，是很难适应基础教育的发展需要的。同时在教学方法、教学手段上要进一步确立学生在教学活动中的主体地位，教师课堂讲授要少而精，尽量为学生创造更多的自学时间和活动空间；要根据学生的特点和需要，努力做到因材施教；要转变传统教学中过于偏重讲授，偏重演绎，偏重推理的教学方法，大力提倡和积极实践以综合、归纳、渗透为主的启发式、讨论式、研究式等教学方法；要重视和加强综合性教学实践，加强理科实验教学，努力培养学生的动手能力和实验能力等。教学方法改革要百花齐放，百家争鸣。衡量教学方法改革的标准是：一看是否有利于加强对学生独立学习、独立分析问题和解决问题能力的培养；二看是否有利于学生求异思维、创造思维和创造能力的培养；三看是否有利于学生个性特长的发展。

4. 要树立健康第一的指导思想，切实加强体育工作，使学生掌握基本的运动技能，养成坚持锻炼身体的良好习惯。因为健康的体魄是青少年为祖国和人民服务的基本前提，是中华民族旺盛生命力的体现。因此，师范学校要确保学生体育课程和课外体育活动时间，不要挤占体育活动时间和场地。陶行知当年也十分重视学生的健康，他要求学生"每天四问"，第一问就是"我的身体有没有进步？"他说"健康第一"，"没有了身体，一切都完了！"解放后毛泽东给青少年题词："健康第一、学习第二"。中央在素质教育决定中提出，健康体魄是青少年为祖国和为人民服务的前提，所以我们在实施素质教育中要十分重视学生的身体心理健康，把健康放在第一位。学校可以举办多种多样的群体活动，培养学生的竞争意识、合作精神和坚强毅力。同时还要培养学生良好的卫生习惯，了解科学营养知识和一般疾病预防与环境保护常识，使学生有个健康的身体，以迎接党和国家、人民赋予未来教师的历史重任。

5. 建设高素质的教师队伍是实施素质教育的关键。邓小平早就讲过，一所学校能不能为社会主义建设培养合格的人才，培养德智体全面发展、有社会主义觉悟的、有文化的劳动者，关键在教师。教师是文化科学技术的传播者，也是人类文明的传播者和建设者。教师的表率作用是任何其他教育因素所不能代替的，因此，教师的思想品德、道德情操、文化知识、作风仪表无不对学生起着潜移默化的熏陶作用。教师的人格和言行影响着学生的世界观、人生观的形成乃至性格的塑造，所以全面提高教师自身素质是目前实施素质教育的当务之急。教师的自身素质应该包括思想政治素质、道德素质、文化素质、从教能力素质、身体心理素质等。这些素质中思想政治素质是灵魂，是教师素质结构中的核心。每个教师必须具备较高的政治素质，这是"教好书、育好人"的前提。我们有许多中老年教师，由于种种原因，他们并没有大专、本科文凭，但是他们有高尚的道德素质，几十年如一日地认真备课、钻研教材，根据学生的年龄特点，有针对性进行教学，培养了学生的创新意识和动手操作能力，他们是学校教师中的骨干，倍受学生欢迎，也足以说明教师的政治素质是教书育人的前提，是教师素质的灵魂。但是目前有不少教师不达规定学历，怕评不上高级职称，怕被淘汰，整天忙于奔文凭，贻误了教育教学工作，这是错误的。教师重视提高自己的素质是对的，但必须摆正学习和工作的位置并处理好二者的关系，做到互不影响。不论学历达标与否，都要博览群书、广泛涉猎，注重对边缘学科、交叉学科、新兴学科、相关学科的了解和学习。要有广博宽大的知识积累，做到给学生"一碗水"，自己具有"一桶水"或"长流水"。同时还应该具有民主开放的教学作风，逐步由知识的传授者过渡为学生学习策略和学习方法的指导者和顾问。要善于与学生交换意见，掌握学生心理活动变化过程，同学生交朋友，做学生的知情人。只有全面提高了教师的整体素质，素质教育的全面实施才有坚实的基础和可靠的保证。

三、师范院校全面实施素质教育应正确理解和处理好的几个关系

全面实施素质教育是有机的整体育人工程，是我国当前实现现代化建设的一项紧迫任务，它不仅是跨世纪教育的重点工作，而且是党中央和国务院为加快实施"科教兴国"战略步伐做出的一项重大决策。因此，它牵涉方方面面，全面正确地实施好，必须正确理解处理好如下一些关系：

1. 要正确理解和处理好素质教育与"应试教育"的关系。"应试教育"是考什么教什么，学什么，不考的课目不教不学。1934 年陶行知给"应试教育"画了一张像。他说："学生是学会考，教员是教人会考，学校是变成了会考筹备处。会考所要的必须教，会考所不要的就不必教，甚至于必不教。于是唱歌不教了，图画不教了，体操不教了……所谓课内课外的活动都不教了，所要教的只是书，只是考的书，只是《会考指南》！教育等于读书；读书等于赶考。好玩吧，中国之传统教育！"素质教育是全面贯彻党的教育方针，以提高国民素质为根本宗旨，以培养学生的创新精神和实践能力为重点，造就有理想、有道德、有文化、有纪律的德智体全面发展的社会主义事业建设者和接班人。实施素质教育不是不要考试，素质教育的考试不是考什么教什么学什么，而是通过考试或考核来衡量学生独立学习、独立分析问题和解决问题的能力；衡量学生的创造思维和创造能力培养怎么样，衡量是否发展了学生的个性和特长。

2. 要正确理解和处理素质教育与创造教育的关系。创造教育是通过学校的各种教育活动培养和造就学生的创造思维和创造能力。陶行知早在半个多世纪以前就说过："教育要教给人创造，或引导人创造，启发人创造，而且在创造上学创造。""教人用现代化科学技术来征服自然，改造社会，增加人类社会的幸福。"江总书记反复强调："创新是一个民族的灵魂，是一个国家兴旺发达的不竭动力。"素质教育决定中指出：实施素质教育"以培养学生的创新精神和实践能力为重点"。

这就把素质教育和创新教育的关系说得一清二楚了。创新教育不等于素质教育，创新教育只是素质教育的重点。素质教育是把德育、智育、体育、美育有机地统一在教育活动各个环节中，使诸方面教育相互渗透、协调发展，促进学生的全面发展和健康成长。

3. 要正确理解和处理好素质教育和发展学生个性与学有特长的关

系。重视学生的身心发展特点，注重学生的个性培养是素质教育最基本要求。因为个性是在一定的社会条件和教育影响下形成的，一个人不同于他人的、比较固定的本质特性，个性的发展不仅是人身心发展的需要，也是社会发展的需要。具备良好个性发展的人往往能独立思考，具有批判能力和创造力，有较强的意志和行动的能力，这是当前对人才素质的要求。现在我们教育的缺憾是统得过死，一本书，一样的内容，一种教学模式，一样的教学方法，统一的教学目的和要求，要求学生平均发展，门门100分，并布置大量的作业，压得学生喘不过气来，学生根本没有时间去学习自己想学的东西，干自己想干的事情。因此，要发展学生的个性和特长，在教学上要重视选修课和活动课，重视学生的兴趣和爱好，施行因材施教，对不同层次的学生要满足他们的要求，使学生各施所长，特别要重视对学生实行六大解放：解放学生的头脑，把学生从迷信、成见、曲解、幻想中解放出来；解放学生的双手，让学生有动手的机会；解放学生的嘴巴，使学生有言论自由，特别是有问的自由；解放学生的眼睛，使学生敲碎有色眼镜，能看清事实和本质；解放学生的空间，使学生能够接触大自然及大社会，使学生能够自由地对宇宙发问，与万物为友；解放学生的时间，使学生有时间去学自己所爱学的东西，干自己所爱的事情。只有真正做到这六大解放，才有利于发展学生的个性和特长。只有学生的个性特长发展了，才算全面实施了素质教育。

4. 要正确理解和处理好师范学校素质教育和中小学素质教育的关系。建设高素质的教师队伍是全面实施素质教育的基本保证。师范院校是培养和塑造高质量、高素质教师的场所，要在中小学实施素质教育，师范院校应该率先模范地实施素质教育，着力于培养学生热爱党、热爱社会主义祖国，忠诚于人民教育事业，教育师范生树立正确的教育观、质量观和人才观，增强实施素质教育的自觉性；培养提高学生的思想政治素质和业务素质，教书育人，为人师表，敬业爱生，使他们具有宽广厚实的文化科学知识和终身学习的自觉性，掌握必要的现代教育技术手段；要遵循教育规律，积极参与教育科研，勇于探索创新；要同学生平等相处，尊重学生的人格，因材施教，发展学生的个性和特长。师范院校不论是培养和培训教师，都要把提高实施素质教育的能力和水平作为工作重点，尽快建设一支全面推进素质教育的高质量的教师队伍。只有师范院校首先培养和培训出一批能全面实施素质教育的教师队伍，中小学全面实施素质教育才能有可靠的保证。为此，教育部制定的《中小学教师继续教育工程》中明确规定："以提高教师实施素质教育的能力和水平为重点，以提高中小学教师的整体素质为目的。"

5. 在全面实施素质教育中要正确理解和处理好学校、家庭、社会教育的关系。人们常说，家庭教育是基础，学校教育是主导，社会教育是补充。因此，在实施素质教育中，学校、家庭、社会必须互相沟通，紧密配合，使素质教育达到更好的效果。从一个人接受教育的发展过程来看，家庭教育是接受最早、时间最长、影响最深的教育。

在学前时期，孩子是在父母的教育下长大，小学中学期间，更是在父母的关心和爱护下学习。

父母的一言一行，一举一动，对子女都有着言传身教、陶冶习染和潜移默化的作用。社会教育对学生是一种无形的教育，时时都在起着这样和那样的影响。目前社会上一些不良风气，非法出版物传播着一些不健康的东西，一些游戏机、录放像厅都在时时影响着学生。所以，全面实施素质教育不只是学校和教育部门的事，家庭、社会各方面都要一起来关心和支持，只有加强综合管理，多管齐下，形成一种有利于青少年身心健康发展的社会环境，素质教育才能全面得到实施，年青一代才能茁壮成长。

（原载于《中国陶行知研究/基金会会讯》2000年第10期）

全社会都要关心民工子女教育[①]

今天我们从全国各地来到上海市青浦镇，共同研讨民工子弟教育问题。首先请允许我代表中国陶行知研究会向来自全国各地的同志们表示热烈的欢迎和亲切的问候。

出席这次研讨会的代表，除了来自全国各地的民工子弟学校的校长、教师外，还有一些地方的教育行政领导和热心民工子弟教育的专家和志愿人员。上海市教育党委的领导也在百忙中抽空前来出席今天的会议，青浦区教育局的领导对这次研讨会给予大力支持。这次会议还得到云南教育集团和北京行知打工子弟学校的资助。因此，我还要代表中国陶行知研究会，对他们表示由衷的感谢！

我觉得在上海市青浦区举行这次研讨会是很有意义的。第一，民工子弟教育是在我国实现工业化、城镇化过程中出现的一个新事物，是我国教育工作在发展、前进中碰到的一个新问题，对这个新事物和新问题我们认识还不足，研究还不够，进行深入研讨很有必要；第二，上海市青浦区委、区政府和区教育局对民工子弟教育非常重视，在加强对民工

---

① 本文为 2002 年 12 月 28 日在上海市青浦区召开的全国第一届民工子女教育研讨会上的开幕词。收入本书时有少量删减与修改。

子弟学校的管理和帮助提高教育教学水平方面做了很有成效的工作，为我们的研讨提供了宝贵的实践经验。我相信，通过在青浦的现场考察、参观和学习，我们的研讨会一定能够开得生动活泼，取得圆满成功。

当我们的小学教育专业委员会向我汇报，说他们准备在青浦举行民工子弟教育研讨会时，我听了非常高兴，当即表示坚决支持。因为陶行知先生历来提倡创造精神和开辟精神，认为要做一个第一流的教育家，就定要去研究那些新出现的问题，解决那些新出现的困难，并创造性地提出解决问题和克服困难的办法来，以便创造教育工作的新局面。陶行知先生还一向十分关心社会中的困难群体，总是竭尽全力帮助那些最需要帮助的人们，为那些最需要教育的劳苦大众送去尽可能好的教育。而民工子弟教育正是当今教育工作中一个全新的课题，值得我们以拓荒者的精神去认真研究；民工及其子弟相对而言是当前社会中的弱势群体，需要我们更多地加以关心。作为中陶会的成员，我和我的同事常务副会长韩邦彦和秘书长管德明都认为，研讨民工子弟的教育问题，是责无旁贷，应该坚决支持。

今天来出席研讨会的民工子弟学校的校长中，有的人已经从事这项有意义的工作好几年了，他们有实践经验，他们在办学过程中碰到过许多困难，并在克服困难中不断发展壮大起来。他们对民工子弟教育是最有发言权的。特别值得指出的是，他们其中有一批学校不断增强了学习和实践陶行知教育思想的自觉性，并从中汲取了力量和提高了办学水平，更有许多宝贵的经验和深切的体会。他们是这次研讨会的主体，希望大家踊跃参加研讨。

今天来出席研讨会的领导、专家和热心于民工子弟教育的志愿人员，也希望你们踊跃发言，以你们的学识和智慧，帮助民工子弟学校解决更新教育观念、提高管理水平和教育教学质量等问题，通过大家的共同努力，使我们这次研讨会真正能够取得交流民工子弟教育经验、探索民工子弟教育规律的预期成果，能够对推动民工子弟教育更健康、更规范地向前发展起到积极的促进作用。

解决好民工子弟的教育工作，应该是政府的职责，同时我们呼吁，全社会的关注和各方面有力而及时的支持也很重要。希望举办民工子弟学校的领导们要做到以下四点：第一，响应江泽民同志在北师大百年校庆时所号召的，要学习和发扬陶行知当年倡导的"捧着一颗心来，不带半根草去"的崇高精神，具有这种奉献精神，就能有无穷力量；第二，坚持民主办学原则，充分调动所有办学人员的积极性和创造性，团结一致，同心同德，共同艰苦奋斗；第三，无论办学条件如何，都要全面贯彻党的教育方针，并学习借鉴陶行知教育思想，不断更新教育观念，推进教育创新，改革教育方法，尽最大努力，提高教育教学质量，把民工子弟培养好；第四，为此，要始终不渝地把加强教师队伍建设作为一项关键任务抓紧抓好。

现在大家都在学习、贯彻十六大精神。十六大以"三个代表"重要思想为指导，提出了用本世纪头二十年的时间全面建设小康社会的宏伟目标。全面建设小康社会，除了抓好经济建设这个中心外，还要使民主更加健全，科教更加进步，文化更加繁荣，社会更加和谐，人民生活更加殷实。十六大报告指出："为完成党在新世纪新阶段的这个奋斗目标，发展要有新思路，改革要有新突破，开放要有新局面，各项工作要有新举措。"教育在实现全面建设小康社会的宏伟目标中肩负着为其他各个方面的发展奠定基础和提供智力支持的重要历史使命。像理论创新、制度创新、科技创新那样，教育创新被提到了空前重要的新高度。我们这次研讨民工子弟教育问题，应当站在为实现全面建设小康社会宏伟目标的高度，站在教育创新的高度围绕如何把民工子弟同样培养成德智体美全面发展的社会主义建设者和接班人这个重点，拓展新的思路，探寻新的举措，为开创民工子弟教育的新局面作出应有的贡献！

（原载于《爱满天下》2003 年第 1 期）

关于农村教育工作的建议①

　　党的十六大、十届全国人大和全国十届政协一次会议，顺利地完成了中央领导的新老交替，这是我党的一大进步，受到全党全国人民的衷心拥护。今春以来，在全国突发"非典"疫情的严峻时刻，党中央、国务院坚持"立党为公、执政为民"的宗旨，切实关心人民疾苦，真正对人民高度负责，迅速采取各项果断措施，精心组织，扎实工作，特别是你们广泛接近群众，深入防治"非典"第一线，亲自调研慰问，现已夺取了防治疫病和经济建设双胜利的重大成果，为举世所钦佩，得到全国老百姓发自内心的爱戴和崇敬！

　　我已87岁，1935年春在上海参加革命，入党也已66年，一直从事教育和教育工会工作。上个世纪30年代，我有幸成为伟大的人民教育家陶行知的一名学生，长期亲聆教诲。陶行知先生一直关注着中国农村教育之改造，明确主张"教育要与农业携手"，要实行农村教育与各方面事业大联合，办好一所学校，改造一个乡村，并多方致力改造农村教育的实践。在张劲夫同志建议下，我继刘季平、钱伟长之后，担任了中

---

　　① 本文为2003年7月10日给国务院总理温家宝信。照原文收录。

国陶行知研究会会长。近二十年来，特别关注农村教育改革事业。山西省柳林县前元庄实验学校，就是我们亲自抓的实验点之一。得到您的重视，使我们深受鼓舞。

我们看到您三月七日对山西省柳林县前元庄实验学校调研报告的批示，极为兴奋。"农村教育必须改革"，真正抓住了关键。您非常深入基层，到过全国百分之七十多的县，深知农村的现状，并体察农村教育的许多困难和问题，办学方向不够端正确是比较普遍的。要实现全面建设小康社会的宏伟目标，农村教育必须更好地为"三农"发展服务，非下大力气来进行改革不可！

最近听说国务院要召开全国农村教育工作会议，可见您对改革农村教育工作的决心，我们更欣喜不已。为此，我们真诚地向您反映四点建议：

一、首先要下大力气转变农村教育观念，才能坚持"农教结合"的办学方向。陶行知的主张，经过二十年来的实验探索，许多成功的经验证实，在教育外部，要贯彻国家的"农科教结合"的方针，在教育内部，必须以基础教育为依托，实行"三教统筹"，达到"教学、科技和生产相结合"。我们认为，为了有效地推进农村教育改革，学习、借鉴和发扬陶行知教育思想十分必要。经过近二十多年的历史进程说明，改革农村教育工作极为不易，必须下决心首先转变中央有关领导部门和各级领导的教育思想，这是落实您关于"坚持'农教结合'的办学方向"指示的关键。

二、国务院决定从今年起国家新增教育经费全部投入农村教育事业，这是极为英明的决策。但要使中央逐步改变农村教育面貌的用心真正落到实处，必须要有一整套完整的投放、使用、监督的有效机制，否则又会变样的。对贫困地区，国家逐步实施义务教育阶段免费入学制度，特别贫困的地方，还要切实解决课本和保证上学的部分生活费用，一定要有这个政策倾斜。

三、农村教育与城市教育的差异很大，教育部不能用一个模式来进行改革和管理工作。据我们了解，现在抓农村教育改革工作的力度很不够。"农村教育综合改革办公室"目前是职业教育与成人教育司内的一个部门，这样怎么能抓好"三教统筹"呢?! 而农村教育的改革恰恰要充分依靠和发挥农村基础教育的相对优势的资源，这是实践"三个代表"重要思想的基础工程。若上面分头抓，又强调各自的独立体系，下面怎么能"综合"得起来? 因此，教育部应设立一个能统筹农村教育全局的司局以上的管理部门，专抓县以下农村教育统筹工作。

四、农村教育的根本宗旨，是要千方百计地、不断地提高全体农村人口的全面素质，从而有力地促进农村"两个文明"建设的加速发展，同时也为城市建设提供高素质的建设者和为国家培养高级人才输送具有全面高素质基础的新生力量。但教育有迟效性，不能像现在风行的所谓"形象工程"见政绩那么快。所以邓小平同志曾深刻指出：不重视教育工作，是没有远见卓识的、不成熟的领导。为此，似应把各级领导干部是否真抓、实抓教育并有成果，作为考核干部政绩的重要内容，认真加以推动。

（原载于《爱满天下》2004 年第 4 期）

办有中国特色、中国风格、中国气派的农村大教育[①]

新一届中央领导为认真贯彻落实党的十六大精神，正努力为国家办大事，特别是为人民办实事，深得老百姓的拥护和爱戴。今年三月，温总理就对山西省柳林县前元庄实验学校的调查报告作了批示，明确指出："农村教育必须改革。坚持'农教结合'的办学方向，实行基础教育、职业教育、成人教育'三教统筹'，教学、科技和生产相结合。柳林县前元庄实验学校教育改革的做法和经验值得重视。"今天在国内外紧迫任务繁重的情况下，国务院又专门召开全国农村教育工作会议，并作出了《关于进一步加强农村教育工作的决定》，这是从未有过的重大举措。可见国务院对大力推进农村教育改革和发展的决心。大家清楚，农村问题是全面建设小康社会的关键。国务院决定中，强调指出必须充分认识农村教育在全面建设小康社会中的基础性、先导性、全局性的作用。因此，要将农村教育作为教育工作的重中之重，一手抓发展，一手

[①] 本文为 2003 年 9 月 19 日在全国农村教育工作会议小组会上的发言。照原文收录。

抓改革，促进农村各级各类教育协调发展。这充分体现了中央新一届领导洞悉国情和远见卓识，使我们这些老同志十分敬佩！

我是中国陶行知研究会的代表，能参加这个具有深远意义的重要会议感到非常荣幸，深受鼓舞。陶行知是我党老一辈无级革命家一致给予"伟大的人民教育家""万世师表"等极高赞誉的"一代巨人"，在国内外有"二千年前的孔仲尼，二千年后的陶行知"的普遍评价。党的十一届三中全会后，中共中央又再次重申"陶行知是一位伟大的进步教育家、教育思想家，伟大的民主主义战士，伟大的共产主义战士，伟大的爱国者"。为继承和发扬陶行知留下的极其宝贵的精神财富，更好地为改革和发展社会主义教育事业服务，1984 年 12 月 5 日经中共中央宣传部批准，正式成立"中国陶行知研究会"。近二十年来，坚持邓小平理论和实践"三个代表"重要思想，响应江泽民同志提出的"学习陶行知教育思想，促进教育改革"的号召，努力开展学陶、师陶、研陶活动，积极贯彻党和国家关于教育改革发展的方针政策，借鉴陶行知教育思想，在全国各地的各级各类学校和乡村，进行了教育改革的实验研究，并与时俱进，不断创新，已取得可喜成果，产生积极影响，受到党和国家领导人的充分肯定和赞扬。

早在上个世纪 20 年代，陶行知针对中国的国情，就提出："中国的根本问题，便是中国乡村教育之根本改造。"为此，陶先生便毅然放弃待遇优厚的大学教授和领导工作，自筹资金，到南京远郊创办试验乡村师范学校（即晓庄学校）。在陶行知先进教育理论和伟大献身精神的引导和激励下，我们一直在为推进农村教育改革和发展进行着艰辛的工作。最早，安徽省徽州地区（现黄山市）在学陶、师陶、研陶活动中，经过长期试验探索，总结了"农科教结合"的新经验，后成为国家农村工作的一项重要方针。"农科教结合"如何落实到基层？我们又抓了各地区的实验点，其中山西省柳林县前元庄实验学校，经过十几年的改革实践，取得丰硕成果，已把一个"丰年吃糠、灾年逃荒"的贫困山村，建成为一个学习型的村庄，并已初步实现小康。前元庄实验学校是1987年9月创办的，当时他们是在吕梁地区教育局长的亲自指导下，从如何摆脱贫困、农村学校应发挥什么作用去思考问题的。当他们学习了陶行知的生活教育理论的大教育观后，受到很大启发。陶行知主张"教育与农业携手"，"建设适合乡村实际生活的活教育"，并指出"乡村学校当做改造乡村生活的中心"，"教师应当做改造乡村的灵魂"。从先解决经济与教育"两张皮"的问题，理顺教育的外部关系。再进一步学习与实践"教学做合一"的论述，改革教育内部结构和教学方法。他们改革实验的基本思路和主要做法，可以归结为三点：1. 建立村校一体的办学机制；2. 构建三教一体的教育结构；3. 实行教科劳一体的教学体制。这样，就把在教育外部贯彻"农科教结合"方针和教育内部实行"三教统筹"有机地整合在一种统一的教育运行体制之中，发挥出教育更大的社会功能。十几年的实验结果，加快了普及教育的步伐，入学率、巩固率、合格率、普及率明显高于当地同级同类学校，依靠科技教育的力量，使当地的经济发展速度明显高于同类地区，由于全体村民全面素质的普遍提高，其精神文明也明显好于周边村庄。吕梁地区和山西省先后在全区和全省宣传，并下文推广前元庄教改的经验，产生了广泛的效应，使"一校富一村，一村带一片"成为现实。温总理对前元庄实验学校的批示，肯定了他们的改革经验，是对我们的鼓励和鞭策。我们还在江苏、四川、重庆、黑龙江等地的市、县（区）、乡（镇）总结和传播了科教兴市（县、区、乡镇）的实验经验，均受到中央领导和有识之士的高度评价。去年，在教育部的支持下，中国陶行知研究会又联合民盟中央、民进中央、中华职业教育社和中国教育学会在黑龙江省的呼兰县召开了"全国深化农村教育改革呼兰现场研讨会"。呼兰县全面贯彻党和国家的方针政策，完善以县为主的管理体制，借鉴陶行知教育思想，努力使教育更好地为"三农"服务。县委、县政府亲自挂帅，有机地统筹教育内外部关系，实施"农科教结合"方针，以农村基础教育为依托，实行"一校三牌"，构建了"三教统筹"的有效体制，深化农村教育综合改革，并与时俱进，不断更新教育观念，遵循教育规律，提高各级各类学校和全民终身教育的全面质量，促进全县经济全面发展和社会不断进步，成绩突出，使大家深受教育。

江泽民同志曾指出："陶先生著作宏富，论述精当，与当前的社会主义教育学息息相通。"最近有陶研专家提出他们的研究成果，具体列出陶行知教育学说至少有 47 个方面与社会主义教育学息息相通，例如，坚信"教育是立国之本"，倡导"全民教育、全面教育、全程教育"，实施普及教育、素质教育、创造教育、科学教育，推进全民终身教育，与时俱进培养"川流不息的现代人"，特别是改革农村教育。当然这只是初步剖析。陶行知创立的生活教育理论为什么至今仍具有明显的现代价值和强大的生命力？是因为，陶行知是中国现代教育当之无愧的先驱，他对中国乃至世界教育有着承前启后、继往开来的历史地位和重大作用。我们认为陶行知教育思想有着三个主要特点：第一，他最善于博采众长，兼收并蓄，在继承古今中外优秀教育遗产的基础上，大胆实践，勇于创新，开创了社会主义教育的先河；第二，他深谙国情，实事求是，从中国的实际出发，所以他的教育理论不仅具有科学性、先进性和前瞻性，而且符合我国情况，有针对性和实用性，他的许多精辟论述，虽事过六七十年，仍能击中今天的教育弊端，读之使人深为震撼；第三，他有着伟大的人格和崇高的师德，深爱学生，深爱人民，深爱祖国，"爱满天下"。他身体力行的名言"捧着一颗心来，不带半根草去"的崇高精神，江泽民同志强调"这种平凡而又伟大的精神，永远值得我们学习和发扬"！这些都是我们当前推进教育改革和发展最好的理论指导和精神力量。我们倡导要科研兴教，科研兴校，学陶、师陶正是我们的迫切需要。8 月 12 日，中央政治局集体学习会上，胡锦涛同志就"须大力加强中国特色社会主义文化建设"问题，强调要"坚持从我国国情出发"，"决不能照抄照搬"，"决不能简单模仿"，提出要"创造出更多体现时代精神，符合人民要求的具有中国特色、中国风格、中国气派的文化成果"。我认为，我们搞教育的，就要按照胡锦涛同志所说的把中国教育，尤其是农村教育办成有"中国特色、中国风格、中国气派"的大教育。这个"特色、风格、气派"是和陶行知教育思想息息相通的，它不仅对改革和发展当前教育工作有针对性，而且更有利于我们创造具有中国特色的社会主义教育体系。

各位领导、同志们，国务院重视中国陶行知研究会的作用，使我们无比兴奋。现在全国有 23 个省、市、自治区建立了陶研会，贵州、海南两省已在酝酿成立省陶研会。在全国各地已有许多地区陶研活动成效突出，我们深表敬意。但我们的工作仍存在很多问题和困难，借此机会，殷切希望中央各部委，各省、市、自治区能给我们多多关怀和大力支持。

为不辜负党中央、国务院对我们的鼓励和希望，我们一定克服重重困难，继续努力工作，认真贯彻好这次会议的精神，为实现全面建设小康社会的宏伟目标，竭尽自己的绵薄之力。

（原载于《爱满天下》2003 年第 5 期，原题为《方明在全国农村教育工作会议小组会上的发言》）

让民工子女在良好的环境中
健康成长①

 今天我们聚会中国中部地区的水陆重镇武汉，召开第四届全国民工子女教育研讨会，我感到特别高兴。首先我要代表中国陶行知研究会向来自全国各地的民工子女学校的校长、教师代表，向关心民工子女教育的各级领导、专家学者和所有与会的同志们表示热烈的欢迎！向为这次研讨会做了大量周到、细致准备工作的以武汉市江汉区教育局和武汉新世纪教育研究所为主的所有同志表示衷心的感谢！

 中国陶行知研究会早在本世纪初，就开始关注民工子女教育问题。我们在进行了两年多调查研究的基础上，于 2002 年冬在上海青浦区召开了第一届全国民工子女教育研讨会。那次研讨会主要研讨民工子女教育在保持城市稳定、提高城市未来居民素质中的重要意义，同时学习青浦区行知小学借鉴陶行知教育思想为民工子女开办比较规范的学校的做法和经验。由于会议开得很好，与会者一致要求在适当时候召开第二届

---

① 本文为 2006 年 11 月 23 日在武汉举行的第四届民工子女教育研讨会上的讲话。收入本书时有少量删减修改。

研讨会。2004 年，我们关注民工子女教育的举动受到了各级领导和有关基金会的重视，在他们的支持下，第二届全国民工子女教育研讨会在上海华东师范大学举行，上海市有关领导和一些大学的校长都出席了会议，许多大学生志愿者热情为大会服务。这次研讨会主要围绕不仅要让民工子女受到教育，而且要让他们受到良好教育的主题展开研讨，取得了丰硕的成果。紧接着 2005 年又在北京海淀区四季青学区召开了第三届全国民工子女教育研讨会，这次研讨会主要是学习海淀区，特别是四季青学区调动公办学校积极性，开门接纳民工子女入学的具体做法和成功经验。与会者一致认为，四季青学区的做法真正把温家宝总理有关"同在一片蓝天下，共同成长"批示落到了实处。

今天我们在武汉市江汉区召开第四届全国民工子女教育研讨会，首先是因为江汉区不仅公办中小学的素质教育成果显著，而且对民工子女教育一贯重视，通过严格管理、大力扶持、积极引导，培育出了一批像春苗学校这样在全国都有相当知名度的民工子女学校。其次是因为湖北省教育厅武汉市教育局以及湖北省陶行知研究会的热情欢迎和江汉区教育局的大力支持，我和周洪宇同志曾为在武汉召开这次研讨会通过信，他的热情使我们非常感动，可惜今天他因有重要任务不能出席这次会议。我相信，有了湖北、武汉各级领导的支持，我们这次研讨会一定能取得圆满成功。

我们这次研讨会的主题，在和武汉的同志协商后，定为"创设民工子女教育的良好环境，关注民工子女的健康成长"。我相信全体与会同志一定会发扬前三次研讨会的优良会风，有始有终，善始善终把会议开好。我们的会议和前三次研讨会一样，要研讨当前民工子女教育中存在的各种需要切实解决的问题，并呼吁各级教育行政部门更加关心民工子女学校的建设和发展。但是作为民工子女学校的校长和教师，我觉得我们首先要围绕研讨会的主题，认真思考如何借鉴陶行知教育思想，如何继承陶行知先生开创的人民教育的光荣传统，如何发扬"捧着一颗心来，不带半根草去"的奉献精神，努力把自己的学校办成民工满意、让民工子女喜欢、让党和人民放心的学校。我们要像公办学校那样，扎扎实实全面实施素质教育，坚持以民工子女的健康发展为本，坚持德育为先，把立德树人作为我们的根本任务；我们要像公办学校那样对民工子女加强爱国主义教育，开展理想信念教育，引导他们从小树立正确的世界观、人生观、价值观、荣辱观；我们要像公办学校那样提高教育教学质量，激发学生发展的内在动力，注意培养学生的创新精神和实践能力，努力把一批又一批民工子女培养成德智体美全面发展的社会主义接班人和建设者。只要我们这样全心全意献身民工子女教育事业，民工子女就一定能在良好的环境中健康成长。

在前三次研讨会上，许多校长和老师都希望能在中国陶行知研究会的领导下，建立一个民工子女教育的常设机构，以便能在理论与实际结合上继承、实践陶行知教育思想，加强各地民工子女学校的联系，取长补短，优势互补，更好地整合全国民工子女教育资源。经过一年来的筹备，在这次研讨会期间，中国陶行知研究会民工子女教育专业委员会将要正式成立。应该说，这标志着中陶会民工子女教育的研究工作进入了一个新阶段。

同志们，武汉的同志已经为我们这次研讨会创造了很好的条件。我相信通过大家的共同努力，我们这次研讨会一定能像前三次研讨会那样取得圆满成功。谢谢大家！

（原载于《爱满天下》2006 年第 6 期，原题为《方明同志在第四届民工子女教育研讨会上的讲话》）

就教育为"三农"服务致温家宝信①

家宝同志：

您好！

当前在建设社会主义新农村的宏伟事业中，如何更好为"三农"服务，是教育面临的重要任务。最近，我接到山西省陶行知研究会寄给我的《一所人民群众满意的农村高中：山西省风陵渡中学48年坚持为"三农"服务的情况调查》，全面反映了这所学校48年来以马克思关于"生产劳动和教育的早期结合是改造现代社会的最强有力的手段之一"的思想为指导，认真贯彻党的教育与生产劳动相结合的方针，学习、继承陶行知教育思想，深化教育教学改革的经验。他们借鉴陶行知的"教育与农业携手"的思想，坚持农村中学为农村、农业、农民服务的办学方向，坚持向学生进行爱农村、爱农业、爱农民的"三爱"教育；他们创设了课内课外、校内校外、动手动脑的教学模式，实行基础教育、职业教育、成人教育"三教融合"，发挥农村高中的整体功能；他们通

---

① 本文为2006年9月18日写，时任中共中央政治局常委、国务院总理温家宝于2006年9月22日对该信及一同呈报的《山西省风陵渡中学48年坚持为"三农"服务的情况调查》的批示："请周济同志阅酌。"本书照原信收入。

过"校、村、户"三联网，把农业科学技术送到农民手中。48 年来他们坚持农科实验，先后培育出 30 多个小麦新品种，10 余个大豆、玉米新品种，都分别获得国家和省级奖励。他们还把这些新品种繁殖了 100 多万公斤，远播到陕西、河南、山西等省，产生了巨大的经济效益。近几年来，他们向全县推广了自己探索出的苹果、花椒等经济作物栽培新技术 10 余项，为全县 10 万亩苹果、10 万亩花椒带来的直接经济效益年超过 3 000 多万元。他们育种又育人，48 年来为高校输送了 3 000 余名合格新生，为当地培养出近 4 000 名懂技术、会经营的高素质劳动者。他们带领全县农民年收入突破 3 000 元，开始向社会主义新农村迈进。这所农村高中探索"教育与农业携手"、教育为"三农"服务、以办好农村高中带动社会主义新农村建设的做法，应该在全国推广，尽快扭转当前农村高中纷纷搬进城市、远离农民的倾向。使我们的教育不再是"空洞的""分离的""消耗的"教育。

以上意见妥否，希望您在百忙中批示。专此敬礼！

2006 年 9 月 18 日

（原载于《生活教育》2006 年第 11 期，原题为《方明同志给温家宝同志的信》）

聚精会神，推进农村教育改革^①

经教育部同意，由中国陶行知研究会、山西省教育厅、中华职业教育社、中国教育学会、中国高等教育学会教师教育分会联合召开的贯彻国务院领导对山西忻州师范学院坚持"师范教育下乡去"和山西省阳曲县坚持"农教结合"的办学方向，为社会主义新农村建设服务的经验的重要批示研讨会，今天在太原举行。我代表以上群众学术团体，对大家的到来表示热烈的欢迎！对山西省教育厅为我们提供的两个典型和为会议的召开所做的大量准备工作，表示衷心的感谢！

这次会议的目的和任务非常明确，就是要通过研讨，协助各级政府和教育行政部门全面贯彻国务院领导对山西忻州师范学院9年来派出4 700多名学生到6个国定贫困县顶岗实习支教，扶植贫困地区基础教育均衡发展，主动为社会主义新农村建设服务和山西阳曲县落实温总理批示，学习前元庄实验学校教改经验，深化农村教育改革的重要批示，使教育对农村进步、农业发展、农民富裕起到基础性、先导性的作用，

① 本文为2007年6月23日出席中国陶行知研究会等机构联合在山西太原举行的"落实国务院领导批示精神，促进师范教育农村教育改革"研讨会所致开幕词。收入本书时有少量删减修改。

办好让人民满意的教育。

在这次会议上，我们着重就国务院领导批示的山西两个典型进行学习和研讨。一个是阳曲县坚持"农教结合"办学方向，实行基础教育、职业教育、成人教育"三教统筹"，教学、科技和生产劳动相结合，以体制机制改革为动力，促进基础教育深入普及、协调发展和全面提高。阳曲县是贫困县，由于领导重视和有一批素质高的教师，他们坚决贯彻温总理对前元庄教改经验的批示，坚持"农教结合"的办学方向，使农村教育得到很好的发展，农民素质得到很好的提高，农村面貌有了很大变化。

另一个是忻州师范学院的全面改革。《纲要》指出："加大城镇教师服务农村教育工作的力度，推进师范生到农村学校顶岗实习、支教，使之成为经常性制度。"忻州师范经过多年努力，走出一条切合实际的农村师范教育之路。陶行知先生说过："中国今日教育最急切的问题是旧师范教育之如何改造，新师范教育之如何建设。国家所托命之师范教育是绝不容我们轻松放过的。我们很希望全国同志聚精会神地来对付这个问题。"农村教育改革关键是提高教师的素质，教师素质的全面提高，又在于师范教育改革。在此方面，忻州师范学院的同志们做出了成绩。近十年，他们在调查研究的基础上，除了大胆调整了教学计划，改革了课程结构，更新了教学内容，强调了文理渗透，增设了"教师技能课"和各种有针对性的选修课，加大了实践比重，把教育实习改为"扶贫顶岗实习支教"，使每个学生在山、老、贫困地区学校顶岗半年时间，扎实地接受了国情、省情和民情教育，培养了学生的正确人生观、世界观和价值观，掌握了中小学教师应有的专业知识、文化素质和教师技能，愿意到山、老、贫困地区献身党和人民的基础教育事业，做一个能改造乡村生活的合格教师，从而给山、老、贫困地区基础教育输送了新鲜血液，推进了当地"普九"，提高了山、老、贫困地区农村教育教学质量，受到了基层学校和农民群众的欢迎。

我们这次会议就是贯彻、落实国务院领导同志的批示精神，为农村教育发展和师范改革再鼓一把劲，再添一把火。作为本次会议的主办者，我们几个单位都是教育专业团体，拥有一大批教育专家，在乡村教育、师范教育和职业教育方面都具有行业高度和广泛影响，都能够提供丰饶的知识与经验。我们的责任就是要用我们的力量，通过我们各自的渠道将山西经验进行总结，播散到更多经济欠发达地区，让教育之光照亮祖国的山河，为人民造福！为广大农村造福！为亿万农民造福！

中国的发展在于教育！教育是推动社会进步的原动力！衡量教育发展水平却在于广大农村和广大农民。陶行知先生曾这样说："中国的根本问题，便是中国乡村教育之根本改造。"陶先生还说："虽然，教育之功能，就其大者而言，为立国之大本；就其小者而言，亦为如何导引国民精神生活与实际生活臻于健全与畅遂之关键。"由此可见，我们参加这次会议的全体同志所肩负怎样光荣而神圣的使命。同时，这也是我们作为中国的教育工作者所必须承担的责任。请允许我再次引用陶行知先生的话："古人说，'民为邦本'。一个共和国的基础稳固不稳固，全看国民有知识没有。国民如果受过相当的教育，能够和衷共济，努力为国家负责，国基一定稳固。"

我们的眼光要放得更远！我们的工作要做得更实！希望大家共同努力，共同开好这次研讨会！谢谢！

（原载于《爱满天下》2007 年第 3—4 期）

平民教育：开发农村人力资源的
重要对策[①]

    "平民教育"是我国近代教育家的理想和为之献身的事业。上个世纪 20 年代，中国社会民生凋敝，满目疮痍，却涌现出一批献身于平民教育的志士。陶行知、晏阳初、梁漱溟，还有黄炎培、张伯苓等教育家，他们都怀着一颗赤子之心，立志教育救国，躬身实践，勇于开拓，力图革故鼎新。他们本人或是大学者，或是洋博士，却眼睛向下，面向平民，面向农村，这种精神在今天也是我们的楷模。陶行知就是他们中最杰出的代表之一。陶先生投身平民教育，是以"捧着一颗心来，不带半根草去"的执着信念，为实现民族的、大众的和平民的教育事业而奋斗。陶先生于 1917 年从美国哥伦比亚大学学成归国，怀着"要使全国人民都有受教育的机会"的宏愿，提出了"平民教育"的主张。他说："要想普及教育，就必须使平民教育下乡。"为此，他曾发表宣言，筹集一百万元资金，征集一百万位同志，创设一百万所学校，改造一百万

———————————
    ① 本文为 2007 年 8 月 13 日在出席中国陶行知研究会农村教育专委会（筹）与安徽省休宁县联合在黄山市召开的"推进平民教育开发农村人力资源"研讨会上的讲话。收入本书时有少量删减与修改。

个乡村。1923 年 5 月，陶先生与朱其慧、黄炎培等人在上海发起成立了"中华平民教育促进筹备会"，并毅然辞去东南大学教务主任和教授的职务，脱去西装革履，穿上布衣布鞋，四处奔走，推广平民教育。陶先生认为平民教育是改造社会环境的一个最重要方法，平民教育可以决定国家命运。他亲自编写《平民千字课》教材来代替《三字经》《百家姓》等旧式平民课本，他远赴内蒙古，创办平民读书处和平民学校、夜校，他把平民教育运动的目标转向了社会大众，扩大了受教育的对象，把文化知识普及给劳苦大众。他还把职业教育作为推进平民教育的重要举措，大力倡导生利主义之职业教育，并把生利主义之职业教育重点放在平民、穷人大众上。在陶先生心中，只有一个中心问题，就是如何使教育普及，如何使没机会受到教育的人得到他们所需要的教育。正如他所说："因为中国要发展，中国要强大，靠小众、靠精英是不行的了，只能靠大众，只能发展大众教育，平民教育，最终要进行大众教育。"

这里，我想讲以下几点看法。

一、"平民教育"是新时期教育的重要理念

在去年全国人大四次会议举行的记者招待会上，温家宝总理在回答记者关于教育问题的提问时说，在这里，我想特别强调一下平民教育问题，因为世界上绝大多数人都是平民。平民素质关系到一个国家国民整体的素质。我们有 13 亿人口，9 亿农民，平民的比重更高。我们之所以把义务教育和职业教育放在重要位置，就是要使教育成为面向平民的教育，从而使人人都能受到教育。

温总理语重心长的这番话，引起了强烈的社会反响和广泛的共鸣。因为这番话说出了平民教育的本质，就是面向最大多数平民百姓的教育，就是体现了站在最大多数人一边，代表最广大人民的根本利益。我们走平民教育的路，就是要使广大平民百姓的子弟能进得了校门，上得

起学，并学有所得，学有所成。因此，平民教育应该成为新时期教育的一个重要理念，为广大教育工作者，坚持教育优先发展战略、促进教育公平、构建和谐社会提供了清晰的思路。

温总理去年4月6日访问新西兰时，对我国留学生和使馆工作人员说："我有一个梦想，希望看到每个孩子，不管富人的还是穷人的，都能够上学。"温总理这一"梦想"，符合中国平民大多数人的心愿，符合13亿中国人民中平民和穷人占绝大部分的国情，反映了当代中国最新的时代精神，追求更广更深更高的教育公平和社会和谐，体现了科学发展观和"三个代表"的要求。我想，我们大家应该站在这个时代精神的新高度，深刻理解温总理强调平民教育的重要意义，坚持平民教育这一新时期教育的重要理念，自觉加强对平民教育的组织指导，积极支持发展平民教育事业。

二、"平民教育"的重要内容是促进教育均衡发展

教育的均衡发展，是社会主义制度的本质体现，是贯彻落实科学发展观的具体体现，是构建和谐社会的现实需要，也是全面贯彻党的教育方针，实施素质教育的要求，也是社会主义新农村建设中、农村城镇化建设中，提高广大新农民、新市民素质的必然要求。所以，促进教育的均衡发展正是平民教育的重要内容。

前些年，各地普遍存在中小学负担过重现象，素质教育举步维艰，教育资源配置失衡，在有些地方，甚至出现"城市学校像欧洲，农村学校像非洲"的情况。农村职业教育招生下滑，农村成人教育阵地锐减。在各个教育阶段，又形成重点和普通学校两个"世界"，各种名目的教育乱收费超出了平民百姓的实际承受力，使许多贫困家庭的孩子陷入求学艰难的境况之中，严重损害了人民教育的形象，影响了全民教育的发展。

我认为，要促进教育的均衡发展，必须把平民教育落到实处，政府部门应转变观念，坚持教育的社会主义性质和公益事业属性，确保教育的公平公正，让每一个人都能享受受教育的权利。还应该加大投入力度，建立经费保障机制，合理配置教育资源，使广大农民及城市低收入家庭子女都能享受到真正的免费义务教育，享受到职业教育的经费资助，让每个孩子都能享受平等的教育机会。令人高兴的是，我们的国家、我们的政府正在采取一系列有效的举措，朝着这一方向不懈地努力。我坚信，我们的教育发展要走"平民路"，只有让平民教育成为主流，我们的教育均衡才能真正实现，中国的教育才能成为现代化国家的基石。

三、平民教育是开发农村人力资源的重要对策

我国目前最根本的问题是农村问题，农村的主要问题是就业问题，就业的主要问题是人力资源如何有效地开发和利用的问题。人力资源如何有效地开发和利用，教育成了助推器。因此，在农村地区，平民教育是开发农村人力资源的有力武器。

如何运用平民教育思想开发农村人力资源呢？

我国农村有9亿人口，存在严重的人力资源过剩，形成对农业和农村经济以及国民经济发展的沉重压力。根据目前农村人力资源质量过低，农村人力资源结构不平衡，农村人力资源开发利用不足的现状，我认为，我们的政府、我们的政府官员，不管是管经济的、管教育的，还是管财务的干部，都应以平民教育思想为导向，采取如下开发农村人力资源对策：

一是要建立多元化的农村教育发展模式，全面提高农村人力资源质量。农村基础教育要不断加强，农村职业教育要大力发展，要建立和发展农村成人教育体系，还要积极发展高等农业教育和农村高等教育。

二是要建立农村教育培训的长效机制和多元教育的衔接机制，努力

提高农民的科技素质。要多渠道筹资，多元化培养，吸引整个社会共同参与，共同支持，使各层次教育有机衔接，长效发展，真正使农村地区的教育得以先行，农民的文化科技素质提高能适应社会主义新农村建设的需要。

三是建立农村人力资源配置机制，使教育就业形成良性循环，有利于农村剩余劳动力的有效转移。在城乡，要分别建立农民工就业平台。农村中，要积极开展劳动力转移就业的职业技能培训。城市里，要为进城务工人员及其子女提供学习环境。要平等对待进城务工人员，逐步建立起城乡一体化的就业制度，形成公平竞争的就业大环境。

总之，通过面向平民的教育，不仅培养农民农业生产的科技能力和就业转移的能力，还能够培养民工在城市的就业能力和创业能力，真正把农村沉重的人口负担转化为人力资源优势，更好地投入到社会主义新农村建设中来。

陶先生的平民教育思想内涵丰富，在教育实践方面也卓有成效，对我国在新的历史时期开展平民教育具有重要的借鉴意义。温家宝总理高度重视平民教育，他阐发了平民教育的主要途径，指明了我国教育事业跨越式发展的新方向。可见，在重视平民教育方面，温总理和陶先生是"心有灵犀一点通"的。尽管近两年来，我国把义务教育和职业教育摆到重要位置来抓，并出台了令人鼓舞的重大举措，成效明显，但是，要真正把面向平民的教育抓好，把平民教育一桩桩、一件件落到实处，仍然是任重道远。为此，我们在全面落实温家宝总理的平民教育主张时，要大胆借鉴陶行知平民教育的理论与实践探索，学习各地开展平民教育的生动经验，把面向平民的教育搞好，使之更好地推动教育的均衡发展，更好地为社会主义新农村建设服务。

（原载于《中国农村教育》2007 年第 9 期）

倡行尊师重教

如何实践陶行知师范教育思想①

全国陶行知师范教育思想研讨会，今天开始。

首先，向中国陶行知研究会的创始人，我们的会长季平同志逝世表示哀悼。他虽然逝世已经半年，可是他对陶研工作那种热情、严肃、认真的精神还时常鼓舞着我们，他生前不仅重视陶行知教育思想理论的研究，更重视陶行知教育思想的实验。如果他还健在，也会来广州和我们一起研究师范教育改革问题。对陶研工作，他时常说，我们要"五湖四海""抬头乐干"。他还说："我国现在非常需要陶行知，需要众多现代陶行知。"他的这些好的思想、愿望，我们要继承过来，用在我们陶研的实际工作中。

1985 年中国陶行知研究会、基金会成立以来，各地陶研组织、陶研会会员和教育工作者对我"两会"的工作十分关心，十分支持。请允许我代表"两会"表示衷心的感谢！

1986 年 10 月，中国陶行知研究会、基金会在上海召开纪念陶行知诞辰 95 周年暨第一次全体理事、委员会议，会上还交流了各地研究论

---

① 本文源于 1988 年 1 月方明在全国陶行知师范教育思想研讨会上的发言，收入本书做了少量删减修改。

文和试点经验。会后，我们把研究论文和试点经验精选了一部分，编成一本书《为中国教育改革探路》，很快可以出版。1987年初，我们考虑要开一次小规模的专题研讨会。3月，在南京晓庄师范举行建校60周年庆祝活动期间，不少同志建议：中国陶研会在适当时候召开全国专题性学术研讨会，具体研究陶行知教育思想和现实的关系，积极参与当前教育改革实验。中国陶研会对同志们的建议非常重视。经过多次研究，认为："生活教育理论问题和师范教育改革问题，都很切合当前现实需要，但在发展、改革目前学校教育工作中，最关键、最突出的问题是师资质量问题。"因此，决定首先研讨师范教育改革问题。

中国陶研会成立以后，在开展纪念陶行知，宣传、学习陶行知教育思想，推动建设陶研组织，编辑出版陶研刊物等方面做了一些工作，但是还远远不够。由于我们人手少，力量弱，开专题性的学术会议要靠各地陶研力量的支持。这次会议的准备工作和场地、食宿等安排，得到北京、江苏、广东等省、市陶研会同志的热情支持和密切合作，我在这里向他们表示衷心的感谢。会议原拟在1987年10月召开，由于党中央召开十三次代表大会，各地都要传达十三大文件，会议的地址和时间都难以确定，后来和广东陶研会同志商议，他们积极支持。今天，会议在广州召开，并且喜迎1988年新年。俗话说："一日之计在于晨，一年之计在于春！"春天是个好兆头，十三大的社会主义初级阶段理论鼓舞人心，让我国各地的陶研专题研究和实验工作，在自然界和社会主义社会的春风中，发展壮大吧！

这次会议是全国陶研工作史上的第一次专题性学术研讨会，这既实现了广大陶研工作者的愿望，也说明了全国陶研工作已深入到具体的教育教学领域。我们应该共同努力，把这次会议开好。

下面，就如何开好这次会，讲三个问题：

一、会议的指导思想

赵紫阳同志在党的十三大会议上作的《沿着有中国特色的社会主义道路前进》报告中指出："从根本上说，科技的发展，经济的振兴，乃至整个社会的进步，都取决于劳动者素质的提高和大量合格人才的培养。"劳动者素质的提高和大量合格人才的培养，在很大程度上要依靠各级各类学校的培养。大量合格人才的培养，要靠大量合格的教师去承担。中共中央在《关于教育体制改革的决定》中提出，在全国实施九年制义务教育。1990 年左右能够普及小学教育。到本世纪末，能够基本实现普及九年制义务教育。建立一支有足够数量的、合格而稳定的师资队伍，是实行义务教育、提高基础教育水平的根本大计。师范教育的改革，目的是培养合格师资，就是思想道德品质合格与教学能力合格。要培养这样高素质的教师，就要改革目前师范教育脱离实际的倾向。我们成立中国陶行知研究会，其目的决不是仅仅为纪念陶行知而研究陶行知，而是因为陶行知教育思想有助于当前教育体制改革，有助于建立具有中国特色的社会主义教育学。我们应该把陶行知教育思想研究工作与当前的教育改革联系起来，紧密地结合起来，使对陶行知教育思想的研究工作，能为提高整个中华民族的素质作出它应有的贡献。中国陶行知研究会经过多次研究，并基于对于上述问题的理解，决定首先召开陶行知师范教育思想研讨会，着重研究师范教育改革和师资素质的提高问题。因此，这次会议的指导思想是：学习、领会党的十三大会议指出的"根据本国国情，走自己的路"的科学理论观点，研讨如何实践陶行知师范教育思想，为促进我国师范教育改革作出一些贡献。

二、会议的中心议题

会议研讨议题是：

1. 研究陶行知教育思想的现实意义，促进我国师范教育在办学方向、培养目标、培养途径、教材、教法和实验等方面的改革。

2. 学习陶行知教育思想，研究当前我国农村师范改革，如何为推动当地农村经济改革和发展农业生产服务。

3. 学习陶行知崇高的师德和楷模作用，推动师范院校加强对学生专业思想的教育。

4. 交流实践陶行知师范教育思想、改革师范教育的体会和经验，并提出对我国师范教育改革的建议。

从各地已报来的材料来看，多数是这样准备的，内容比较丰富，切合我国实际。我们相信，经过会议交流、研讨，大家对研究、实践陶行知师范教育思想会有较深的理解，能得到有益的启示和收获。

三、会议的开法

这次会议是专题学术研讨会。会议要贯彻"百花齐放，百家争鸣"的方针和"理论联系实际"的原则。同志们不辞辛苦，从四面八方到广州参加会议，我们将尽力提供比较多的时间让同志们多看看、多听听、多讲讲，在研究讨论的基础上，让同志们自己讲体会，谈收获。在对待实践经验方面，与会同志可以因地制宜，各取所需，适者择用，切不可照搬照套。会议除大会发言外，还有分组研讨，打算分高师、中师、幼师三个组，参加人员根据需要可以交叉。还准备用一天时间进行参观，参观华南师范大学、白云山实验点，学习他们实验陶行知师范教育思想，进行师范教育改革的经验。在各组交流经验、研讨问题的基础上，再安排一次两个半天大会发言，就如何实践陶行知教育思想，如何改革师范教育，各组能做一些综合性或带有倾向性的发言。中国陶行知研究会十分重视各地、各校以及各个同志的实践经验和意见，希望这次大会交流的经验和材料，能够成为各地师范院校研究师范教育改革的有用参考。我们愿意和同志们一起，共同研究和探讨问题。

开好这次会议的条件很多：我们有党的十三大会议精神的指引，有广东省、广州市党委、政府和教育部门的支持，有华南师大的精心周到的安排，有国家教委师范教育司负责同志的指导，有到会同志的全力合作，我们有充分理由说，这次会议一定能够开好。

邓小平同志在 1985 年全国教育工作会议上满怀信心地指出："我看教育的事业好办，悲观是没有根据的。扎扎实实抓它几年，中华民族教育事业空前繁荣的新局面，一定会到来。"同志们，让我们勇敢地站在教育改革前列，为迎接中华民族教育事业空前繁荣的新局面，而作出无愧于时代的贡献！

（选自《方明文集》，中国文史出版社 2017 年版，第 10—13 页）

回顾《教师法》早期起草的过程①

一、提出制定《教师法》的由来

党的十一届三中全会以来，广大教师衷心拥护党的路线方针政策，努力工作，奋发上进。但随着形势的发展，也出现了一些值得注意的情况。1984 年，全国教育工会和全国政协教育组、中国民主促进会中央联合进行调查，以及一些省、市教育工会上报的材料，反映一个突出的问题是：教师队伍不稳定，思想浮动，骨干教师外流，弃教改行的现象严重。如北京近年来教师外流 1 153 名。北京市人才交流中心成立的第一天，就有 400 余名教师前往登记。深圳到上海招聘 20 名教师，而就聘的教师多达 800 名。上海市招聘公安干警，教师报名的很多，郊县更踊跃，川沙县占在职教师的 2/5。内蒙古东胜市，共有教师 857 人，1984 年 1 月至 10 月，外流骨干教师 50 多人。

教师大量外流是普教事业发展中的潜在危机，是教育适应经济腾飞的一大障碍，教育界和社会上的有识之士都为此深感忧虑。

---

① 本文原载《中国陶行知研究/基金会会讯》1994 年第 2 期。收入时对明显的错字做了校正，在有歧义处加了标注。

作为教师群众组织的全国教育工会，于 1985 年 1 月 14 日在《关于中小学教师队伍不稳定的一些情况》的报告中提出建议：

1. 抓紧教育立法，推动全社会重视落实教育这个战略重点。制定《中华人民共和国教师法》，维护教师在学校的主人翁地位，建立和健全教职工代表大会制度，参与学校民主管理；保障教师的正当权益，使他们得到法律的保护。建议国家像抓经济工作那样，对中小学教师的待遇和地位的提高，有长远规划，分期实现。

2. 在进行工资制度改革和评定职称的同时，建议在适当的时候制定《中华人民共和国教师荣誉条例》，对忠诚于人民教育事业，全面贯彻教育方针，在教育事业上作出突出贡献的教师，由国家授予光荣称号，褒奖先进，给予物质和精神奖励，以鼓励教师终身从事人民的教育事业。

3. 建议人大常委会讨论通过关于恢复建立中华人民共和国教师节的决定，以动员全社会的力量尊师重教，落实知识分子政策，进一步调动广大教师的积极性、主动性、创造性，一鼓作气地把人民教育事业搞上去。

这份报告，除送中央党政有关部门外，还根据有关负责同志的意见，专门送 200 份给正在开会的全国人大常委会。这就是我会（全国教育工会）于 1985 年 1 月 14 日提出建议制定《中华人民共和国教师法》的背景和由来。

二、起草《教师法》草案的概况

自从上述建议提出以后，如何促进《教师法》的制定，一直在我们研究之中。我作为全国政协委员，在 1986 年 3 月全国政协会议期间，起草了一个制定《教师法》的提案，和民进中央副主席葛志成等 20 多位政协委员商量后联名提出。

在此之前，1986 年初，我会（中国陶行知研究会——编者注）收
到广东始兴县石人嶂钨矿中学朱源星寄来的《教师法》设想稿，这是
真正来自群众的第一个《教师法》文稿，虽然不完善，但是很宝贵。
我们当即在这个设想稿以及其他同志来信的基础上作了删改和增补，草
拟了《中华人民共和国教师法》（设想草稿）共十章 63 条。并附国际教
师团体协商委员会 1954 年 8 月 11 日在莫斯科会议上通过的《教师宪
章》① 以及该国际教师宪章产生的经过，作为讨论和起草《教师法》时
的参考。我会于 1986 年 2 月 20 日，把上述材料分发给全国教育工会、
民进中央、中国陶行知研究会、北京市教育科学研究所、北师大教育科
学研究所的负责同志，请他们准备意见。之后，上述五个单位组成了
《中华人民共和国教师法》联合起草小组②，起草小组的同志把它作为
我国教育建设的一件大事和教育科研的重要课题，自觉认真地做了大量
工作。经过调查研究，又在约请了教育专家和优秀教师座谈的基础上，

---

① 原文注：国际教师团体协商委员会是一个协商的机构，是由教育工会国际
（1946 年成立，世界工联产业之一）、中学教师国际联合会（1912 年成立）、小学
教师国际联合会（1926 年成立）三个国际教师组织共同发起于 1948 年 11 月 4 日在
巴黎成立国际教师团体协商委员会。会址设在巴黎。《教师宪章》的产生：上述三
个国际教师组织都有自己的《教师宪章》，在教育工会国际的倡导推动下，国际教
师团体协商委员会于 1954 年 8 月 9 日至 11 日，在莫斯科举行会议，到会的有苏、
中、法、意等教师运动的负责人，代表 700 万教师，联合国代表、联合国教科文组
织代表和国际教育局的代表以观察员的身份出席了会议。在会议上以三个不同《教
师宪章》为基础，草拟了一个统一的国际《教师宪章》，全文共 15 条，它规定了
教师的权利和义务，以及为改进教育教学所必须的条件，要求各国教师以和平、民
主和友好的精神教育儿童，把青少年一代培养成各自国家的建设者。会议还决定用
中、俄、英、法、西五种文字印发《教师宪章》，中国教育工会方明、张潮参加了
这次会议。
② 原文注：《教师法》联合起草小组是由全国教育工会、民进中央、中国陶行
知研究会、北京市教育科学研究所、北京师范大学教育科学研究所五个单位组成，
成员有方明、梅克、汪兆锦、何钦资、徐乃乾、李意如、刘式仪、白萍等人，方明
为组长。

由北京市教育科研所的梅克同志等于 1986 年 4 月草拟出《中华人民共和国教师法》(草案) 一稿, 共 9 条。

《草案》一稿通过教育工会和民进中央两个渠道, 组织了约有 1 万人参加的讨论。广大教师对此非常关心, 非常认真并寄予很大的期望。各省、市教育工会组织和教师们送来了大量修改的意见。根据这些意见和修改稿, 联合起草小组先后草拟了《教师法》草案的二稿、三稿、四稿。全国教育工会并于 1987 年 8 月在青岛召开了《教师法》研讨会, 除联合起草小组的成员参加外, 还约请了教育专家、优秀教师和党政负责同志到会讨论, 会议着重从理论和实践的结合上研讨了教师劳动的特点以及教师的权利、义务、待遇等问题。会后写了《教师法》研讨会纪要, 下发至各地供参考。

1987 年 3 月, 国家教委在南京召开了《教师法》研讨会, 我们联合起草小组派人参加, 提出了我们起草的《教师法》草案文稿, 表达了对有关问题的研究见解, 反映了广大教师的意见和要求。我们建议国家教委集中各个草案, 拟出一个《教师法》合稿。

由于《教师法》已经纳入国家的立法程序, 主要由国家行政机关和立法机关来进行, 我们作为民间的初期起草工作就告一段落。当然, 在这以后, 我们依然关注着《教师法》的制定, 在力所能及的范围内做好工作。

三、我们对制定《教师法》的一些基本观点

根据几年来起草《教师法》与广大教师、教育专家的接触, 我们深深感到, 必须通过立法, 把教师的权利、义务、资格、待遇、培养、进修、考核以及奖励等肯定下来, 才能真正提高教师的地位和待遇, 建立一支合格而稳定的教师队伍。

为了引起社会对教师的关注, 从速制定《教师法》, 在 1988 年 3 月

七届一次全国政协大会上，我和葛志成委员就《教师法》问题作了大会发言，主要提出：

1. 必须正视当前出现的"教师危机"，加强制定《教师法》的紧迫感。

当前，我国中小学教师存在数量不足，质量不高，学科不全，骨干教师不稳，教师大量外流，虽采取了严格控制措施仍难阻止；后继乏人，优秀学生不愿意报考师范院校，师范毕业生不愿意当教师等严重情况。

人们忧心忡忡地议论，当前出现了"教师危机"，几年以后，一批批老教师陆续离退休，这个危机还要加剧。教师危机，实际是教育危机、民族危机。这决不是危言耸听，应当引起全社会的重视。

"教师危机"的形成主要是由于多年来不重视教育，特别是不重视基础教育，不尊重教师。具体表现在：教师的社会地位和工资太低；住房不如一般市民；医疗条件差，有病得不到应有的治疗等。核心问题是必须提高教师的社会地位和待遇。

因此，必须制定《教师法》以提高教师的待遇，把加强教师队伍建设纳入依法办事的轨道。

2. 必须用十三大的精神制定《教师法》，既要规范教师，也要规范社会。

党的十三大的报告明确提出："把发展科学技术和教育事业放在首要位置，使经济建设转到科学进步和提高劳动者素质的轨道上来。"又提出："百年大计，教育为本。"我们一定要进一步提高对教育的重要性和教育与经济的辩证关系的认识，提高对教师劳动重要性及其所负的重大历史使命的认识。

随着经济体制的改革，商品经济在发展，人民在亲身经历中越来越体会到需要科学、需要人才、需要教育、需要好的教师。对教师的思想政治素质、道德素质、科学文化素质、能力素质等也提出了更高的要求。我们都要在立法中明确地制定下来。对教师要高标准，严要求。另一方面，我们也要根据教师劳动的特点及所承担的重大任务，提高他们的待遇，包括工资、住房、医疗等各个方面的待遇，保证他们有良好的生活条件和工作条件，足以鼓励他们终身从事教育事业。同时，我们是建设具有中国特色的社会主义，也要求他们具有为社会主义建设，为国家和人民的富裕艰苦奋斗的献身精神。制定《教师法》的目的，既要规范教师，激励他们的事业心、责任心和献身教师事业的精神，提高教育质量；又要规范社会，使全社会重视教育，尊重和支持教师的工作，保证教师的合法权益。

当然，制定《教师法》，不能只讲教师的义务，也要讲教师的权利，必须在提高教师的地位和待遇上有所突破。有些地方政府已采取了一些措施，为我们制定《教师法》提供了依据。例如，30年教龄的教师退休时发工资的百分之百，有的地方已经实行了。有的地方规定，教师的经济待遇随着当地的经济发展逐步提高；政府要划拨专款修建中小学教职工宿舍；统建住宅应保证中小学有一定的比例；教师就医与当地国家机关干部同等待遇等等。当然，从全国范围看，各地的差距是很大的。但是，我们作出一些最基本的具体规定，允许各地根据自己的实际情况和能力逐步做到，是完全可行的。国家也要拨出专款，增加教育的投入。现在浪费现象十分严重。1987年教师节时，全国政协教育组邀请全国农村教师代表座谈时就发出呼吁，把挥霍浪费的钱财节约下来，用在教育上，厉行节约，严惩浪费，这方面是大有潜力可挖的。挤一些钱办教育不是不可能的。

3. 依靠群众，制定《教师法》。

教师劳动的特点，教师劳动的重要性及所担负的历史使命，不仅社会上许多人不甚了解，甚至许多教师也是不甚清楚的。我们认为制定

《教师法》的过程也是向社会作宣传的过程，并用以教育教师本人的过程。宣传社会，使全社会进一步形成尊师重教的良好风气；教育教师，使他们增加自强、自尊、自爱意识，自觉爱护后代，真正做到教书育人，为人师表。早在 1987 年 3 月，我们联合起草小组出席国家教委在南京召开的《教师法》研讨会上，曾提出建议，希望通过教育行政、教育工会、各民主党派等渠道，发动广大教师进行讨论。通过讨论，不仅可以使立法更趋完善，而且其中一些难于解决的问题，或许还可以依靠群众的智慧予以解决。这样做，既使《教师法》在制定过程中就有了广大群众的基础，又使公布之后，切实可行，可以极大地调动广大教师的积极性，使人民教育事业得到更好的发展，教育质量得到切实的提高。

以上发言，表达了我们在宏观上对制定《教师法》的观点。

关于《教师法》的内容和制定的方法，我们的基本观点，可以大体上归结为以下三点：

（1）《教师法》既要规定教师的义务，又必须强调教师的权利；既要向教师提出要求，又要向社会提出要求。

（2）关于教师的权利，既要强调物质上的权利，改善经济待遇，又要注意精神上、政治上的权利——一是民主权利，教师有权通过教代会、工会等途径，参与学校的民主管理和民主监督，体现在学校里的主人翁地位；二是要保障教师的教育权利。

（3）《教师法》的制定过程要体现领导、专家与群众相结合。强调要发动广大教师讨论，既向社会宣传，也教育教师自身，使《教师法》更有群众基础。

这几点是我们贯彻始终的。只要有机会，我们就要提，即使到最后时刻，也要尽我们主观上的努力。

前前后后 9 个年头。现在《教师法》终于正式颁布实施了。我们对此表示热烈欢迎。

《教师法》的产生，是各方面共同努力的结果，它作为国家的一部重要法律，主要是人大常委、国务院、国家教委的工作成果。至于我们的贡献是很微薄的，不过我们是努力的、真诚的。许多同志包括起草的、研究的、组织工作的，以至数以万计参加讨论的，我想都是为《教师法》的诞生出了一份力，这是不能抹杀的。因此，就这段历史作些回顾还是很有意义的。

《教师法》的制定不容易，而其真正的贯彻落实更是十分艰巨。我们希望广大教师同志对于这部关系自身的法律，要珍惜它，学习它，并运用法律武器来维护自身的权益，鞭策自己，提高素质。作为教职工重要的代表者的各级教育工会，更应该把学习、宣传、贯彻、落实《教师法》列为自己的重要任务。任何法律总是从不完善到逐步完善的。让我们大家在贯彻的过程中，不断总结，争取今后把《教师法》搞得更完善。

（原载《中国陶行知研究/基金会会讯》1994 年第 2 期）

师范教育是基础教育的基石[①]

　　中陶会在山西召开的师范教育与农村教育综合改革现场研讨会从11月4日至11月8日，满满开了五天时间。开幕时王昕副省长作了重要讲话，省教委主任曹福成、省陶研会长宋玉岫和国家教委副总督学王文湛、国家教委师范司葛振江等作了重要讲话，全国人大科教文卫副主任杨海波和山西省省长孙文盛写了贺信，使得我们会议内容更加充实。大家参观了壶关县的三个学校，长治县和屯留县各一个学校，太谷县两所学校和晋中师范专科学校，交流了半天各地的经验，研讨了半天，会议内容非常丰富，大家都很激动，感受也很深。参观的这八所学校各有特点，各具特色，他们在农村教育改革中虽然具体做法不同，但他们的共同点是普及了九年义务教育，扫除了文盲，通过"三教"统筹，"农科教结合"，提高了农村教育质量，提高了农民的素质，赢得了农村经济的快速发展和经济上的高效益、高收入，使农民开始过上了富裕生活，同时人们的精神面貌也发生了显著变化，实现了文明村的愿望。我们参观了几个县的农村学校，看到了农村教育改革的现场，还看到了长

---

　　① 本文为1997年11月8日在山西举行的"师范教育与农村教育综合改革山西现场研讨会"上的总结发言。收入本书时做了少量删减和文字标点校正。

治师范、太谷师范和晋中师专的师范教育改革成效。陶行知说:"要想小学办得好,先要造就好教师;要造就好教师,先要造就好的师范学校,造就教师的教师。"我们的会议达到了预期目的。来自全国18个省、市的百余名代表对这些典型都比较满意,觉得这些现场很有说服力,是我们学习的榜样。同时大家对会议的组织也很满意,原因是山西的各级人民政府和各级教育行政部门对我们的会议非常支持,作出了很大的贡献。特别是山西省教育委员会,为了保证开好我们的会议,他们把自己的师范教育会议一推再推,教委办公室副主任亲临会议安排车辆、食宿,派人到参观点上细致检查,提出了许多的改进意见,回来通宵编印了会议手册,他们说:"有了秩序册,会议才能开得有秩序。"教委分管农村教育改革的正厅级巡视员自始至终陪同我们,为我们开好会创造了有利条件。为此,我代表与会全体同志向山西省人民政府、山西省教育委员会、山西省陶行知研究会表示衷心的感谢,并通过你们向长治市人民政府、市教育委员会、晋中行政公署、晋中教育委员会和壶关县、长治县、屯留县、武乡县、太谷县和长治师范、太谷师范、晋中师专以及为大会服务的工作人员,表示衷心的感谢!我代表中国陶行知研究会向山西省教育委员会和山西省陶行知研究会各赠送牌匾一块,以表示我们的心意!

同志们!我们的会议开得是成功的,内容是丰富的,大家的情绪是饱满的,对于师范教育和农村教育综合改革的方向更加明确,信心更加坚定,对贯彻党的十五大会议精神和搞好教育现代化改革奠定了坚实的基础,我们陶研工作也将会以新的精神面貌跨入21世纪。

下边我想就会议谈几点体会,供同志参考:

一、关于师范教育改革与农村教育综合改革的关系问题

师范教育是教育工作的母机,是基础教育的基石,在"科教兴国"

战略的指引下，师范教育改革应该适应农村经济和社会生活的需要，适应农村教育综合改革的需要，培养热爱农村、为农村教育综合改革而献身的好教师，进而提高农民素质，把新的科学技术引入农业生产，发展农村经济，使农民尽早进入小康之路。为此，就要像安徽金寨师范那样，当地需要什么样的人才就培养什么样人才，像晋中师专和左权县教委以及18所初中联合实习基地那样，使学生学到真正的本领和爱农的真实感情。面向农村的师范学校和师专是培养"科教兴村"人才的基地，应为"科教兴村"奉献力量，在一个省、一个地区，首先实现了"科教兴村"，才可能进而实现"科教兴乡""科教兴县"。"科教兴村"是在农村实施"科教兴国"战略的基础。农村教育综合改革，首先要改革村校的办学体制，使教育和经济两张皮合成一张皮，提高村民的文化和科技素质，发展村的经济，为"科教兴村"创造条件。这就需要师范教育为村校提供有改造乡村生活能力的教师。所以，师范教育改革和农村教育综合改革，都应为"科教兴村"服务，两者互通声气，互相配合，在实施"科教兴国"战略中各自作出应有的具体贡献。

同志们，搞好师范教育改革，能够促进农村教育综合改革的深入发展。农村教育综合改革深入发展，出现了新的典型新的经验，又可以促进师范教育进一步改革，二者是互为因果，相互促进。大家在参观中都看清了这二者的密切关系，这就是我们为什么要召开这样一个研讨会的原因。

二、师范教育改革必须坚持为农村社会主义经济建设服务的大方向

师范教育要面向农村山区、面向小学这个办学方向是正确的，会后还要继续坚持。但是，在我国确定以经济建设为中心，要帮助农民脱贫致富奔小康，加速建设社会主义现代化新农村的形势下，在教育必须为社会主义建设服务，社会主义建设必须依靠教育的方针指引下，师范教

育要面向农村，面向山区，又增加了新的含义和新的内容，就是师范学校培养和造就的教师要具有建设社会主义现代化新农村的思想意识和真实本领，这个意识和本领，按照陶先生的话来说就是要具有改造乡村生活的意识和能力，学校要成为改造乡村的中心，教师要成为改造乡村的灵魂。如果不赋予师范学校面向农村、面向小学新的含义和内容，只是培养和造就师范生，当个单一传授知识的"教书匠"，是适应不了"科教兴国"战略要求的，也不符合我们党的以发展经济为中心的总路线。我们这次参观的北大安小学、方善小学、北庄小学、桥沟小学、官庄小学、大白学校和阳邑乡等七所农村学校，都是教师和村委会干部结合起来，共同办农村大教育，才把这些村庄由穷变富，由愚昧变文明，并有一些农民变为农业工人，人变，地变，山变，村庄面貌也变了。这就是教育改造人、改造社会的功能，教师起了桥梁作用，也可以说是起了灵魂作用。这个功劳应该记在长治师范和太谷师范的功劳簿上，是他们在改革中坚持了为农村社会主义建设服务的方向，是他们培养和造就出具有建设社会主义现代化农村思想意识和真实本领的新型教师。我们以热烈的掌声向他们再次表示祝贺！祝贺他们在现有的基础上，再迈出新的改革步伐，再上一个新台阶。

三、农村教育综合改革，必须把基础教育、职业教育、成人教育紧密地结合起来，形成一个幼、少、青、壮、老的农村大教育，面对全村人民，普遍提高村民的素质

农村大教育的办学模式已出现了好几种，除了前元庄的"村校一体"以外，还有"整体教育""四教结合""村级大教育""一长管两校"等，这都是根据当地具体情况按照群众的意愿创造的。此外，还有村办初级职业中学的，如长治县桥沟村，为了解决"治贫先治愚"，李天林除了办好小学以外，又办了初级职业中学，为本村和邻村培养了农

业和工业技术人才，促进了当地的经济发展。这说明，只要按照邓小平理论"解放思想，实事求是"的精神办学，农村教育综合改革是大有可为的。

四、关于组建中等师范教育专业委员会问题

会中，由参加会议的 40 所中等师范学校校长和负责人召开了组建会议，决定聘请中陶会副会长、四川省陶研会会长、四川省政协副主席韩邦彦和中陶会副会长、山西省人大常委、省陶研会会长宋玉岫为顾问，指导专业委员会的工作。中陶会委托山西省陶研会中师教育专业委员会五位副主任委员负责筹备工作，将于 1998 年在四川绵阳师范召开第一次委员会议，正式通过章程，选举产生正副主任委员、秘书长。

这个专业委员会的主要任务是探讨师范教育改革的新路，培养为"科教兴农""科教兴国"服务的新型教师，进一步促进农村教育综合改革的深入发展，为提高中华民族素质作出应有的贡献。同时他们还承担全国教育科学"九五"规划课题"师范教育改革"的实验与研究。这个专业委员会的产生是我们这次会议的成果之一，他们要继承会议的精神，把师范教育与农村教育综合改革深入地开展下去。

陶行知研究会是个群众性学术团体，一定要依靠当地党政领导和教育行政部门的指导和支持，才能很好地开展工作。山西省陶研会团结了一大批有长期从事教育行政工作经验，又热爱陶研事业的同志，他们身体力行，发扬陶先生的精神，无私奉献，开拓进取，在改革农村和师范教育工作方面取得了创造性成果，值得大家学习和借鉴。这是山西省陶研会的一条宝贵经验。

（原载于《中国陶行知研究/基金会会讯》1997 年第 7 期，原题为《在师范教育与农村教育综合改革山西现场研讨会上的总结发言》）

师范教育与素质教育①

　　刚在成都召开了素质教育研讨会②，今天又在这里举行中陶会师范教育专业委员会成立大会暨首届一次学术研讨会，这是素质教育研讨会的继续和发展。陶老夫子说过："师范教育可以兴邦，也可以促国之亡。"意思是说好的师范学校可以培养出高素质的教师，高素质的教师可以培养出高素质的国民，这样国家就可以兴盛；如果师范学校培养出来的都是书呆子，让他们再去培养小书呆子，中国人都成了书呆子，国家必然要灭亡。1993 年中共中央、国务院在《中国教育改革和发展纲要》中指出："中小学要由'应试教育'转向全面提高国民素质的轨道，面向全体学生，全面提高学生的思想道德、文化科学、劳动技能和身体心理素质，促进学生主动活泼地发展。"这是对中国教育改革和发展提出的一项重要战略任务。要完成这项任务，关键在提高教师的素质，教师素质的全面提高又在于师范教育的改革和发展。师范教育是培

---

　　① 本文为 1998 年 11 月 1 日在四川成都举行的中陶会师范教育专委会成立大会上的讲话。收入本书做了少量删减与校改。

　　② 1998 年 10 月 25—30 日，中国陶行知研究会在成都举行"中陶会全国素质教育四川现场研讨会"。

养中小学师资的工作母机，师范学校能否培养和造就出具有良好的思想品德修养和业务素质的人民教师，直接关系到中小学能否由"应试教育"转向"素质教育"，关系到中华民族素质的提高。最近党中央召开了十五届三中全会，会议提出："农业、农村和农民问题是关系到改革开放和社会主义现代化建设全局的重大问题"，"农业的根本出路在科技，在教育"。这就给我们师范教育提出了为农村两个文明建设服务的办学方向，要求我们培养的教师更能适应农业、农村现代化建设需要的高素质教师。今天到会的都是师范学校的领导，又都是学陶的先进单位，我想讲一讲师范教育与素质教育。

一、师范生的素质决定着未来学生的素质

人们常说："师不高，弟子拙""名师出高徒"，意思都是教师素质不高，就培养不出好的学生；只有高素质的教师，才能培养出高素质的学生。陶行知早在 70 年前就一针见血地指出："小学教师之好坏，简直可以影响到国家的存亡和世运之治乱。"后来他又在写给大学生的一封信中说："一个小学校，少则有一二十位学生，多则一二百。老百姓送他们进学校，便是不知不觉地把整个家运交付给小学教员。小学教员教得好，则这些小孩子可以成家立业。否则会变成败家子，永远没有希望了。所以小而言之，一个小学之好坏关系全村之兴衰。国家设立小学是要造就国民以谋全民幸福。因此，全民族的命运都操在小学教员手里。"于是，他提出："要想小学办得好，先要造就好的教师。没有好的教师，就培养不出好的学生；没有好的学生，就不会有好的国民；没有好的国民，就不会有好的民族和国家。"

1993 年全国人大八届四次会议通过的《中华人民共和国教师法》第一条规定指出："建设具有良好思想品德修养和业务素质的教师队伍。"所谓具有良好的思想品德修养和业务素质，具体讲是五个方面：

一是热爱人民教育事业，献身人民教育事业。中小学教师每天既要备课、上课、批改作业、指导学生的各项集体活动，还要家访，了解和分析每个学生的情况，处理学生的有关问题，常常要忙了白天忙黑夜，如果没有热爱人民教育事业、忠诚人民教育事业的无私奉献精神，是很难搞好工作的。有了无私奉献精神，才会觉得自己的整个身心都是属于学生的，才会自觉地俯首甘为孺子牛，诲人不倦，乐此不疲。一个教师只有真正意识到自己的教学工作是和人类的文明进步、祖国的繁荣昌盛、共产主义事业的成功息息相关时，只有当他把自己的教学工作与为四化大业作贡献、为共产主义而奋斗联系起来的时候，才能做到无私的奉献。我们要教育师范生像陶行知先生那样"捧着一颗心来，不带半根草去"，把自己的全部心血都倾注在青少年身上，奉献给人民的教育事业。

二是热爱学生，尊重学生。热爱学生是教师热爱人民教育事业的具体表现。党和人民把培养教育下一代的重任托付给教师，就是把祖国的希望和未来托付给了教师。教师应该把这一神圣职责当作是自己的最高荣誉和幸福。只要有了这种荣誉和幸福感，就会对学生产生深厚的感情，执著的爱心。高尚纯洁的师爱是师生心灵间的一条通道，是教育、教学工作的催化剂，是点燃照亮学生心灵的火焰。对学生有了慈母般的爱心，教师才能赢得学生的尊敬和热爱，学生才能向教师敞开心灵的窗口，使学生愿意接受你的教诲，并奋发努力，不断上进。因此，要教育每个师范生都应具有陶先生的那种"爱满天下"之心。

三是严于律己，为人师表。教师不仅要把自己掌握的知识使学生学会，而且还经常以自己的志趣、情操、性格、意志影响下一代的心灵。因此，教师必须时时处处严格要求自己，为人师表。为人师表是教师职业道德的一个特有的重要内容，每一个教师都应该时刻意识到，自己在学生心目中是榜样、是楷模、是表率。身教重于言教，"其身正，不令而行；其身不正，虽令不从"。在与学生交往中，教师应严于律己，要能沉着自制，善于克制自己的情感影响，抑制无益激情和冲动。特别是当我们发现有的学生不好好学习，不守纪律、不听规劝的时候，更要沉着冷静，坚持耐心说服，使学生感到，教师是一个诲人不倦、以理服人而又具有坚定性格，不放弃原则的人。因此，要教育师范学生在校期间，就养成严于律己，为人师表的品质。

四是要有科学技术知识基础。随着时代的发展，科学技术日新月异，教师没有扎实的科学技术知识适应不了未来发展的需要。就从当前来讲，落实"科教兴国"的战略任务，农村教师必须做农业科学技术的推广者，要组织群众实施科教兴村、科教兴乡，不掌握先进的科学技术知识和农业技术就不能适应农村教育的需要，也不能引导学生实行"科学下嫁"。

五是良好的业务素质。就是要求教师的专业知识与技能、教育学、心理学、社会学知识和教育教学方法达到较高水平。一个业务素质高的教师，光精通所教学科知识还不够，还得对相近学科知识和日常生活中的各种常识有广泛的了解。因为各科知识之间有着密切的联系，特别是要适应农村小学教学安排的需要和促进农村两个文明建设的要求，要尽力做到"一专多能"或"多能一专"。教师要教好学生，必须掌握科学的教学方法，使学生逐步学会学习，养成良好的学习习惯，提高学习效率。

总之，学高为师，身正为范。作为一名合格的人民教师，必须严于律己，自尊自重，教书育人，为人师表。要以自己的高尚情操，廉洁作风，渊博学识，卓越才能来影响教育和培养学生，才能不负党和人民赋予的重托，向广大学生家长交出一份满意的答卷。

二、师范生的素质高低取决于师范教育的改革

陶行知先生说："要想把小学办得好，先要造就好教师，要造就好

教师。先要造就好的师范学校。"要造就好的师范学校，必须对现行师范教育进行改革。

如何改革师范教育？根据全国部分师范的改革经验，可以概括为如下八个方面：

第一，要坚持师范教育为农村两个文明建设服务的办学方向，培养科教兴村、科教兴乡的新型教师。师范教育要面向农村，面向小学，要增加新的含义和新的内容，就是师范学校培养和造就的教师，应该具有建设社会主义现代化新农村的思想意识和真实本领。这个意识和本领，按照陶先生的话来说，是要具有改造乡村生活的意识和能力，学校要成为改造乡村的中心，教师要成为建设乡村的带头人。如果不赋予师范学校面向农村，面向小学新的含义和内容，只是培养和造就师范毕业生愿意到农村山区小学去教书，仅让学生考个高分数，能够升入高一级学校，这显然是不够的。去年我们在山西看到的长治师范和太谷师范的毕业生，他们在农村中发挥了促进两个文明建设的作用。把一些村庄由穷变富，由愚昧变成文明，由自然经济变为市场经济。人变、地变、村风村貌变，就是教师从中起了桥梁作用，发挥了教育的整体功能。这些功劳应该记在长治、太谷等师范学校的功劳簿上，是他们在改革中保持了为农村社会主义建设服务的方向，培养造就出具有建设社会主义现代化新农村的思想意识和真实本领的新型教师。为我们师范教育改革作出了新的贡献。

第二，要深入开展学邓研陶活动，借鉴陶行知教育思想，促进师范教育改革。邓小平同志提出"教育要面向现代化，面向世界，面向未来"。江泽民同志提出："学习陶行知教育思想，促进教育改革。"他说，陶行知教育思想同我们党的教育方针是息息相通的。陶行知是我国师范教育改革的先导，他 1917 年从美国回来就提出师范教育改革，后来他又办了南京晓庄学校，他的师范教育思想非常丰富，因此我们在师范教育改革中要学习、研究和借鉴陶行知的师范教育思想。当然，我们学习、借鉴陶行知教育思想，不是照抄、照搬，而是要从实际出发，创造性地学习和借鉴。陶行知有句名言："仿我者死，创我者生。"学习陶行知不能搞形式主义，要把陶行知的思想融合于各项活动中，融合于各种教学中，要重在学习，贵在实践。我们要学习绵阳师范，他们把学陶融进各个方面。叫人看了听了感到非常自然，但学陶师陶的气氛又非常浓厚。

学陶师陶，首先要学陶，要认真开好陶课，各地师范都有很好的经验。绵阳师范能自己编印一本陶课教材（大家已人手一册），非下决心是办不到的。福建省福安师范编写陶课教材，他们组织陶课讲师团，命名了9个"行知班"，他们还采取让讲师团到周围9个县区给小学、中学教师讲，给教育行政干部讲，把陶行知思想辐射到周围县区。山西省长治师范以民师班为突破口，开设"陶课"，调整课程，培养学员成为建设农村的新型教师。他们根据民师班学员年龄大、教龄长、教学经验丰富的特点，组织学习陶行知思想并通过学员把学陶师陶活动辐射到周围9个区，162个乡镇，787个村校，由民师学员带动周围的教师做改造乡村生活的灵魂。去年他们对毕业的590名民师学员进行了跟踪调查，其中安心农村教育，热爱学生、热爱劳动，能和村民打成一片的有571人，占96.78%；愿意做改造乡村生活灵魂的576人，占97.6%；具有改造乡村生活本领的551人，占93.4%；毕业后在农村小学任教2至4年，使所在村经济有了较快发展，人均收入大幅度提高的460人，占77.97%；所在村被省、市、县评为精神文明村的379个，占64.2%。

第三，要深入改革课堂教学。课堂教学改革是师范教育改革的重点难点，因为学生在校的绝大部分时间是课堂学习，如果课堂教学还是陈旧的一套，先生讲学生听，教师死教书，学生死读书，培养出的学生也必然是这一套。因此一定要充分发挥学生的主体作用，培养师范生在校就树立学生是主体的观念，改革旧的教学模式。运用"教学做合一"的原则培养学生动手动脑能力、创新意识和创造能力。从目前部分师范学校来看，一般都坚持了三种"教学做"。一是课堂"教学做"。陶先生说："在做上教的是先生，在做上学的是学生。"广西南宁师范要求教案中不设计学生活动是不合格的教案，课堂上不安排学生活动是不合格的教学，要使教与学必须统一在"做"上。每学期都要组织一系列的教学做活动。包括示范课、汇报课、观摩课、优质课等，让领导评教师，教师评教师，学生评教师，开展形式多样的课堂教学做，提高了课堂教学效果。二是课外活动"教学做"。课外活动对学生学习文化知识，发展个性和培养能力具有十分重要的意义。绵阳师范在改革中建立了四个"教学做"实践基地，同时还相继成立了各种课外活动小组，着力从各方面培养提高学生从事小学教育教学的能力，使学生在做上学，教师在做上教，师生在做上共同提高。三是教育实践"教学做"。陕西省长安师范在改革中校内实行班级值周制，值周班级的学生一分为二，一部分从事"校务教学做"，分为若干小组到学校各处室参与校管理工作，或参加力所能及的自我服务活动；另一部分到小学去进行短期集中教学做。这样每年三次值周活动，使学生了解了学校的各项工作，提高了他们的管理能力，收到良好效果。晓庄师范和湘湖师范在实施《教学方案》中，实验了《双元责任制》，即第一年实习一周，第二年实习一个月，第三年顶岗实习一学期。这样既加强了基础课学习，又使学生在"几上几下"过程中加强教育理论与教学实践的紧密联系，使学生们的认识有一个螺旋形上升的过程。同时学生与小学指导教师早挂钩，早接触，交朋友，建立了亲密的师徒关系和朋友关系，便于"师傅"以朋友之道训练师范生学做教师。

第四，建立中心小学，以中心小学为轴心改革师范教育。太谷师范在改革中建立起九个中心小学，都分别建立了陶研分会，总会设在太谷师范，中心小学教师都是师范毕业学生，他们经常以陶研会的名义召开中心小学教师会议，学陶师陶，交流经验，互通情报，举办部训，互相促进，共同提高。太谷县阳邑乡中心校 43 名教师，都是太谷师范的毕业生，他们带领全乡 2 000 多名学生，在该乡发展困难时，带头种植"万寿菊"，带头学习技术，向农民传授技术，去年全乡种植 11 000 亩，万寿菊产量达到 1.8 万吨，收入 1 500 万元，人均增收 800 元，加上农副业收入，人均收入达到 2 000 元，县上给他们挂上"科教兴乡"牌匾。安徽省徽州师范创建了 11 所中心小学，黑龙江海伦师范创建了 14 所中心小学，他们冲破了封闭式的师范教育，使学校和社会联成一片，师范教育改革与农村基础教育声息相通，促进了中心小学的科技教育以农村科教兴农为中心，同时又是师范科技教育中心，使师范生在中心小学受到了活生生的教育，学到了课本上学不到的知识和信息，增强了学生服务农村小学和科教兴农的意识和本领。

第五，要开展创造教育，提高学生的创新意识和能力。这是临汾师范、汾阳师范和晋城师范在改革中所走的路子。晋城师范于 1996 年开展了创造教育试验，两年来他们摸索出在教学上突出创造思维训练，培养学生的创造性思维品质；在课外活动中突出特长发展，培养学生的创造能力；采取提前试讲，突出技能训练，培养学生的教育教学能力；在教学评估上打破单模式，向多元多向转轨转制。他们体会到创造教育是素质教育的高层次要求，是实施素质教育的最佳选择。江泽民总书记说："创新是一个民族进步的灵魂，是国家兴旺发达的不竭动力，一个没有创新能力的民族，难以屹立于世界之林。师范教育改革不开展创造教育是难以培养出创造型的教师，没有创造型的教师很难培养出创造型的学生和民族来。在这方面还有待于各地不断创造新鲜经验。"

第六，要强化现代科技教育，增强师范生改造乡村生活的意识和能力。这是安徽省金寨师范和山西省浑源师范在改革中所走的路子。陶先生说："小学教师必须拿着科学的火把去引导儿童过渡。"未来的乡村教师是乡村科技的传播者和启蒙者，乡村师范教育必须面向未来现代化乡村，强化现代科技教育，为科教兴农打好奠基工程，为地方经济可持续发展注入造血功能。他们的做法是：（1）培养学生的科学头脑；（2）把科技教育落实到各项教育教学活动中；（3）架起乡村师范与农村经济的桥梁。目的是师范毕业生分配到农村各地，生活在农民中间，是农业科技的宣传员和推广员，是实施燎原计划的带头人，是新产品开发的示范户。江西省崇仁师范的做法是：优化科学环境，增加学科科技含量；深化课外科技活动，激发学生的创新激情；在系列教育实践中，锻炼学生科技教育能力。通过科技教育活动，学生的科技意识和能力都有很大的提高。他们对 100 名毕业生跟踪调查，其中有 96% 的毕业生在改造农村生活中取得了可喜的成绩。

第七，开全必修课，加大选修课，发展学生的个性和特长。重庆市合川师范在开全必修课的基础上，增开了两门选修课，加强了对学生能力的训练和个性特长的培养。1998 年重庆市征文比赛中，他们有 32 名学生获优秀奖；1991 年清明祭英烈征文比赛，他们获得一等奖 2 名，二等奖 2 名；1992 年全国中师生教育小论文比赛，他们选送了 3 篇，分别获得一、二、三等奖。

第八，改革师范单一教育模式，举办为农村经济服务的其他专业直接服务农村，改造农村。四川省绵阳师范、安徽省金寨师范等校在改革中形成了以中师为主体的多层次办学模式，他们上挂高校，横联地方有关部门，定向招生，按需施教，地方有关部门安置。几年来他们办了音乐、美术、英语专科班、计划生育函授班、水电专科班、公共秘书中专班，拓展了教育空间，为地方教育和经济发展作了贡献。他们认为：市场需要什么专业，就设置什么专业，需要什么样的人才，就培养什么样的人才。1994 年以来他们又举办了电算中专班、电子计算机应用中专班、艺术中专班等，受到省内外用人单位的欢迎。

三、提高师范学校教师的素质是素质教育根本的根本

全面提高师范生的素质，关键在于师范学校的教师。陶先生早在70年前就说过：要造就好教师，先要造就好师范学校，造就教师的教师。如果师范学校的教师素质不高，很难造就出素质高的师范生。

在师范教育改革中，全国有不少师范学校都十分重视教师队伍的培养与提高。近几年来，不少学校都根据《三年制中等师范学校教学方案》，除了分期分批送教师外出进修提高外，还让教师通过各种途径和方式加强教师基本功的训练。尤其是体现学生的主体性，加大课堂学生参与比重，坚决克服满堂灌、填鸭式的陈旧教学方法，引导学生手脑双挥，会学善用，不断提高自学能力，养成良好的学习习惯。为此，不少学校采用汇报课、示范课、观摩课等形式来检查每位教师是否实现了学校的要求。汇报课要求教师人人参加，按职称系列随堂进行，目的在于全面了解教师教学情况、特点、存在的问题，促进教学水平的整体提高。示范课是在汇报课的基础上进行，目的在于为青年教师提供脱颖而出的机会，促进其中的佼佼者长足而进。观摩课不定期举行，旨在推广成熟的经验，使广大教师学有方向，赶有目标。同时，有的师范还依据陶先生倡导的"艺友制"师范教育原则，在校内开展老教师带新教师的活动，提倡青年教师和老教师手拉手，要求富有经验的老教师每人带二至三名青年教师，"用朋友之道"，每周至少听他们一节课，每周共同备课一次，从教学常规入手，扎扎实实给青年人以帮助。在这一活动中，老教师遵循陶行知先生"教师的成功是创造自己崇拜的人"的名言，手把手地传帮带，给教师以诚心帮助，为青年教师素质迅速提高建立了丰功伟绩。山西太谷师范101名专职教师，"文化大革命"前大学毕业的11人，"文化大革命"中毕业的工农兵大学生6人，其余都是恢

复高考制度以后毕业的大学生，他们有一定的知识基础，但思想水平和业务能力都不适应当前教育发展之势，事业心和责任心、吃苦精神和师表意识都急需加强和提高。要想培养新时代需要的小学教师，他们一方面通过思想教育和政治理论学习，对这些年轻教师进行人生观和价值观的教育，解决他们的思想问题和实际问题；另一方面组织老教师带新教师，帮助他们提高业务，定期考核，努力创造一种宜人的环境，使青年教师迅速提高。由于学校抓得紧，在教师中形成了一个刻苦学习，钻研业务，研究教学，揣摩技能的气氛。近年来青年教师共撰写论文 115 篇，其中在国家级杂志上发表的 9 篇，省级杂志上发表的 48 篇。撰写的论著 34 部，其中国家级出版社出版的 5 部，省级出版社出版的 29 部。在 28 名不达学历要求的教师中，9 人已取得本科文凭，其余正在进修提高。青年教师中的讲师由 6 人增加到 29 人。重庆市合川师范 55 名教师中，有高讲 17 名，讲师 28 名，特级教师 2 名，基本上形成了政治思想过硬，业务素质精良的教师队伍。

　　教师素质提高了，师范毕业生的素质也在不断提高。福建省福安师范近五年来在校学生一般都有 60% 至 70% 分别获得"三好生""优秀学生干部""优秀实习生"称号。黑龙江海伦师范近十多年来为农村输送的 8 000 多名中师毕业生，其中有 64% 成为农村小学骨干教师，有 11% 担任了小学领导职务，有 16% 是省、地市、县的优秀教师。

　　素质教育是一个永恒的课题，它会随着社会发展而变化，随着社会对人的素质要求而提高。今天我们研究的素质教育，到明天可能就有新的变化和提高。人的素质不会固定在一个水平上不变，它具有很强的时代性和动态性，它不论怎样变化怎样提高，但人的思想道德，文化科学，劳动技能，创新精神和身体心理素质的基本要素是不会变的。因此，我希望师范教育专业委员会成立后，应以党的十五届三中全会会议精神为指南，不断探索和研究培养适应农业和农村现代化建设需要的新型教师，不断总结推广新鲜经验．真正使师范教育成为素质教育的基石，成为农村两个文明建设，提高民族素质的重要阵地！

（原载于《中国陶行知研究/基金会会讯》1999 年第 2 期）

胸怀全局，情系教工[①]

——全国教育工会成立 50 周年纪念

全国教育工会成立半个世纪了，但是它并不是凭空从天上掉下来的，而是有其历史的渊源，那就是近代中国的教师运动和教师组织。从十九世纪末中国产生近代教育制度，逐步形成近代教师队伍，就有了教师运动的萌芽。中国教育工作者是半封建半殖民地社会知识分子的重要组成部分，他们忧国忧民，寻求救国之道，他们把自己的命运同国家的命运联系在一起，在中国的民族民主革命运动中起了不可磨灭的重要作用。中国教师运动是中国革命和中国工人运动的组成部分。中国最早的教师组织是 1902 年蔡元培创建的中国教育会，那实际上是一个革命团体。五四运动，教师起了重要的作用。李大钊在 1920 年领导北京各大院校的教职员联合会开展索薪斗争，与北洋军阀的黑暗统治进行了坚决的斗争，他本人也被殴致伤。1921 年中国共产党第一次全国代表大会的 12 位代表中就有 7 位是教育工作者。中共早期领导干部中教育工作

[①] 本文为作者回忆文章，曾发表于《中国陶行知研究/基金会会讯》2000 年第 8 期。照原文收录。

者占了相当的比例。中国共产党成立后，1925年五卅运动中出现了第一个在党领导下的教师组织，即沈雁冰等领导的上海教职员救国同志会。从此教师运动的主流就是在中国共产党领导下为民族民主革命而斗争。

联系到我亲身的经历：1934年初夏，我到上海投身陶行知先生办的中国普及教育助成会，搞普及教育工作，1935年参加中国青年反帝大同盟（简称中青），主办"流浪儿童工学团"，主编《好孩子》儿童读物。1936年春，参加国难教育社，同年秋，在上海杨树浦和钟民同志一道组织教师团体，开展抗日救亡运动。1938年中共江苏省委在上海建立教育界运动委员会（简称教委），我任教委委员、书记等职前后11年。我们在教育界积蓄和发展党的力量，在不同时期，组织不同名称的教师团体，团结更广泛的群众。1945年抗战胜利，我们很快建立了上海市小学教师联合进修会（简称小教联）、市小福利会、中等教育研究会等，后人称为上海三大进步教师团体，同工人运动、学生运动相配合，进行了可歌可泣的斗争，影响很大。大学也有进步团体。到解放前夕把教育系统的骨干组成了上海市教育协会（简称教协），我任党组书记，做好迎接解放的工作。上海解放了，我们就有了条件，在党的领导下，在自己的人民政权支持下，在原有分散的进步教师团体的基础上，组织了上海市中小学教职员联合会。1949年下半年，刘少奇同志提出教师是脑力劳动者，也是工人阶级，应该组织工会，全国总工会为此发了通知。我们就在教联的基础上，加上大学的原有组织，一起筹建教育工会。教师们，包括大学教授对于成为工人阶级的一员都很高兴，有光荣感。1950年5月，我们在文化广场召开了一个万人大会，庆祝上海解放一周年暨上海市教育工会成立，它比全国教育工会成立早了两个多月。北京、南京、武汉等不少地方也是这么一个发展过程。所以我们说教育工会同解放前的教师运动和教师团体有着历史渊源的关系。我们应该了解昨天，发扬传统，激励今天，创造明天。

讲到教育工会这 50 年，前半部有辉煌有挫折，说来话长，暂且不说。现在讲一下党的十一届三中全会以后，教育工会恢复时期这八年。这八年突出的是党和国家对教育工会的重视和厚望，可以说是破格的。另一方面，教育工会也确实有作为，起了很好的作用。我举几个突出的例子：1979 年初，我们在全总八楼礼堂举行首都教育科学工作者迎春茶话会，欢迎知识分子回到工人阶级的队伍，迎来第二个春天，这实际上象征着给知识分子集体落实政策，也告诉大家全国教育工会恢复了活动。这个 200 多人的茶话会，有三位副总理出席：方毅、王任重、陈慕华，加上政治局委员倪志福，气氛非常热烈。各地也纷纷举行类似的活动。到了 1979 年底，我们开全国教育工会工作会议，报告打上去，结果三位政治局委员：方毅、邓颖超、胡耀邦到会，在人民大会堂接见全体人员，并且都针对教育工会作了重要讲话。耀邦同志当时实际上已主持中央书记处的工作。这是又一次不寻常的破格举措，给了各地教育工会和教师很大的鼓舞。

那时，教育工会许多工作和建议，都得到中央有关领导同志的支持和重视。全国教育工会的许多报告，甚至简报，中央领导都很快批示，不少活动中央领导来参加并讲话，如彭真、王震、万里、习仲勋、胡乔木、李先念、乌兰夫、邓力群等，小平同志还亲自参加我们和教育部等联合举办的教师春节联欢会。这里特别要提一下关于建立教师节的事。1981 年春，在全国政协五届四次大会上，我联合民进组 16 位政协委员提出了一个提案，要求建立中华人民共和国教师节。同年底，中共中央书记处书记习仲勋同志来参加全国中小学工会思想政治工作会议，我和教育部副部长张承先同志一起向仲勋同志提出要恢复建立教师节的问题。仲勋同志听完我的介绍后说：你们可以一起写个报告请示中央。之后，全国教育工会和教育部联合写报告送中央，中央书记处领导对报告作了批示，全国人大常委会通过了由国务院总理提出的关于建立中华人民共和国教师节的议案。

　　1987年，教育工会召开第三次全国代表大会时，由时任副总理李鹏代表党中央国务院到会讲话，这是又一次非同寻常的破格。这次"三大"新闻单位来得特别多，做了大量的报道和采访，后来我们才知道，原来是中央宣传部作了布置和要求。李鹏同志的讲话十分鲜明地提出："我们教育战线的各级领导同志，都要牢固地树立起依靠全体教职工特别是全体教师办好学校的指导思想。把教职工的积极性、创造性充分发挥出来，这是我们事业活力的源泉。"李鹏并提出了为此应该做好哪些方面的工作，强调指出：我们要依靠教职工群众办好教育事业，就必须依靠教职工的群众组织，充分发挥教育工会的作用，善于依靠工会做好群众工作。最后，李鹏语重心长地说："党和国家对教育工作者寄以厚望，对教育工会组织寄以厚望。"李鹏同志这篇讲话，是代表党中央国务院向教育工会代表大会讲的，分量很重带有权威性，讲话的内容十分重要、鲜明，针对性很强，表达了党和政府对教育工会的重视、支持和期望，是中央直接对教育工会的指导性文件，不是对一时一事，而应该是长期起作用的，今天看来依然有其现实的意义，我们应该继续认真学习、宣传、贯彻，引导和激励各级教育工会不断前进。

　　据我们所知，李鹏同志对于这篇讲话是很重视的，他认真地审阅了讲稿，作了多处修正补充。例如在讲到教书育人时，加上："建议国家教委和全国教育工会制定相应的规定"，使教书育人成为评估学校、评估教师、表彰先进、晋级评职的重要依据。在大会上讲到已建立教代会制度的单位，高校占60%时，他加上"这个比例是不高的"。

　　为什么这个时期党和国家对教育工会如此重视和寄予厚望呢？我想首先是形势的需要。"文革"结束不久，要拨乱反正，要医治创伤，党的工作中心转移，教育被列为战略重点，提出尊重知识、尊重人才、尊师重教，必须充分调动知识分子的积极性来搞好教育事业。同时，从教育工会这方面来看，确实当时教育工会的同志们满怀激情，衷心拥护党中央的路线方针政策，并同教育工会的实际密切结合起来，积极主动地、创造性地开展工作，在全局工作中发挥了作用，同时也更好地为广大教育工作者服务。这个指导思想十分明确，工作做到了点子上，不是空喊，而是调查研究，总结群众的实践经验，提出切实可行的措施。

总之，教育工会确实起了作用，有了影响。例如恢复时期，我们处理打骂、伤害教师事件，推广暑期活动和庆教龄活动，调查反映教师生活待遇问题、中小学教师住房问题、农村教师家属扶贫问题，以及协助政府做好中小学教师调资工作等等。就以暑期活动来说，当时全委办了几年带有导向性的暑期活动。1979 年是 23 个省、市中小学班主任经验交流会，在北戴河一面交流，一面休养，请教育部、团中央、中央教科所等领导和专家来做报告。虽然只有三十几个人参加，但这个活动影响很大，"臭老九"到北戴河休养，是政治荣誉。同时又推动了当时的班主任工作，引起各方面对学生思想政治工作的注意，实际上又是表彰了先进，树立了人民教师的形象，引起社会的尊重。以教师群众中的生动事迹打动领导，领导的重视又激励了教师。王震副总理接见了参加活动的教师，教育部和教育工会还转发了各地宣传贯彻情况。后来财政部同意发中小学班主任津贴，与这次活动的影响不无关系。著名诗人、社会活动家赵朴初特地写了一首词《敬献人民教师》，广为流传。1981 年，在庐山举办高校优秀政工和后勤人员暑期休养活动。1982 年办了农村优秀教师赴京参观团，我们把农村教师的先进典型材料摘编报告给中央领导，结果万里、胡乔木等在人民大会堂接见了代表。会后，编印了一本书，叫《农村教育的正确方向》。

教育工会从恢复起一直是重视思想政治工作的。1981 年底开了一个中小学工会思想政治工作经验交流会，与会者主要是地方和中小学的工会干部，大家交流并讨论教育工会怎么做好教师思想政治工作，对北京宣武区和无锡市教育工会开展为人师表活动给予很高评价，全体代表反复认真讨论，发出一个开展"五讲四美　为人师表"活动的倡议书。我拿了这个倡议书稿，听取教育部领导和老教育家的意见，他们都说好。这四条倡议今天看来依然有重要的现实意义。会议的最后，党中央书记处书记习仲勋到会，听取代表发言，并作了讲话。政治局委员倪志福、教育部部长蒋南翔等都到会。教育部很快发出一个文件，要求各地教育行政部门支持教育工会开展这个活动，其时间比教育工会发出通知还早了一天。全国各地党政对这一活动十分重视，广泛发动，深入开展，影响很大。1983年，我们和教育部共同召开全国"五讲四美　为人师表"活动表彰大会，受表彰对象享受部级劳模待遇，成为建国以后教育系统第一次全国性的表彰活动。高校方面，我们也开了思想政治工作会议，开展教书育人活动，后来发展为教书育人、管理育人、服务育人，称为"三育人"活动。所以，我们教育工会是较早提出"教书育人，为人师表"这个口号，较早地抓了师德建设。各地方和各基层工会都做了大量的工作，发挥了应有的作用。这个时期高校思想政治工作会议都是中宣部、教育部、团中央和全国教育工会联合召开的。

教育工会要维护广大教职工的权益，既要维护物质利益，又要维护民主权利，其主要形式就是要在学校里建立教职工代表大会制度。我们从1979年恢复活动初期就根据小平同志讲话的精神，把民主管理列入议程，着手教代会的试点，以事实说话。这件事意义重大，效果很好。推行中的困难和曲折也是不少的，我们知难而进，看准了就锲而不舍，前后历时六个多年头，终于同教育部联合颁发了《高等学校教职工代表大会暂行条例》。在《中共中央关于教育体制改革的决定》中，也明确规定："要建立和健全以教师为主体的教职工代表大会制度，加强民主管理和民主监督。"

为全局服务方面，还应该再举出两件，都是有关高校的。大家知道党中央十分重视保持稳定，这是大局。80 年代前期，大学生中有些不稳定的因素，起因是由于伙食问题。团中央向中央报告了，中央书记处要求工会一起抓。我们认识到这件工作的意义，积极投入，而并不拘泥于这是不是属于工会工作的范围。我们用工会工作的一套方法，调查研究，总结经验，抓典型，调动炊管人员的积极性并加强同学生的联系。很快，全国教育工会和教育部、团中央联合召开了高校伙食工作会议，同时表彰先进，并提出了伙食工作改革的意见，建立了高校后勤工作研究会。1985 年，大学生中又有不稳定情况，教育工会一方面下去了解情况并向中央反映，一方面又专门召开了高校工会思想政治工作会议，直接围绕大局问题，大家反映情况，汇报工作，提出问题和建议，学习领会中央的精神。会议强调高校工会要发动教师做好学生的思想政治工作。这个会议，全总领导和国家教委领导都到会讲话，并会后向中央书记处写了报告。当时各地方和高校教育工会都做了很多工作，大家对围绕中心，发挥教育工会作用有了进一步的认识。此后，在稳定高校局势的工作中，各校工会大都坚持原则，积极发挥作用，应该说是和教育工会历次抓思想政治工作不无关系的。

在简略地列举了上述一些工作情况后，我想回顾一下教育工会恢复时期先后三次提出的工作指导思想。先是 1979 年我在全国教育工会工作会议上作了一个工作报告，题目就叫《办好教育工会，为教工群众服务，为四化建设服务》，这可算作第一次提出的指导思想，就是"两个服务"。到 1982 年，经过三年的实践探索，根据党的十二大精神，我们把新时期教育工会工作概括为"两个高度，一个落实"：一是建设高度的社会主义文明，开展"五讲四美　为人师表"活动；二是建设高度的社会主义民主，我们就是抓建立健全教代会制度。一个落实，就是协助党落实知识分子政策，改善生活待遇，提高社会地位。"两个高度，一个落实"就是把党的奋斗目标同教育工会的具体实践相结合，是前面说的"两个服务"的具体化，集中起来达到一个目的，就是调动广大教职工的积极性，群策群力，办好教育事业。到了1985年，通过整党，要求端正业务指导思想，当时全总领导同志提出12个字："关心全局、投入中心，发扬特色"。我们认为这个概括很好，就作为我们工作的指导思想，通过各种形式从理论和实践的结合上加深理解，加以宣传贯彻。上述三次提法，虽然角度不同，是否称为指导思想，也可以商榷，但其精神实质是一贯的，我想可以用八个字来概括，那就是"胸怀全局，情系教工"。

历史是人民群众创造的。教育工会过去取得的成绩是广大工会干部和教工群众努力奋斗的结果，是在各级党委、总工会的领导下，在各级教育行政部门的积极支持下取得的。我们回顾历史，就是为了肯定成绩，发扬传统，激励我们继续前进。

我从事教育工作前后65年，今年83岁了，但是我的心一刻也没有离开过教育和教师，没有离开过教育工会。只要用得着我，我愿意尽一些绵薄之力，同大家一起，发扬中国教师运动和教育工会的优良传统，在国家提出"科教兴国"的今天去争取新的辉煌。

（原载于《中国陶行知研究/基金会会讯》2000年第8期）

捧着一颗心来　不带半根草去

——回忆民进为新时期教育事业发展所做的工作

　　我 1917 年出生于江苏无锡一个贫苦的农民家庭。1934 年初，得知教育家陶行知先生在上海推行普及教育运动，成立中国普及教育助成会，我报名投考，有幸成为十个工读生之一。1935 年春我参加革命，成为中国青年反帝大同盟（简称"中青"）的一员，并于 1937 年加入中国共产党。1938 年秋，中共江苏省委在上海建立教师工作委员会（简称"教委"），我参加了教委的领导工作，从此在抗日救亡、民主革命斗争中与林汉达等民进领导人建立起密切交往。1949 年新中国建立后，民进成立上海市委会，因工作需要，经过党组织的批准，我加入民进，并协助发展一批教育界的人士加入了民进。

　　从 1949 年加入民进到现在，在这半个多世纪的岁月里，我曾任第三届全国人大代表，连续担任第五、六、七、八届全国政协委员，第五、六届政协教育组副组长，政协第七届教育文化委员会副主任，与民进的政协委员们一起参政议政，共同为中国教育的发展献策出力，参与了教育界的许多法案的研究、起草、撰稿与制定，回想起我与民进一起走过的峥嵘岁月，思绪万千，一件件令我终生难忘的往事浮现眼前。

为普及义务教育呼吁

中国的教育在经历了"文革"的十年之后，受到极大破坏。如何搞好普及教育，陶行知早就指出："人民贫，非教育莫与富之；人民愚，非教育莫与智之；党见，非教育不除；精忠，非教育不出。"民进是以教育文化出版界高中级知识分子为主要成员的参政党，因此历来对教育普及问题极为关注。作为政协委员，我们认识到：普及教育对国家来说是基本国策，立国之本；对人民群众来说，犹如"基本口粮"，不是可有可无的。教育的周期很长，应该及早下定决心抓好，国家必须采取有力的措施来抓普及教育。所以，在1980年11月12日全国政协五届三次会议上，我和155位政协委员联名提交了一份《采取有效措施积极推行普及教育以利四化建设》的提案。提案人主要有当时民进的领导人周建人、叶圣陶、赵朴初、吴贻芳、柯灵、葛志成、雷洁琼和我，还有其他各民主党派和社会知名人士，如胡愈之、钱伟长、罗琼、费孝通、张友渔、胡克实、刘季平、钱昌照、黄鼎臣、胡子昂、王光美、邓六金等。提案的理由是：我国要建成现代化的高度民主、高度文明的社会主义强国，必须积极推行普及教育。这是由于：1. 从经济上看，四化建设要靠高级科学技术人才，同时也必须有大量有文化技术的适应掌握现代生产手段的劳动者。2. 从政治上看，社会主义民主政治的推进，党的路线方针政策的贯彻，国家法律制度的实现，以至官僚主义的根治，都和人民的科学文化水平有关，因此必须普及教育。3. 从社会上看，只有人民教育普及，文化水平提高，才能真正树立高尚的社会主义道德风尚，铲除封建残余，抵制腐朽思想，加强社会主义安定团结。正如列宁所说："一个文盲充斥的国家是不可能建成共产主义的。"

提案肯定了建国三十年来教育工作取得的成绩，也指出对普及教育重视不够，措施不力。强调应该下定决心，采取有力措施抓好普及教育。最后，我们还提出了七条可操作的办法供参考。

全国政协对这个提案进行了研究，审查意见认为："建议国务院交教育部研究办理。"而后，经过民进和各方面的继续呼吁，终于在1986年4月12日第六届全国人民代表大会第四次会议通过了普及《义务教育法》的议案，并于1986年7月1日起施行。这对中国教育的发展起到了很大的促进作用，强化了普及教育的观念，为全民教育健康、持久、深入地开展下去，提供了可靠的法律保障。这些成就离不开当初同志们的共同努力，至今回想起来，心中甚感欣然。

教师节的建立与民进密不可分

1985年9月10日，全国的教师们迎来自己第一个教师节。从此以后，每年的教师节成为了人们生活中的一件大事，尊师重教成为一种社会美德。谈起教师节的由来，这和民进密不可分。其实解放前也有教师节，是每年的6月6日。1951年，教育部和全国教育工会曾宣布"五一劳动节"同时也是"教师节"，实行的结果是教师节没有了。"文化大革命"中，教师被贬为"臭老九"，社会地位极为低下。党的十一届三中全会拨乱反正，从1980年起，全国教育工会开展"庆教龄""五讲四美为人师表"等一系列尊师重教活动，提高了教师的政治、社会地位。然而，尊师重教远没有形成一种社会风气，广大教育工作者真正树立以教书育人为终身职业的思想也还不普遍。我和民进的许多领导人都认为，要真正提高教师的社会地位，应该在新中国恢复教师节，让教师享有崇高地位，受到全社会的尊敬。于是，在1981年3月全国政协五届四次会议上，我和民进的17位政协委员联名提交了一份《建议确定全国教师节日期及活动内容》的提案。我记得当时的提案人有：叶圣陶、雷洁琼、徐伯昕、吴贻芳、葛志成、叶至善、张明养、柯灵、霍懋征等。我是这个提案的主要发起人及撰稿人。

教师担负着培养四化建设人才的重任，应当享有崇高的社会地位。胡耀邦同志在中国科协第二次全国代表大会上，正式提出了尊师问题，指出："尊师，不仅是学生的问题，我们整个社会的成员，所有学生的家长，特别是我们各级政府的负责人都要尊师。现在儿童有儿童节，青年有青年节，我们认为培养他们成为社会主义宏伟事业接班人的人民教师也应该有教师节。"

为教师节定在什么日子最合适，我曾经征求过谢冰心、叶圣陶的意见。冰心先生建议定在每年春暖花开的时候；叶圣陶先生建议定在每年秋季学生入学的日子，让学生在新学年的开始就记住教师的辛勤和光荣。

在 1983 年 6 月全国政协六届一次会议上，我和民进 18 位政协委员联名再次提出《为提高教师的社会地位，造成尊师重教的社会风尚，建议恢复教师节案》。全国政协审查的意见如下："建议由中共中央宣传部会同教育部研究办理。"同年 9 月，中宣部办公厅致函教育部办公厅："经研究全国政协六届一次会议民进方明等委员的提案，同意恢复教师节。"1985 年 1 月，国务院总理在全国人大常委会上提出建立教师节的议案，全国人大常委会通过了这一议案，最终确定每年的 9 月 10 日为教师节。

从 1981 年到 1985 年，教师节的建立前前后后经历了五个年头。看来，要办成一件事还真不容易啊！

加强农科教统筹，齐心协力把农业搞上去

1989 年 10 月 23 日至 30 日，我和中华职业教育社、全国教育工会的同志，到安徽省陶行知研究会在徽州（今黄山市）的教育改革实验区进行调查，该实验区借鉴陶行知生活教育理念，在休宁县溪口区实行"农科教"结合，促进了两个文明建设的共同发展，给我们很大的启

示。农科教结合，原来农业、科技、教育分割的体制，经过上一级领导的统筹协调，形成了合力，使农业经济建设转到科技进步和提高劳动者素质的轨道上来，农科教结合是安徽人民的创造，是建设社会主义新农村的必由之路。回到北京，我们写出了调查报告，先后登载在《光明日报》和《教师报》上，引起了农业部等有关方面的关注。

1990年3月，在全国政协七届三次大会上，我和131位政协委员联合提交了一份《建议从体制改革入手，对"农科教"制订统筹协调的具体政策案》的提案。提案人除政协民进组全体委员外，还有各党派各界人士，如万国权、李沛瑶、高天、浦通修、谈家桢、黄辛白、张洁珣、张瑞芳、龚育之、王丹凤、孔令仁、叶笃义、冯克煦、孙晓村、经叔平、冯亦代、黄大能、林亨元、冯梯云、陈忠经、张毕来、孙越崎、司徒辉、顾大椿、康永和、叶恭绍、贾亦斌、冯素陶、李修仁、鲍奕珊等委员。

提案的理由：我国农村经济文化落后，科技力量不足，职业教育薄弱，劳动力素质低下，造成农业发展后劲不足，而长期以来，农业、科技和教育部门的指导思想没有统一到"服务"和"依靠"的轨道上来，加之，体制上又互相分割，力量分散，整体效益低，优势不能充分发挥，制约农业经济的发展。因此，为了要加快农村经济的发展，必须突破旧体制的束缚，大力促进"农科教"统筹结合。

现在安徽等地通过探索和实验，突破了"农科教"条块分割的旧体制的束缚，建立起适应农村经济发展需要的新体制，已为"农科教"统筹结合提供了新经验。因此，我们建议中央会同有关部门从体制改革方面进行研究决策，制订统筹协调的具体政策，条件成熟时，应通过立法来明确各部门的职责和协调。

全国政协的审查意见是："建议国务院交农业部会同国家教委、国家科委研究办理。"

在全国政协七届三次会议上，我与葛志成等四位委员还作了《加强"农科教"统筹协调，齐心协力把农业搞上去》的联合发言，指出我国经济体制管理中长期存在的农科教互相脱节，各自为政的突出弊端，提出在党的基本路线指引下，按照科技、教育和经济的客观规律，由上一级政府统筹协调，使经济、教育和科技进行配套改革，解决农业缺科技，科技缺载体，教育缺手段的问题，使各部门的力量形成合力。建议将"科技兴农"的口号，改为"科教兴农"。

农科教统筹，不仅展示了一条农村改革深化的有效途径，也是农村教育深化改革的发展道路。早在60多年前，陶行知先生提出"教育要与农村携手"，"教育与科学机关充分联络"和黄炎培先生提出的"大职业教育主义"正在成为"农科教"统筹的现实。历史和现实都在证明，只有社会主义才能救中国，只有在中国共产党的领导下，陶行知、黄炎培等教育改革先驱者的正确主张才能实现。

"农科教"统筹协调，调动了各方面为农服务的积极性，发挥了社会主义制度的优越性，概括起来，有五个作用：有利于科技向农村普及；有利于促进农业、科技、教育部门的"丰收计划""星火计划""燎原计划"的配套实施；有利于推动"农科教"各部门办学诸要素的合理配置；有利于提高劳动者的素质；有利于推动农村教育改革。

此外，我们还在发达地区江苏省苏州市总结了科教兴镇的经验，在一般经济地区四川省的温江县，黑龙江省呼兰县，重庆市的渝北区，总结了科教兴县和兴区的经验。经过不懈的努力研究与实践，在该提案提出两年后国家做出了"科教兴国"的重大决策，并将其确定为一项长期的战略发展政策。看到目前农村基础教育的发展给农村经济社会发展带来的成效，我感到无比欣慰。

教师法的诞生保证教师合法权益

《中华人民共和国教师法》的建立，从酝酿、提出、调研、民进政协委员联名提案到该法颁布，前前后后经历了十年风雨历程。

上个世纪 80 年代曾一度出现师资外流的现象，这已成为当时普教事业发展的潜在危机。针对这一情况，1984 年，通过全国教育工会、中国民主促进会和全国政协教育组进行了深入调研，大家一致认为，必须通过立法手段，依法治校，用法律来保障教师的政治地位、社会地位和合法权益，从根本上稳定教师队伍。

于是，在 1986 年 3 月的全国政协六届四次会议上，和民进的 20 位全国政协委员联名提出《尽早制定"教师法"案》。提案中写道："建立一支稳定合格的教师队伍，是关系到四化建设和国家兴衰，涉及到千家万户和子孙后代的大事。……为了更好地贯彻中央教育体制改革的决定和实施九年制义务教育法，以适应建设富强、民主、文明的社会主义现代化国家的迫切需要，我们认为应尽快制定中华人民共和国教师法"。

《教师法》的起草过程经历了很长时间。在 1986 年初，我收到广东石人嶂钨矿中学教师朱源星寄来的《教师法》设想稿。在此基础上，全国教育工会草拟了《教师法》初稿。1986 年 4 月，由北京市教育科学研究所梅克同志执笔，写出《中华人民共和国教师法》草案（一稿）。通过全国教育工会和民进中央两个渠道，组织了近一万人参加的讨论。广大教师对此事非常关心，纷纷献计献策，并寄予厚望。起草小组又写出了草案的二稿、三稿、四稿。

为使《教师法》尽快出台，1988 年 3 月全国政协七届一次大会上，我和民进中央副主席、全国政协常委葛志成联名作了《制定〈教师法〉提高教师地位和待遇》的发言。我们在发言中强烈呼吁："根据两年来就起草《教师法》与广大教师的接触和思考，我们深深感到，必须通过立法，把教师的权利、义务、资格、待遇、培养和进修、考核及奖惩等等肯定下来，才能真正提高教师的地位和待遇，建立一支合格而稳定的教师队伍。"

　　经过多年的努力，1993 年 10 月 31 日，《中华人民共和国教师法》终于颁布。《教师法》的诞生，激励了广大教师的事业心、责任感和献身精神，促进教育质量的提高，使全社会重视教育，尊重和支持教师的工作，保证教师的合法权益，把提高教师的待遇，加强教师队伍的建设纳入依法办事的轨道。许多同志，包括起草的、研究的、做组织工作的，以至数以万计参加讨论的都为教师法的诞生出了一份力。至于我个人的贡献是很微薄的，不过我是努力的、真诚的。

办好一所学校，可以致富一村

　　1992 年 5 月 18 日至 28 日，全国政协教育文化委员会组成以我为组长，葛志成、张光缨等四人考察组，到山西省吕梁地区考察农村教育改革的情况与经验。考察组在山西省政协的支持与配合下，重点考察了前元庄实验学校的教改经验。前元庄是一个偏僻的山村，虽然在十一届三中全会以后，教育有了很大发展，但人才外流情况十分严重，在应试教育体制下农村教育实际上是一种"离农教育"，办学思想脱离农村实际，教育结构脱离农村实际，教学内容和方法脱离农村实际。为了变"离农教育"为"兴农教育"，使农村教育适应农村经济建设的需要，探索一条农村教育的新路，他们根据陶行知的教育思想与当地的实际相结合，进行教育体制改革，实行村校一体、三教一体、教科劳一体的办学模式，并据当地实际创造性地制定了一整套可操作的措施，进行教育改革，既育了人，又富了村，走出了一条农村办学的宽广大道。

　　为了进一步调研农村教育改革中的问题，中国陶行知研究会于1993 年和 1994 年分别在江苏、山西两地召开了"素质教育研讨会"，并且进行了实地考察，着重研究了前元庄的教改经验。1995 年 3 月，中陶会联合全国人大科教文卫委员会、全国政协教育文化委员会、民进中央、民盟中央、中华职业教育社、全国教育工会等八个单位，在北京召开前元庄实验学校教改经验汇报会。与会同志一致认为这个教改经验有普遍意义，值得推广。会后我给李岚清副总理写信，推荐在农村"办好一校，致富一村，带动一片"的好经验，并附去了汇报会的材料。李岚清同志在我的信上批示："符合不发达地区办教育的实际和方向。"这一批示，对我是一个极大的鼓舞与鞭策。1995 年全国政协八届三次会议上，我和葛志成、黄大能、丁石孙四人作了《办好一所学校可以富一个村庄》的联合发言，讲了教育改革、农村办学的经验，针对我国农村教育的发展提出了新的见解。指出教育可以扶贫，通过"智力扶贫"，是增强贫困地区造血功能的根本性扶贫。我国农村幅员广大，各地农村的差别也大。前元庄的自然条件很差，在经济发展落后的情况下立志改革，并且取得了实效。那么各地农村，只要解决好办学指导思想，进行教育体制的改革，团结一致，艰苦奋斗，改革创新，因地制宜地借鉴前元庄的教改经验，一定能取得同样甚至更好的效果。

我们的发言引起了党中央和国务院有关方面的高度重视与积极评价，前元庄教改经验的影响越来越大。1999 年 10 月胡锦涛同志亲临前元庄实验学校视察，并对所取得的成绩予以充分肯定。2003 年 3 月 7 日，温家宝副总理看了国务院调研组写的《关于山西省柳林县前元庄实验学校的调研报告》后批示："农村教育必须改革，坚持'农教结合'的办学方向，实行基础教育、职业教育、成人教育'三教统筹'，教学、科技和生产相结合，柳林县前元庄实验学校教育改革的做法和经验值得重视。"以此为契机，国务院于 2003 年 9 月召开了建国以来第一次全国农村教育工作会议，我参加了大会并发了言，这是对我们的极大的鼓舞。

我一直认为，中国教育的重点和难点在农村。为此，我愿再次指出：山西省陶行知研究会根据邓小平同志"解放思想，实事求是"的精神，借鉴陶行知教育理念，十多年来，在农村教育改革中，创造性地总结了前元庄实验学校"科教兴村"的典型。近年来，在山西省表彰了"科教兴村"和"科教兴乡"各100个，为"科教兴县"提供了非常可贵的经验。山西省能做到的，其他省也是可以做到的，近几年来有些地方向前元庄实验学校学习，也收到了良好的效果。让我们大家来关心它，研究它，推广它，让"科教兴村"之花开遍祖国大地，为实现小康社会，加快实现"科教教国"这一伟大战略任务而共同奋斗。

在民进为中国教育的发展参政议政的20年中，我们从为普及义务教育，呼吁、提倡恢复教师节，到建立教师法，从提出加强农科教统筹协调，到推广前元庄教改经验"小村庄，大教育"，不但填补了我国教育立法上的一些空白，又形成了我国农村发展教育的正确指导思想，促进了教育事业的不断发展，取得了令人自豪的成就。除此之外，我还与民进政协委员们多次为了加强我国基础教育的建设而呼吁：建议国家增加对基础教育经费的投入；重视职业教育；改革师范教育，建设一支数量够、质量高的教师队伍；提高中小学教师的社会地位，进一步改善提高他们的工作条件和生活待遇；在各级各类学校里建立和健全以教师为主体的教职工代表大会制度，加强学校的民主建设等等。

回想起60年来我与民进一起走过的岁月，一起为中国教育事业的发展而工作的经历，深感责任重大，同时也为自己没有辜负人民的嘱托而感受到无上光荣。我非常赞赏陶行知先生的几句名言："爱满天下""捧着一颗心来，不带半根草去""千教万教，教人求真；千学万学，学做真人"。对此我笃信践行，并且终生矢志不渝，未敢稍懈。

（原载于《民主》2005年第10期）

第五辑

鼓励教育探新

"生活教育"在社会主义时期的新发展[①]

  中国共产党十一届三中全会以后，在邓小平同志的"解放思想，实事求是，一切从实际出发"的思想路线指引下，伟大的人民教育家陶行知的名誉于 1981 年得到恢复。他的"生活教育"学说经过三十年沉寂之后，又在中国大地上传播开来。1980 年，江苏、安徽、上海、四川率先成立了陶行知研究会。1985 年，中国陶行知研究会在北京成立。目前在全国各地，已建立陶行知研究会的有 21 个省、市、自治区。现在，回顾十五年来"生活教育"学说的研究、实验和发展，对加快我国教育改革的进程，很有现实意义。

  陶行知的"生活教育"学说，是从中国国情出发，立足于人类社会的历史发展，为解放劳苦大众，为全国人民谋幸福的教育学说。"生活教育"是以人生的需要为出发点，通过人的创造性劳动，达到提高人的物质生活水平和精神生活水平的目的。它着眼于全体人民的利益、全社会的健康发展，是一种大教育观，不同于狭小的学校教育观。它要把学校教育和社会需要相沟通，使学校教育和社会教育、家庭教育联成一

  ① 本文为方明、丁丁合写，意在对 1981—1995 年间各地开展的"生活教育"研究、实验与发展进行总结。收入本书时校正了少量文字与标点错误。

片，使整个人生处在不断接受教育之中，最后形成人的终身教育。终身教育是人类社会发展的必然趋势，每一个人要生活得有意义，生活不空虚，就得不断地学习，不断地接受教育。人生如逆水行舟，不进则退。人如果停止了学习，必然停滞、退化。

"生活教育"学说在旧中国经历了平民教育、乡村教育、普及教育、国难教育、全面抗战教育、民主教育六个时期，对中国教育改革起到了奠基作用。可是，新中国刚刚成立一年多，陶行知却受到了不公正的批判，"生活教育"学说被打入"冷宫"，以至新中国的教育改革在理论上缺乏明确有力的指导。

在建设有中国特色的社会主义新时期，"生活教育"理论是否过时？能否试办既能适合人民生活需要又能引导人民走上现代化道路的新型学校？这是研究"生活教育"理论和实践的重要课题。我国各地陶研工作者为此作了认真的研讨和实验。十年来，中国陶行知研究会组织了八次学术研讨会，对"生活教育"的历史地位、现实作用和发展前途取得了共识，对"生活教育"的理论体系和哲学范畴也有了共同的理解，对以社会生活为中心的现代教育必然接替以书本为中心的传统教育的发展趋势深信不疑。各地陶行知研究会，经过十多年的探讨和实验证明："生活教育"理论正处在向前发展时期，仍具有强大的生命力，并在许多地方取得了可喜的成果。

现简述如下：

一、提出创业教育

创业教育是胡晓风同志根据"生活教育"原理和当前社会需要提出来的。它是"生活教育"在社会主义时的行动口号，具有时代特色。针对极端个人主义、拜金主义、享乐主义的腐朽人生观，提出了"人生志在创业，创业充实人生"的革命人生观。这是抵制资产阶级意识形态和生活方式的一种新思维，它和民主教育、全民教育相衔接，共同开创社会主义教育的伟大事业。创业教育是以培养合理的人生为宗旨，培养学生的生活能力、职业能力，能选择前进的生活道路，使生存力、生活力、职业技术能力结合起来，构建一个合理的人生。教育学生从小立志，为社会主义经济建设创业，为提高人民生活水平创业。要建设有中国特色的社会主义教育体系，就需要有开辟精神和创新思想，需要突破传统的小众教育，突破教育自教育、经济自经济的旧观念，使教育和经济相联系，和人民生活相融。创业教育有利于旧观念的更新、新教育模式的实验、工农劳动群众素质的提高。创业教育是以德育为本，创业为用。德育是根本，智育、体育为基础，创业是功能，三者结合起来开辟新天地，创造新事业。创业教育是学问与职业的一贯，一般与特殊的统一，普通教育与职业技术教育的结合，从小培养职业意识，学以致用，尽力摆脱读死书、轻视劳动、读书为做官等习惯势力的影响。创业教育思想对职业技术教育的发展和创新有着十分重要的指导作用。

创业教育符合中共中央、国务院《关于教育制改革的决定》要求，也符合《中国教育改革和发展纲要》的要求。《决定》和《纲要》是社会主义经济建设时期教育改革的原则要求和行动纲领。创业教育则是实施《决定》和《纲要》的办学指导思想，是培养什么样人的具体要求。它有利于教育方针的贯彻和落实。

二、改革师范教育

陶行知认为，师范教育是关系国家前途盛衰的大事。他说："师范教育可以兴邦，也可以促国之亡。"他创办的乡村师范，曾经为我国培养了许多优秀教师和革命工作者，直到现在还有很好的影响。可是，建国后的师范院校，没能把陶行知的师范教育思想继承下来，缺少奉献精神，爱国主义教育思想淡薄，以至建国四十多年，农村小学教育的师资队伍仍不理想、不稳定。80 年代初期，安徽和江苏的陶研工作者首先对师范教育的改革进行实验。1988 年 1 月，中国陶研会在广州召开了改革师范教育的学术研讨会，有 18 个省、市、自治区的陶研工作者参加，28 所师范院校提供了典型经验。国家教委师范教育司副司长孟吉平到会并讲了话。会议总结的主要经验是：坚持办学的方向性，师范教育要面向社会主义现代化建设；突出示范性，改革师范院校的课程、教学内容和教学方法，体现师范教育的特点。树立师范生的专业思想，忠诚人民教育事业；加强实践性，增加师范生见习、实习的次数和时间，建立分班组的学习基础；提倡办广义性的师范教育，办多类型、多功能的师范教育，需要什么人才，就培养什么样的人才。安徽的肥西师范、徽州师范、金寨师范，江苏的晓庄师范、泰州师范，浙江的湘湖师范、义乌师范，四川的绵阳师范、合川师范，山西的太谷师范、长治师范，山东的济南师范，陕西的凤翔师范，广西的南宁师范，以及华中师大、华南师大、上海师大、安徽师大、陕西师大、南京师大、邢台师专、吉林师专、克山师专、南平师专等，改革都取得显著成绩。实践证明，教师是办好学校的主力军。师范院校是培养教师的基地，以陶为师，是办好师范教育的最佳途径。办好师范院校，以陶行知为楷模，这是中华民族的光荣传统，也是中国教育的特色。

三、拓宽农村教育

新中国成立以后，对农民教育是比较重视的，提倡学校向工农开门，创办工农速成中学、农业中学、耕读小学，还有识字组、牧民小学、巡回教学等。这对提高农民的文化水平和思想觉悟起了很好的作用。"文革"以后，教育得到恢复和发展，农村教育在集资建校和提高入学率方面有了进步和发展。但是，办学形式和课程内容仍存在着脱离农村生活实际的弊端，以致辍学现象严重，不断产生新的文盲和半文盲。

安徽省徽州地区的陶研同志在"教育与农业携手"的启发下，1986年在休宁县的溪口职业中学搞起了"农科教多位一体"的综合改革实验。他们把学校实验成功的项目和技术，通过学生扩散到农家各户，为农民提供了致富门路。实验的成果启发了人们"大教育"观念的形成，加强了乡镇企业对职工的培训，促进了当地经济的发展。休宁县的改革经验得到了省委领导的肯定，现已向全省推广。1990年，中央五个部委联合召开了部分省、市农科教结合座谈会，充分肯定了这一经验。中国陶研会、中华职业教育社、全国教育工会在会上提出建议，把"科技兴农"改为"科教兴农"，并把此建议呈报国务院。现在，国务院提出"科教兴国"，山西省提出"科教兴村"，说明科技和教育关系的密切，教育不仅是科技的基础，还可以把科学技术传播到千家万户。

教育改造乡村，有三个村的试点经验可供参考。

——前元庄实验学校。山西省吕梁地区刘辉汉同志根据当地农村的实际情况，借鉴陶行知"生活教育"理论和老解放区的办学经验，于1987年提出了"村校一体"的办学模式，在柳林县前元庄进行实验。"村校一体"的前元庄实验学校，注重基础教育与职业教育、成人教育相结合，办学与发展农村经济相结合，村的党政领导与学校领导统一起来，村主任参与学校领导，校长参与村领导，村里的生产和教育统一规划，统一实施。经过三年实验，不仅学生学习成绩大有提高，还学会了一些基本的农业生产技术，发展了庭院经济，全村年人均收入增加了300多元。于是，在吕梁地区13个县1 100多所学校推广前元庄实验学校的经验。到1994年，"村校一体"的办学模式已推广到2 872所学校。前元庄年人均收入达1 100元。他们编了一本总结经验的小册子《陶花烂漫吕梁山》，在12个省、市自治区农村中小学和师范学校素质教育研讨会上交流，受到了极大的赞赏。"村校一体"的办学模式，使前元庄的生产面貌和人的精神面貌有了较大的改变，对吕梁山摆脱贫困迈向富裕道路也起到了积极的推动作用。

——东古小学"整体教育"。随着农村经济日益发展，对人才的需求也大为迫切。山西屯留县东古小学从 1991 年开始承担职工教育和职前培训任务，后来受到陶行知大教育观念的启发，吸取了前元庄实验学校的经验，形成了"整体教育"模式。村里设立了教育委员会，由支部书记任教委主任，村长、校长任副主任，校长同时兼任副书记。"整体教育"较好地解决了劳动者素质与经济生产需要不相适应的矛盾。它的特点是：1. 幼教、小教、职教、成人教育四合一；2. 学校教育与社会教育融为一体；3. 在校学习与生活、生产相结合。五年来，在校学生的素质和企业职工的素质都得到了提高，1994 年工农业总产值达到2 240 万元。目前，村投资 120 万元的四教合一的教学楼已建成，东古小学已改为东古行知学校，全村学科技、学文化的风气浓厚，家庭和睦，邻里相亲，少有所学，老有所养，物质文明和精神文明都在健康地发展。

——江浦县五里村行知小学。1981 年毕业于南京晓庄师范的杨瑞清、李亮，受陶行知"捧着一颗心来，不带半根草去"精神的感召，来到南京市江浦县五里村小学，在一年级"行知实验班"实践陶行知教育思想。1985 年，县教育局把五里小学改为行知小学，实行不留级制度，开展"主体教育"实验。1990 年获中陶会学陶成果一等奖，1993 年被评为省模范小学。他俩在教改实践中，着眼于培养新一代农民的素质，教给他们既能改造农村又能为农民谋取幸福的本领。后来行知小学逐步拓宽教育的范围，先后开办了幼儿园和扫盲班、文化技术学习班、家长学习班，还办了提高职工素质的夜校高中班。这样，由小学教育延伸到幼儿园教育、农民教育、家长教育、职工教育，到 1993 年初步形成了"村校大教育"格局。90 年代初，他们有了校办产业，为"村级大教育"提供了物质基础。校办产业，不仅使学校有了自我造血功能，也为村民就业打开了门路，增加了村民人均收入的份额。在校办产业内部，倡导手脑并用、工学相长的新风，工人除了完成生产任务，还要完成学习任务。

办好"村级大教育"的关键在人才。行知小学除了校长杨瑞清和副校长李亮外，还有近十名青年教师，他们都是受到晓庄师范的熏陶，与杨瑞清、李亮共同探索走行知思想的办学新路。这批平均年龄不足 28 岁的青年教师，不仅要教好学生，还要办好成人教育，还为校办产业出力。正因为他们胸怀大志，有改变农村面貌的决心，"村级大教育"的模式才得以初步形成。杨瑞清在纪念江浦县行知小学命名十周年的座谈会上，提出了"村级大教育"今后十年的设想：（1）开展城乡联合办学，进一步把"南京市中小学行知农村科技实验基地"办好，把"娃娃农科院"办好；（2）把小学、幼儿园、农民学校、校办工厂、农村科技实验基地组合起来，建立江浦县五里村行知学校，向全民教育发展；（3）成立五里村教育协会，统筹管理"村级大教育"，促进村里两个文明建设；（4）积极参与策划"21 世纪行知工程"任务。

上面三个村的实验证明，通过教育改造乡村是可行的，陶行知改造一百万个乡村的设想在社会主义中国是能够实现的。

四、兴办职业教育

有三所学校的经验值得介绍：

——浙江衢州市行知女子职业学校。女青年干部王建华眼见一些初中毕业的女学生升不了学，整天在外面闲逛，无所事事，有的还学坏了，心里很不平静。她学习了陶行知的无私奉献精神，毅然辞去公职，决心以陶为师，于 1989 年秋季办起了行知女子职业学校，开设了公关、服装、电脑、秘书、市场营销五个专业。考虑到学生家庭困难，学费收得很低，每人一学期只收二百元。她把自己和父母的积蓄数万元都拿出来，又向银行贷款，坚持办学。新生入学，首先向学生介绍陶行知的生平事迹，使他们受到新教育思想的熏陶，立志做一个"四有"新人，能为发展社会主义经济作出贡献。除文化基础课以外，学校开设了国情教育课、社交礼仪课、口才学、市场学、公关学、商业心理学、购销技巧等课。英语课以口语为重点，体育课侧重形体训练，音乐课由每班学生自行教学。根据"教学做合一"的原理，不但要让学生学会，还要让学生会学，充分调动学生的积极性和主动性。考核，除笔试以外，还进行能力考核。公关、市场营销专业的学生毕业前自行设计、组织一次活动，彰显走向社会的能力。他们设计了一次学雷锋活动：夏日酷暑，到火车站为乘客送开水。她们借用不锈钢器皿厂生产的茶壶，使送水和产品宣传联系起来。活动这天，学生身披绶带，前面标校名，后面标厂名，手拿茶壶、扫把，到火车站为民服务。这次活动，提高了学校和厂家产品的知名度。由于学生为社会做好事，并且掌握了一门技术，受到社会各界的好评，电台、报社等新闻单位给学校以很大支持。毕业时，虽然没有国家的分配名额，但各单位都争着要她们学校的毕业生。1992年300名毕业生，个个找到了适合自己的岗位。学生廖雪梅，因是农村户口，过去招工没人要，现在出任衢州市四方实业公司副经理。到1994年，已有三届毕业生，普遍受到社会欢迎，家长满意。王建华为女子职业教育探索出一条"行知育人"之路。

——广州白云行知职业中专。学校1979年前是普通中学。当地经济发展了，需要技术工人，学校便在1984年，和广州市白云农工商联合公司联合办起了白云行知职业中学。两家合一，扬长避短，可以多出人才，快出人才。企业能按自己的需要确定专业设置、招生人数和培养目标，学校能得到企业提供的办学经费、实习基地和专业课，教师也由企业帮助解决。十年来，学校为企业先后招收了制药、机械、财经管理、家用电器、电工电器、汽车修理等 37 个职业高中班，培养了一千多名合格的毕业生。在教改方面，学校提出四个坚持：坚持走联合办学道路；坚持为当地经济发展服务；坚持以陶行知教育思想为指导；坚持全面发展的育人方针。在教学上，经科教紧密结合，教学做和谐统一。通过各种教学活动和生产实习，不断增强学生的职业意识、经济意识和动手能力。学生毕业后很快能适应企业生产的需要。十年中，许多人已成了技术骨干，有的已担任厂领导、车间主任。公司的年产值由 1983 年二亿五千万元上升到 1992 的四十亿元。学校也有发展，现有十三个实验室、五座校办工厂，实现了义务教育、职业教育、成人教育三教并举。

——南京中华育才学校。这是南京市延安精神研究会会长朱刚，于1992 年创办的一所"抗大"式的中等职业学校。他在开学典礼上说："我就是要打中华牌，为振兴中华、造福人类培养人才。培养出来的学生要姓'华'，热爱中华，要姓'马'，信仰马列主义。要用延安'抗大'育人铸魂的方式办学，借鉴陶行知'生活教育'理论，探索一条为发展社会主义市场经济、传播社会主义精神文明的新路子。"学校在开设专业技术课的同时，把《马克思主义概论》《中国革命史》《共产党宣言》《时事政策》等列为必修课，经常组织学生到农村、工厂、公司进行社会实践，尽快让学生成熟起来。他们开设了房地产、国际商务、计算机运用、现代经贸等专业，注重学生整体素质的提高。采取学生自己管理自己的方式，培养学生自学、自立、自强的能力。"抗大"式的教育方式，吸引了众多的家长和学生，1993 年的学生比 1992 年猛增三倍。

以上只介绍了三所职业学校，还有北京行知职业学校、福建安溪职业中专、浙江金华行知职业高中、江苏铜山县张集职业高中、四川宣汉毛坝职业高中、陕西蒲城龙阳职中，都办得各有特色，生活气息很浓，学生整体素质较高。

五、转轨素质教育

如何把应试教育转向素质教育？这是教改中的一个大难题。几千年的封建教育思想和近百年的半殖民地教育影响，使一般人只注意小众教育，忽视大众教育，只重视书本知识，轻视实践知识。习惯的传统意识禁锢了人们的头脑，教育改革每前进一步都会遇到极大的阻力。好在改革开放的春风吹来，人们的思想开始解放，有些学校的校长和教师敢于实事求是地考虑教育改革问题。江苏省从 1989 年起，就有一批学校进行"由应试教育向素质教育转变"的试验，到 1993 年取得了明显的效果。如江阴县华士中心小学，遵循陶行知"创造的儿童教育，首先要为儿童争取时间之解放"的教育思想，提出了"把时间还给学生"的自主性教育模式的试验。学校根据不同学科、不同课型的特点，探索出自学辅导式、小组教学式、集体活动式、合作学习式、班级表演式等多向交往的教学方式，形成了积极的创造性的课堂探讨氛围，提高了教学效果，使不同层次的学生都得到充分发展。学校实施"个性化"的课堂活动，有 27 个班级兴趣小组、23 个校级兴趣小组，另外还有年级的课外活动。这些活动使学生既学会学习，也学会生活。智力因素和非智力因素都得到发展，为他人服务的思想和能力也得到提高，体现出"自主性教育"的优越性。经过三年多的实验，成果比较显著，该校学生参加全国数学、作文、围棋比赛，分别获得二、三等奖，在无锡市和江阴市参加篮球、田径、羽毛球、象棋比赛以及科技活动，也都获得一、二等奖。该校在提高学生素质方面能取得好成绩，主要是由于有一个好校长，一个全身心地热爱学生、团结协作、努力向上的教师集体。

六、开展"四小"儿童教育活动

农村小学教育长期受着"应试教育"的干扰，迷失了教育为振兴农业的办学方向。这不能不引起教育界有识之士的忧虑。21 世纪现代化农业对劳动者素质的要求，决不是今天应试教育所能适应的。马克思认为，人的素质应是体力和精神力的总和。陶行知主张办适应乡村实际生活的活教育，使教育与社会生活沟通，与生产劳动相联系。

江苏省金湖县的陶研工作者，学习了马克思关于人的全面发展的学说和陶行知的"生活教育"理论，立足于当地农村生活的需要，决心把儿童从"应试教育"中解放出来，使他们能在广阔的空间里生活、学习，就提出了"四小"儿童教育活动的实验。"四小"就是：做课堂的小主人，教师以学生为主体，使教学做结合起来，引导学生主动地学习，做学习的小主人；做课外活动的小能手，每个学生参加一项兴趣小组活动，发展自己的爱好、特长；做家庭的小帮手，学生除在实验基地劳动外，回家要做家长劳动的小帮手；做村组的小广播，把农业科学技术和文明生活常识传播给家家户户。自 1990 年开始，他们在八所农村小学进行实验，到 1992 年发展到 42 所，1993 年发展到 100 所。1994年在全县农村小学推广。"四小"儿童教育活动，不仅培养了学生学习的主动性，提高了农村社会的文明程度，"使分利的教育变成了生利的教育"。例如淮武小学，小广播传播农业科技信息，学生到田头指导村民管理棉田的办法，到鱼塘边会诊鱼病，1991 年使村民减小损失 11.7万元。马塘小学"小先生"组织起来，向村民宣传赌博的害处，劝说家长和邻里不搞封建迷信活动，村民们受到感动，村组的社会风气大为好转，马塘村被评为文明村。

七、开辟活动课程

活动课程是伴随着全面提高学生素质的要求而出现的一种新课程。从"生活教育"的观点来说，教育要通过人们的生活（行动）才能发生效应，才是活的教育。如果脱离人的生活需要去读书，那就会成为什么事也不会做的书呆子。《中国教育改革和发展纲要》提出，学校教育要"由应试教育向素质教育转轨"，这是针对当前学校教育的弊端，肯定素质教育实验的成果，指出了教育改革的方向。"知行合一"这个辩证思想是我国古代和近现代哲学家所公认的，而在教育界却置若罔闻，常是先知后行，或者是只知不行，因而产生了一些"高分低能"和"只会坐而言，不会起而行"的毕业生，影响了我国国民素质的提高。全面发展的教育方针，这是大家公认的，可是执行起来却变了样，往往是以智盖全，以分数代替方针。南京夫子庙小学有鉴于此，1988 年开始了改革考试制度的研究，将过去"一锤定音"的卷面考试改为平时随堂分散性考查，并且对学生的思想品德、基础知识、基本能力、行为习惯进行多样性考查，以减轻学生心理压力，优化学生心理素质。实践证明，这有利于学生主动精神的发挥，有利于学校从应试教育向素质教育的转轨。在改革考试实验成果的基础上，1989 年学校提出了发展学生"五自能力"的实验，培养学生自主学习能力、自我教育能力、自我管理能力、自我服务能力、自学锻炼能力，以体现人对自身的审视，对自我发展、自我创造的基本要求。要发展学生的"五自能力"，就需要对课程进行改革，因而学校设置了学科课程、活动课程、环境课程三类课程，互相联系，互相渗透，全面提高学生的素质。活动课程是指体育、艺术、科普、文娱、兴趣、社会实践、班队活动。学校安排了活动课程表，建立了班、年级、学校三级活动课程网络。教师在组织各项活动课中发挥指导作用，引导学生自己设计，自学投入，自动发挥动脑、动手、动口能力，使学有创见的学生大批涌现。丰富多彩的各种活动课，有利于激发学生的求知兴趣，培养自主意识和服务能力，发展个性特长。1990 年，江苏省教委制定了《江苏省小学生素质基本要求》，在95 所实验小学进行课程改革实验。他们认为，素质教育的课程，应该是学科课程、活动课程、环境课程三者并举，才能使德、智、体、美、劳真正落到实处。经过三年实验，取得了明显的效果，学生课业负担减轻了，成绩提高了，并且发展了文艺、体育、科技、制作等方面的才能。南京、江阴、昆山、金湖、徐州、盐城等地的实验小学和中心小学，不仅开设了这三类课程，还都取得了各有自己特色的经验。1991年，中国陶行知研究会编了一本农村教育改革的书《农村教育的出路》，在序言中提出了"把应试教育变成素质教育"。之后中陶会又考察了江苏的经验，于1993年在江阴市召开了有六个省、市的陶研工作者参加的小学素质教育研讨会，促进了素质教育的推广，使活动课程为更多的人所理解。活动课程是全面提高学生素质的行动基础，是培养21世纪创造型人才的必要前提，它既符合"三个面向"精神，又为培养"四有"新人开辟了一条新的途径。从教育理论上说，它是"生活即教育""社会即学校"深入到教学领域进行改革的一种新成果。

八、组织社区文化生活

农村人民生产、生活、学习的聚居点是村、乡、镇，城市人民生产、生活、学习的聚居点是社区。人们聚居在一个社区内，虽然工作岗位不同，文化层次不同，信仰不同，但朝夕相见，文化、体育等活动常有交往，各种类型的学习有时在一起，社会治安和环境卫生利害相同。因此，组织引导大家过健康向上的文化生活，对个人、集体、国家都有很大的好处。如何组织社区的文化生活？这是当前城市社会生活中的一个新课题。

太钢耐火材料公司借鉴陶行知"社会即学校"的大教育观，根据"两个文明一起抓"的精神，从1989年以来，把社区文化建设当作战略任务来抓。公司所在社区有职工、学生、居民五千余人，每天劳动、学习、开会、看电影、文体活动等都在这个社区以内。为了让职工、学生、居民都能过健康向上的生活，社区成立了系统教育协调委员会，负责组织社区文化生活。公司拿出一千多万元，兴建了俱乐部、体育馆、供热中心、培训中心、耐火材料研究中心，改建了学校的教学楼。这样，不仅改善了生产和生活环境，丰富了职工、学生、居民的精神生活，还大大提高了企业的凝聚力。根据国家的法令，公司制定了具有相当约束性的行为规则，使人们的文明行为和精神境界逐步提高。社区文化生活立足于育人，因此，在职工培训和学校教育中组织马列主义基础理论学习，进行道德、法制等教育，适时开展形势教育、革命传统教育以及学雷锋、学李双良等活动。针对人民劳动、学习和生活的特点，在社区内开展了一些群众性的有益活动，党内是"两优两先"活动，学校是"三好学生"，企业是"四有职工"，宿舍是"五好家庭"，基层是"六好班组"等。通过这一系列鼓舞人心的活动，有效地提高了社区人员的素质，先进人物频频出现。正像陶行知所说"生活即教育""社会即学校"，社区的文化生活确实起到了生活育人的目的。两年中，涌现出优秀党支部 20 个、优秀党员 300 余人、三好学生 1 500 余人次、四有职工达 90% 以上、五好家庭 1 500 余户次、六好班组 80 个。社区内治安、卫生发生了很大变化，犯罪率大大下降，生产的产量、产值年年增加，安全工作在全国行业中评为第一名。社区文化生活的出发点是关心人，爱护人，扶助人，教育人，使大家和谐愉快地生活在健康向上的人群之中，共同创造物质文明和精神文明。这是中国社会主义社会的健康特色，也是生活特色，社会主义时期"生活教育"的一种新模式。

九、进行"六大解放"实验

在改革开放、解放思想的社会环境中，全国各地有不少小学和幼儿园学习"生活教育"学说，进行"六大解放"实验。如上海和田路小学、东安二小，北京香厂路小学，江苏扬中实验小学，姜堰洪林中心小学，徐州民主路小学，南京北京东路小学、游府西街小学、第一幼儿园，安徽歙县行知小学，黄潭源行知小学，蚌埠龙湖幼儿园，浙江余杭实验小学，上虞实验小学，淳安实验小学，鉴湖中心小学，杭州行知小学、行知幼儿园，萧山行知幼儿园，山西潞城北村小学，壶关集店小学，屯留东古小学，太钢七校、太钢九校，福建惠安前型小学，福州台江第五中心小学，辽宁沈阳沈河区团结二校、大西路第三小学，山东临沂童星实验学校，四川合川钱塘镇小学，内蒙古通辽明仁小学等，都取得了明显的效果。

"五四"时期的科学与民主思想，在教育上时常受到封建思想和半殖民地思想的干扰，对少年儿童教育不是管得过死，就是放任自流。陶行知针对我国国情，在五十年前就主张把小学生从鸟笼里解放出来，对他们实行"六大解放"。当时，中国共产党领导的解放区，也很重视解放儿童的教育，把儿童们组织起来，教他们唱歌识字、站岗、放哨、查路条，出现了许多可歌可泣的少年英雄。全国解放以后，对解放区切合实际生活的教育思想和教改经验没有进行科学总结，因而应试教育思想仍然占据主导地位。可喜的是现在党中央和国务院提出：基础教育要由应试教育向素质教育转轨。80年代和90年代初的教育实践证明，应试教育阻碍了国民素质的提高，它很难适应21世纪对人才的要求。陶行知倡导的"六大解放"思想在今天仍有巨大的生命力，因为它揭示了人本身发展的普遍规律。以杭州行知小学为例，他们为了培养跨世纪的接班人，以"三自"（自学、自强、自治）为目标，培养学生做学习的小主人，做社会的小主人，做大自然的小主人。他们有个"自主教育"实验班，做到"班级的人，人人有事做；班级的事，事事有人管"。学校每年举办为期五天的夏令营，先后以"我是小海军""我是大自然的小主人""到大海中去锻炼""神秘的动物王国""我爱你，雁荡山"为主题，已办了五期，每期90人。学校还在四年级建立少年军校培训制度，六期少年军校中已有500人毕业。丰富多彩的夏令营生活和严格有序的军校生活，既解放了孩子们的头脑、双手、眼睛、嘴、时间和空间，又磨炼了他们坚强的意志和吃苦耐劳的精神。由于学生们的感性知识增多了，各科学习的成绩也更好了，学得更活了，全面发展的教育方针在他们身上真正得到了体现。

上面九个方面的教育思想和办学模式，是在改革开放、解放思想的社会环境中出现的先进经验，是各地陶研工作者研究、实验的成果，是"生活教育"在社会主义时期的新发展。

（原载于《中国陶行知研究/基金会会讯》总第 89 期，1995 年 10 月）

学陶师陶，贵在实践探索^①

正当全党、全国各族人民和教育战线广大师生认真学习贯彻党的十五大精神，高举邓小平理论的伟大旗帜，把建设有中国特色社会主义事业全面推向 21 世纪之际，由中陶会主办、山西省教委和山西省陶研会承办的全国"师范教育与农村教育综合改革山西现场研讨会"在太原开幕了。全国各省、市、自治区的代表带着近几年来学陶师陶的实验成果和新鲜经验前来参加这次盛会，共同研讨"科教兴国"这个重要课题。我代表中国陶行知研究会和基金会向同志们表示深切的敬意和热烈的欢迎。山西省委省政府及省教委对这次会议给了很大的支持，为召开这次会议作了极为充分的准备工作，付出了辛勤的劳动，我代表"两会"对他们表示衷心的感谢。

实施"科教兴国"战略和可持续发展战略，深化科技和教育体制改革，促进科技、教育同经济的结合，使经济建设真正转到依靠科技进步和提高劳动者素质的轨道上来，是发展社会生产力的关键问题。我们这次会议，就是要在"科教兴国"战略和可持续发展战略指引下，把

---

① 本文为 1997 年 11 月 4 日在山西举行的"师范教育与农村教育改革山西现场研讨会"上的开幕致辞，收入本书时有少量删减和校正。

师范教育改革深化一步，把农村教育综合改革深化一步。山西的"科教兴村"经验，是师范教育和农村教育综合改革的结合点，改革的标准看它是否能早日实现"科教兴村"，进而促进"科教兴乡（镇）""科教兴县"。

21世纪即将到来。目前，全国上下都在为实现国民经济和社会发展的跨世纪伟业而努力奋斗，全世界都在思考怎样才能走在更加激烈的国际竞争的前列。竞争的优势在人才，人才的培养在教育，教育的关键在教师。大力改革和办好师范教育，培养造就一大批高素质的教师，实际上是我国参与国际性竞争、实现社会主义现代化的一项先导性的战略任务。

我国是一个农业大国，农民占全国人口的绝大多数，农业的发展是整个国民经济长期稳定发展的基础。在整个现代化进程中，农业、农村和农民的问题，始终是关系到全局性的重大问题。教育的大头，重点和难点也在农村，农村教育的改革与发展，直接关系到我国社会主义新农村的建设，关系到我国有特色的社会主义教育体系的建立。

"两会"成立十余年来，始终关注着我国农村教育的改革，尤其关注农村师范的改革。曾多次在北京、上海、广东、广西、江苏、四川、山西等省、市、自治区召开过会议，研讨、交流实践经验，推广先进典型，例如广义的师范教育，"生活教育"理论体系，"农科教"结合，前元庄"村校一体"实践经验，素质教育等。这些研讨会都是根据我国国情，认真执行党的教育方针，本着学陶师陶，贵在实践探索，在学术上有新意，在实践中有成效，在研究中有发展的精神进行的，都收到了很好的效果，都对贯彻党的教育方针，促进教育体制改革，提高学生整体素质，发展当地经济，起到了先进示范作用。

山西的陶研工作，十几年来在冯老的亲自推动下，在山西省委、省政府及省教委的大力支持下，思路活，发展快，成绩显著，走在了陶研实验的前列，和上海、江苏、安徽、浙江、广东、福建、四川等省并肩前进。1994 年，我们曾在山西召开过农村中小学和师范学校素质教育研讨会。近两年来，他们的师范教育改革和农村教育改革又有了新的进展，取得了新的经验。总结交流他们的经验，对全国的陶研工作和农村教育体制改革有现实意义。所以，今年我们又决定在此召开师范教育改革和农村综合教育改革山西现场研讨会，进一步总结交流他们的经验，同时总结交流各省、市的陶研经验。

山西的陶研工作，我们进行过多次考察，认为他们主动争取党委、政府和教育行政部门的领导和支持，根据政府和教育部门的整体规划和统一部署，摆准自己的位置，发挥自己的优势，借鉴陶行知教育思想，把研究和实验很好地结合起来，把重点放在农村教育综合改革和师范教育改革方面，采取抓点带面的方法，及时总结推广典型经验，这些做法和经验是难能可贵的，值得大家研究学习。农村教育综合改革，早在1987 年省陶研会成立时，他们就借鉴了陶行知的大教育思想，在吕梁地区柳林县创办了一所前元庄实验学校，进行改革实验。

前元庄实验学校针对农村教育存在的弊端，搞经济的不关心教育，搞教育的不过问经济，经济和教育是"两张皮"的情况，实行"村校一体"的办学体制，村校干部交叉任职，教育和经济紧密相连，同步规划，同步运行。在教育结构上，实行"三教一体"，设学前教育、小学、初中和成人教育四个部。统一领导，分部教学，形成了教育对象覆盖全村幼、小、青、壮、老的大教育网络，使基础教育和职业技术教育相互渗透，职前教育和职后教育相互衔接。在教学体制上，实行"教科劳一体"，为培养理论联系实际、手脑并用的一代新人创造了条件。实验三年，收到了明显效果，提高了教育质量，促进了村里的经济发展。实验七年，改变了村风村貌，致富了一村，带动了一片。

前元庄实验学校是一个农村教育改革的先进典型，也是"科教兴国"的先进典型。推广他们的经验，对促进农村教育改革，实施"科教兴国"战略，具有重大的现实意义。中陶会曾于1995年3月在北京同全国人大、政协、民盟、民进、全国教育工会等八个单位联合召开了"前元庄实验学校教改经验汇报会"，请前元庄实验学校和吕梁地委、行署和教育局的负责人向与会的国家教委领导、专家、学者作了汇报，获得了大家一致好评和称赞；1995年李岚清副总理看了中陶会向他汇报的前元庄实验学校的教改经验后批示："符合经济不发达地区办教育的实际和方向。"

在北京汇报会议之后，山西省教委和山西省陶研会等七个单位联合于同年7月在太原召开向省政府的汇报会议，传达了北京汇报会的精神。孙文盛省长发表了热情洋溢的讲话，称赞说："前元庄实验学校通过实践，把党中央关于'科教兴国'和'教育必须为会主义建设服务，社会主义建设必须依靠教育'的方针真正落实到了基层，'一村办一校，一校富一村'的经验值得很好地研究、总结、宣传和推广。"

汇报后不久，省政府下发了晋政发（1995）93号文件，要求各地、市、县，及有关部门认真学习推广前元庄实验学校的经验。于是，一个学习、推广前元庄实验学校改革经验的活动在山西省农村学校普遍掀起，有力地促进了全省农村教育改革。1996年，全省涌现出一大批学习前元庄实验学校改革经验的先进典型。山西省教委和省陶研会，为了用群体典型经验促进农村学校发展，编写了《科教兴村的探索与实践》一书，由中国林业出版社出版，孙文盛省长为这本书写了序言。

深化农村教育改革，迫切需要师范教育培养出有改造农村生活能力的教师。山西省陶研会非常重视师范院校的学陶师陶活动，先后于1991年和1992年争取省教委发出了在中等师范学校和高等师范院校开设"陶课"的两个文件，并且举办了"陶课"教师培训班，召开"陶课"教师会座谈会和优秀教师表彰会。1995年，省教委向各中等师范学校下发了讲授前元庄实验学校《探索农村教育为农村社会主义建设服务的新路》的通知，要求各中等师范学校普遍给应届毕业生讲授此文，要求毕业生真正把家乡办成前元庄式的学校，办成改造乡村生活的中心，实施"两基"工程，落实"科教兴国"战略，帮助农民脱贫致富奔小康，作出积极的贡献。

山西的师范院校学陶师陶成绩显著。长治师范在陶行知教育思想启迪下，决心把民师学员真正培养成为"改造乡村生活的灵魂"，把师范学校办成学陶师陶的中心。他们帮助各服务县区市普遍建立了陶研组织，民师学员所在学校普遍建立了陶研小组，进行改革实验，探索农村教育为农村经济发展服务的新路子；学习改造乡村生活的实际本领，陶行知当年所设想的一年能使学校气象生动，二年能使社会信仰教育，三年能使农业著效，四年能使村自治告成，五年能使活的教育普及，十年能使荒山成林的美好愿望，正在民师学员所在的乡村学校逐步实现。长治师范的民师经过三年学习，大多具有改造乡村生活、帮助农民脱贫致富的意识和本领。对已毕业的 590 名学员进行调查，现在已经有 303 人担任乡镇联校和小学校长或教导主任，占总数的 51.5%，549 人评上了专业技术职称，占总数的 93%，半数以上的学员已成为办好农村学校"科教兴村"奔小康的带头人。

《中国青年报》记者曾执在今年 3 月 14 日的《中国青年报》上著文评论说："教育离农村生活是远是近？你把它只当作书本知识的传递过程，它就远；你把它当作'科教兴村'的策源地，它就近；你把它当作离乡进城的阶梯，它就远；你着意于把学生培养成乡村建设的能手，它就近。教育不应该仅仅是选拔高等人才的机制，它应该是育成全民素质的机制。"

太谷师范是山西学陶师陶起步较早、学得较好、办得有特色、成绩比较显著的一所农村师范学校。他们以陶为师，在各服务县、区普遍建立了中心学校，围绕中心学校，改革师范教育，分期分批派学生到中心学校去实践、去锻炼。上海市徐汇区东安二村小学校长谷志敏亲往考察后，在上海市陶研会办的《行知行》上著文说："我亲往考察后总的印象是，他们引入了行知思想，确立了正确的育人路线；面向农村办学，实施新的《教学方案》；突出管理改革，全面提高办学水平；着眼全面提高素质，狠抓队伍建设。堪称是一流水平的农村师范学校。"上海市教委干部屠棠同志实地考察后深情地说："到了太谷师范，仿佛又回到了当年陶先生创办的学校。他们的实践证明，陶行知教育思想确实具有强大的生命力，哪里认真学陶，哪里就会发生深刻的变化，取得瞩目的成绩。"为了检验近几年学陶师陶的成效，该校对1991—1993年毕业的1 471名学生进行了跟踪调查，有97%的学生坚持在教学岗位上，绝大部分坚持在偏僻的山庄任教；有804人担任了班主任和少先队辅导员；有34人担任了校长、主任；有72人荣获各种荣誉称号；有667人被选调到初中任教。晋中师专于1994年组织全校1 400余名师生，对有关农村"普九"的十个专题，深入98个县市362个乡镇进行了调查研究，跟踪调查了919名流失学生，写出了1 212份调查报告。1995年又组织了全校性的"师专生思想状况调查及对策研讨会""农村'普九'与师专教育改革研讨会"，经过认真讨论，明确了面向基层、面向农村、面向山区老区的办学方向，主动适应农村经济建设和基础教育发展的需要。他们与当地政府联合办实验中学，主动参与教育改革，直接为农村"普九"服务，调整了课程结构体系，延长了教育实习时间，拓展了教育实习空间，并且强化热爱农村、艰苦奋斗的思想教育，培养学生立志成才献身教育振兴中华的思想和信念。在陶行知"师范教育下乡去"感召下，他们组织学生分期分批地深入农村，进行多层次的教育教学实践，全方位体验乡村生活，提高学生的思想素质。他们培养学生自我管理、自我教育和自我服务的"三自"能力，还把教育学、心理学和教材教法等课程搬到了农村初中教学第一线去教，指导学生结合实际学，在教学实际中用，并且直接参与农村的义务听课、评课，举办学术讲座等活动。通过"师范教育下乡去"的教改实验，使师生对农村基础教育和师专教育的整体功能及其相互关系有了新的认识，进一步明确了师专教育教学改革的方向，改革了传统的封闭办学模式。下乡教育的生活实践，使他们产生了"大师范教育"观念，决定实行培养师资和培训师资结合，培养普教师资和职教师资结合，师范教育和非师范教育结合，教学科研和社会服务结合的"四个结合"，把学校办成具有自己特色的、多层次、多学科、多功能的高教实体。他们增设了三个非师范专业，试行了"5+1"教学模式，开设了28门特色课程，在全校范围内普遍开设了"陶课"，迈出了按社会需要培养人才的新步伐。

除了山西的农村教育综合改革和师范教育深入改革的新成果以外，安徽、福建、四川、广西、陕西、江西等地在教育改革方面也都有新的发展。希望大家在党的十五大精神鼓舞下，高举邓小平理论旗帜，解放思想，实事求是，同心协力，把我国农村教育综合改革，包括师范教育改革，继续深入开展下去。为建设具有中国特色的社会主义教育体系，为落实党中央提出的"科教兴国"战略和可持续发展战略，努力奋斗下去。

（选自《方明文集》，中国文史出版社 2017 年版，第 188—193 页）

传承育才精神办好实验基地①

今天，在合川市党政领导高度重视下，热烈庆祝育才学校六十华诞，我们应邀前来参加，感到非常高兴。听了两位书记的讲话，对合川市为实现科教兴市、富民强市的宏伟目标，运用陶行知教育思想深化教育改革并已经绘制了宏大的蓝图，更为兴奋。这是一个具有远见卓识的行动，是一个符合新世纪要求的重大决策，令人鼓舞。在此，我谨代表中国陶行知研究会，向会议的召开表示热烈祝贺！向合川的同志们表示衷心的敬意！向来自全国各地陶研组织的代表表示问候，向育才学校老校友们和育才学校的师生员工表示节日的祝贺！

我们这次来合川，一是应合川同志的邀请参加育才学校建校六十周年庆典，二是代表中国陶行知研究会正式宣布合川为"中国陶行知教育思想实验基地"。

中国陶行知研究会组织，已遍布全国二十二个省、市、自治区，形成了广泛的网络，各地陶研活动蓬勃开展，并已创造了许多新鲜经验，得到党和国家领导的关注，但是正式命名为"实验基地"的却不多，

---

① 本文为 1999 年 10 月 24 日在重庆育才学校建校 60 周年庆祝大会上的讲话。收入本书时做了少量删减与修改。

因为我们对"实验基地"要求较高，一定要搞切切实实的实验，必须出人才，出成果，出经验，要发挥示范作用。这里，我围绕建立"合川实验基地"问题，谈谈个人的两点意见。

一、关于建立"合川实验基地"的根据

我认为，至少有以下三点。其一，合川是当年育才学校的所在地，草街育才是陶行知教育理论与实践集大成的地方。可以说育才是实施素质教育的典范。陶行知先生说："为今天培养抗日的人才，为明天培育建国的人才。"育才通过教育的力量培养学生具有"大无畏之斧，智慧之剑，金刚之信念与意志"；同时，以集体力量使学校成为"创造健康之堡垒，创造艺术之环境，创造生产之园地，创造艺术之气候，创造真善美之人格"，"人人是创造之人"，所有这些，与党教育方针，与最近中央召开的全教会提出的"以提高国民素质为根本宗旨，以培养学生的创造精神和实践能力为重点"的要求完全一致。育才的确是一大笔宝贵的精神财富和最令人信服、发人深省的榜样力量。

育才学校建在合川，是合川的光荣和骄傲！合川的同志十分珍视这一优势，已把继承和发扬育才传统作为贯彻、落实党的教育方针和改革开放以来第三次全教会精神的重点工程。合川同志的这种自觉性、这种深刻见地是十分可贵的，这是我们决定建立合川实验基地的根据之一。

其二，合川的党政领导对运用陶行知教育思想进行素质教育，即进行生活教育整体试验工作特别重视，从搞实验起，历任县长、市长、市委书记都亲自挂帅抓。

市委、市政府一直有领导同志亲自抓领导小组工作，四大班子和教委及有关部门同心协力支持这项工作，市里的生活教育领导小组设有办公室，市教委专门设立了生活教育研究室，给了编制和经费，这是很不容易的，这在全国都找不出几个。这是建立"合川实验基地"的理由

之二。

其三，合川有学陶、师陶、研陶和进行生活教育整体实验的坚实基础。从 1982 年合川举行陶行知生平事迹展览算起，合川学陶、师陶已有 17 年历史；从 1986 年合川陶研会成立算起迄今已有 13 年历史；从 1987 年，合川启动生活教育整体实验算起，合川的实验也已进行了 12 年。合川在过去十多年里，埋头苦干，工作搞得很不错，比想象的情况好得多。1998 年，合川已完成基本普及九年制义务教育，基本扫除青壮年文盲的任务。同时，幼教、职教、成教及老年教育都得到协调发展，形成了面向 150 万人民的整体教育网络，为全面实施素质教育准备了充分的条件。其次，合川的实验始终注意理论指导，统筹规划，根据实际，分类推进。如在改革和发展幼儿教育上推行"综合构建数学教学新体制"实验，取得突出成绩，充满创造精神；在基础教育方面根据不同情况开展了三种模式的实验，"村校一体化""特色学校""初三分流及办综合中学"都取得了成绩；大力发展职教、成教，推进"三教"统筹培养了大批城乡适用人才，逐步使教育伸向了全社会，教育与经济、政治、文化生活密切相结合，实现了"两个转变"。一是使教育由面向在校学生的"学校小教育"转变为面向合川 150 万人民的"社会大教育"，二是把以学校课堂为中心、以升学为目的的"应试教育"转变为以生活为中心、为生活的向前向上发展，促进社会主义两个文明建设服务。合川深化教育综合改革起步早，力度大，范围宽，气势壮，给全国带了好头。这是建立"合川实验基地"的第三个理由。

二、关于"合川实验基地"如何进一步向广度和深度发展的问题

刚才，（胡）晓风同志在讲话里提出了工作思路，我觉得很好。并相信一定会落到实处。特别是把提高全市人民的素质，把从小抓好培养

学生的创新意识、创造思维和创新能力，做出突出成绩来。

三、关于在古圣寺筹建"陶行知纪念馆"的问题，我们很赞成

现在全国已有规模较大的"陶行知纪念馆"三个，一个在安徽歙县，陶行知的家乡，一个在南京晓庄，一个在上海宝山。有的还建有"行知园"，江泽民、李鹏、张劲夫等领导均题了词。安徽歙县"陶行知纪念馆"已被中央宣传部等单位正式确定为全国一百个爱国主义教育基地之一。安徽陶馆和上海陶馆已正在规划扩建和重建，充实内容，采用现代化展览手段。大家知道，陶行知一生办教育和从事民主救国活动时间最长的有三个地区，是南京、上海、重庆。应该说办学时间最长的是合川的古圣寺育才学校。前面已说过陶行知家乡安徽和南京、上海已建陶馆，现在合川提筹建陶馆，当然是非常必要的。为此，李鹏委员长已题写馆名，筹建工作已经展开，我们十分高兴，也相信重庆市各方面和广大校友会大力支持，共同努力的。中陶会发动全国陶研组给予关心，也会尽自己的力量，帮助合川陶馆早日建成。这第四个大型陶馆建成后，将成为全国陶子和各界人士参观学习的一个基地。加之草街镇和古圣寺古迹还很多，也将是个很好的旅游观光的地方。为此，在即将新建的渝合高速公路的工程中，在草街镇开一个出口，就十分需要。中陶会也非常关心这件事，中陶会副会长韩邦彦等同志为此做了许多工作。相信有关方面会给予大力支持，把这件事办好的。我们还听说，合川有关方面和育才校友在酝酿兴办育才高等教育的事，这也是符合中央精神的好事，当然，要办高等教育也一定会有更多的困难。还有一些政策方面的要求，希望大家同心同德，认真论证，协商一致，积极创造条件，实现这一愿望。在可能的范围内，中陶会也是会出力的。

同志们，让我们携起手来，办好育才学校，改革和发展合川市的事

业，促进合川经济和社会的全面发展，为实施科教兴国的伟大战略，实现中华民族的伟大复兴而奋斗！

（原载于《中国陶行知研究/基金会会讯》1999 年第 8 期，原题为《在育才学校建校六十周年庆祝大会上的讲话》）

实践陶行知教育思想
创造现代职业教育模式①

　　为了进一步贯彻落实全国教育工作会议精神，在职业教育系统学邓师陶，推进素质教育，创造中国特色的现代职业教育模式，来自广东、福建、辽宁、湖北、河北、江西、江苏、安徽、浙江、山东等地区的职业教育工作者，为在职业教育战线组织陶行知教育思想的实践和研究工作，发起成立中国陶行知研究会职业教育专业委员会，这是我国职业教育事业改革和发展中的一件好事，也是我国陶行知研究工作中的一件大事。因此，在这里，请允许我代表中国陶行知研究会对中国陶行知研究会职业教育专业委员会的成立表示热烈的祝贺。

　　建立中国陶行知研究会职业教育专业委员会这一重要举措，是经过较长时间和比较充分的酝酿和准备的。早在 1996 年 11 月，中国陶行知研究会与广州市教育委员会合作在广州召开了"陶行知现代教育思想与

　　① 本文为 2000 年 5 月 15 日在中国陶行知研究会职业教育专业委员会成立大会暨素质教育研讨会上的讲话，曾以《以邓小平理论为指针，实践陶行知现代教育思想，创造中国特色的现代职业教育模式》为标题发表于《中国陶行知研究/基金会会讯》2000 年第 4 期。选入本书做了少量删减与修改。

职业教育改革和发展"的学术研讨会。会上，广州市陶行知研究会提交了《弘扬陶行知现代教育思想，创造面向二十一世纪的中国特色的现代职业教育模式》的论文，并在大会上作了宣讲。由此，如何在我国职业教育方面开展陶行知现代教育思想的实践与研究，探索和创造中国特色的现代职业教育体系，成为与会同志热烈讨论的中心主题。经过比较深入的交流与研讨，大家一致认为，面向新世纪科技革命和社会改革的挑战，构建一个适应 21 世纪社会发展的具有中国特色的现代职业教育模式，充分发挥现代职业教育在科技兴国中的基石和支柱作用，是我国当前职业教育改革和发展中一个带有战略意义的重大课题。

我国自 20 世纪 80 年代中期以来，在《中共中央关于教育体制改革的决定》的精神指引下，中等职业教育得到了逐步恢复并蓬勃发展，办学规模不断扩大，已呈现中等职校在校学生数超过普通高中学生数的可喜局面。同时，还倡导学习、借鉴当时西德"双元制"等西方职业教育模式，确定了六个"双元制"试点市和一批实验校，虽也取得了一些成果，但也存在不少问题。近几年，由于诸多因素，在全国又出现了普高热，对中等职业教育影响很大，有些地区发生了职教滑坡的趋势。因而，如何从中国的国情出发，构建一个走向新世纪的中国特色的现代职业教育模式，是一个亟待人们认真思考并付诸实行的重大课题。正是在这个意义上，回顾世界职业教育现代化的历史进程，重新梳理、发掘和弘扬陶行知的现代教育思想，构建中国化的现代职业教育理论体系，是我国当代职业教育改革和发展的一个生长点。因为，陶行知先生是中国教育现代化的伟大先驱，也是中国现代职业教育的最早倡导者之一。在陶行知现代教育思想孕育和发展过程中，最早引起他关注的是与国计民生关系最密切的职业教育。1917 年，陶行知的《生利主义之职业教育》一文首次提出了生活与教育关系的命题，由此孕育了生活教育的现代教育学说。当我们全面、深入地学习和研究"教育立国""政富教合一""生活即教育""社会即学校""教学做合一"等现代教育命题时，就会发现陶行知现代教育思想安身立命的根基正是与国计民生息息相关的职业之生活和职业之教育。陶行知一生亲自创办、身体力行的晓庄学校、山海工学团、育才学校、社会大学等教育改革实践，也始终把人民大众的求知、读书与职业、劳动结合在一起，从这个意义上说，陶行知的现代教育思想贯穿着一条鲜明的红线，那就是一个伟大的人民教育家怀抱着"教育立国"的爱国主义宏愿，批判旧教育漠视国计民生和鄙薄职业教育的传统偏见，矢志不渝地在教育改革实践中把学校的读书、求知与社会的生产劳动、大众的职业生活联系起来，为发展适合中国国情的现代职业教育体系，从培养目标、办学途径、过程、师资、教学方法等方面，进行了富有创造性的实践和探索，积累了可资借鉴的理论与方法，留下了极其珍贵的精神财富。认真梳理、发掘和弘扬陶行知的现代职业教育思想，不仅是构建中国特色的现代职业教育理论体系的需要，也是开拓陶行知研究新领域的需要。立足于这样的共识，中陶会决定把职业教育的陶研实验列为陶行知现代教育思想研究的重大课题，并委托广东省陶行知研究会组建中国陶行知研究会职业教育专业委员会的筹委会。这样，经过比较充分的调查研究，委员会的同志认真地完成了倡议书、专业委员会条例的起草拟订工作。在广东、福建、辽宁、江苏、浙江、安徽、湖北、河北、江西、山东等地区发展了首批团体会员单位。深圳职业技术学院作为专业委员会的挂靠单位，在院长俞仲文教授的主持下，为成立大会的召开做了大量工作。在此，请允许我代表中陶会对筹委会的同志们付出的辛勤劳动表示崇高的敬意和衷心的感谢。

　　建立中陶会职业教育专业委员会的宗旨是团结和组织我国教育工作者学邓师陶，实践和发展陶行知的现代教育思想，开辟和推进职业教育的陶行知实验基地建设，进行构建中国特色的现代职业教育模式的实验研究。我们的指导思想是：以邓小平理论为指针，实践陶行知教育思想，改革和发展各类职业教育，积极培养各级各类人才，全面提高劳动者素质，加快科技成果转化，促进经济、社会全面发展，为实施科教兴国战略作出应有的贡献，并在实践中总结规律，为逐步创建有中国特色的现代化职教模式而努力。

具体说，有三层意见：一是系统研究陶行知教育思想，特别是他的大教育观、职业发展论述和终身教育观点，并借鉴世界职业教育现代化进程中的进步理论和成功经验，从宏观和微观两个层面上构建符合中国国情的、现代化的职业教育理论体系；二是转变教育观念，在重管理、重质量的前提下，"创名校、上规模、出数量、育人才"，创建"校本化"的、各具特色的现代职业教育模式，为发展经济、致富城乡，为增强国力，发挥积极作用；三是端正教育思想，深化教育、教学改革，认真抓好全面素质教育。切实加强对学生的思想政治教育、品德教育、纪律教育、法治教育，真正实行"教学做合一""在劳力上劳心"，积极培养学生的创新精神和实践能力，努力造就"有理想、有文化、有道德、有纪律"的，德智体美全面发展的社会主义事业建设者和接班人，为提高国民素质打下基础。在这次会议上，筹委会专家组在广州地区职业教育陶研实验基地开展了比较深入的调查研究，提出了关于实践陶行知现代教育思想，创造中国特色现代职业教育体系的首批课题指南，供大家讨论时参考。

江泽民同志曾明确指出："陶行知先生著作宏富，论述精当，与当前的社会主义教育学息息相通，堪称中国近代教育史上的'一代巨人'。"这给我们以极大的鼓舞。去年全国教育工作会议上，中央领导的讲话和《中共中央国务院关于深化教育改革全面推进素质教育的决定》在诸多方面与陶行知教育思想有着惊人的一致。为了系统、深入地研究陶行知教育思想，进一步揭示其丰富、深刻的内涵，中陶会于1996年开始酝酿，申请一个"陶行知教育思想现代价值研究"的国家课题，并经全国教育科学规划领导小组批准，于 1997 年在南京正式开题。此课题分理论和实践两部分。理论部分共九章，由十位在陶研理论研究上造诣较深的教授、专家分别撰写。实践部分有九个子课题，广州白云行知职业中专创建的现代化大联合的、大教育的办学模式是其中之一。今年下半年将全部结题，并出版一套系列丛书。理论部分，今年四月上旬在京召开了审稿会，力求从理论与实践结合的高度全面阐发陶行知教育思想的现代价值。经过与会同志积极深入的研讨，大家对陶行知教育思想和实践，既集古今中外优秀教育遗产之大成，又开社会主义现代化教育之先河，其在中国乃至世界教育史上都起着承先启后、继往开来的历史作用，有了进一步的共识；对陶行知所创立的生活教育理论的科学性、前瞻性，有了更深的理解。这部 40 万字的专著的出版发行，对全国的陶研实验、教育改革，都将在理论上予以深层指导，也会给那些对学陶师陶仍抱有偏见或持有片面观点的一些说法以有力的回答。

同志们，让我们团结起来，迎接新世纪的曙光，以邓小平的"教育要面向现代化、面向世界、面向未来"的现代教育思想为指针，实践和发展中国教育现代化先驱陶行知先生的现代教育理论，为创造中国特色的现代职业教育模式而共同奋斗。

（原载于《中国陶行知研究/基金会会讯》2000 年第 4 期）

人总是要有点精神的①

　　同志们让我讲养生之道，实际上我并不注重养生。现在我老而尚健，我的体会是：人最主要要解决好人生观世界观的问题，也就是一个精神状态的问题，有一个好的精神状态，奋发向上，心情舒畅，身体就会比较好。

　　一个人活着，根本的就要有一个为人民服务、作贡献的思想，为社会、为国家、为人民做点有益的事。

　　要贡献，就要干，干就要不怕累，不怕难，不怕碰钉子，锲而不舍，一干到底。

　　要干，还要联系群众，向群众学习。越向群众学习，自己的脑子越开窍，办法越多，力量越大。

　　和群众一起，干出了成绩，心情就非常愉快，疲劳也没有了，精神焕发起来，智慧、创造、灵感也越来越多了。这样，虽然年老，却青春焕发，这是我养生之道最主要的一点。

　　所以，我一直感觉我是个开拓者，越开拓创新，越有自信，精神就

---

　　① 本文为作者的人生感悟，收入本书做了少量文字和符号修改。

越好。

下面我把这些年来做的一些事情，讲给大家听。做这些事情，都不是轻易的，有人支持，有人阻碍，但只要对国家、人民有益，我就按陶行知老师说的，要抬头乐干，努力去做，一直做好为止，我就无比地高兴了。

我是解放后由上海调来北京的，1949 年前长期在上海搞党的教师运动，是上海教师运动委员会（简称教委）的负责人之一，解放初期，仍是教委书记。上海解放了，进行党员登记，在教委领导下的教师党员达 700 多人。1950 年春末，上海响应全国总工会的号召，教师知识分子可以组织工会。1950 年 5 月，上海就成立了上海市教育工会，我被选为第一任主席。1950 年 7 月下旬，我到北京率教师代表团到奥地利首都维也纳，参加教育工会国际（FISE）召开的世界教师大会，被选为教育工会国际的副主席。回到北京，得知自己被选为中国教育工会全国委员会的副主席，全国教育工会的主席是德高望重的吴玉章。

粉碎"四人帮"后，我重新回到教育工会，真是百感交集。在全总党组的领导下，为重新恢复教育工会组织，拨乱反正，落实知识分子政策等等做了大量的工作。

根据小平同志解放思想、实事求是的精神，我考虑到在这改革开放的新形势下，应该依靠和发扬广大知识分子的主动积极性和创造性，为人民的教育事业作出贡献，为此，"文革"后，我搞了几个首创。

第一个首创：在学校中建立以教师为主体的教职工代表大会的试点工作。经过 1979 年在各级各类学校中的试点，调动了知识分子在学校中主人翁的积极性和创造性，密切了干群关系，群策群力，为办好人民教育事业呈现出了新的气象。在总结试点经验的基础上写出了试点报告，由全总党组向中央书记处写了在学校里建立教职工代表大会制度的请示报告，1980 年 6 月 25 日，中央书记处宋任穷、方毅、胡耀邦作了批示："可以试点，总结经验，逐步推开。"有了中央的批示，阻力还不小，不同意见也挺多，怎么办？我下定决心，到处奔走呼号作报告，宣传建立教代会制度的意义和作用，推动试点工作。经过反复实践，证明教代会是学校民主管理的好形式。终于在 1985 年 1 月，全国教育工会和教育部颁发了《高等学校教职工代表大会暂行条例》，前后经历了七个年头。只有到了这个时候，真正感到成功的喜悦。俗话说：人逢喜事精神爽。这就是上面说的养生之道的一例。

第二个首创：恢复教师节。经过酝酿，1981 年在全国政协大会上，我草拟了恢复教师节的提案，征得政协民进组 16 位政协委员的签名。1981 年 12 月我和教育部副部长张承先向习仲勋副总理口头请示恢复教师节问题，仲勋同志听了我的汇报后，要我们两个单位向中央写请示报告。1982 年 4 月 23 日，教育部党组和全国教育工会党组向中央写了请示报告，没有消息。1983 年 6 月 30 日，我们又向中宣部写了请示报告。1984 年 12 月 12 日，中央书记处同意设立教师节。1985 年 1 月，全国人大常委会通过总理提出建立教师节议案，确定每年 9 月 10 日为教师节。前后经历了五个年头。我又一次感受到成功的乐趣，体会到人生的价值。

第三个首创：参与制定中华人民共和国教师法。80 年代初期，全国中小学教师严重不稳定，从商的、外流的教师很多很多，为了稳定教师队伍，需提高教师政治、社会地位和改善其生活待遇，1985 年 1 月我们向全国人大常委会提交了一份调查报告，建议人大制定《中华人民共和国教师法》。1986 年 2 月 20 日，我即草拟了《中华人民共和国教师法（设想草案）》。而后我和民进组的政协委员除在政协大会上提出提案外，还成立了全国教育工会、民进中央、中国陶行知研究会、北京市教科所和北京师范大学教科所五个单位的教师法草拟小组，大家推我为组长，在对起草的教师法一稿、二稿、三稿讨论的同时，国家教委也建立了教师法起草小组，我觉得不能各搞各的，应该联合起来，征得教委起草小组的同意，就一起进行起草工作。1987 年 8 月我们五个单位还在青岛市教师之家召开了教师法研讨会，听取各方面的意见和专家们的建议，研讨会开得很好，还写了教师法研讨会纪要。由于教师法对教师权利体现不够，第一次在人大常委会上未获通过，第二次进行修改，在大家的努力下，于 1993 年 10 月 31 日全国人大常委会通过了《中华人民共和国教师法》，1994 年 1 月 1 日实施。前后经历了十个年头。《教师法》的提出和起草来自民间，最初我的设想要提高教师的政治、社会地位以及生活待遇，所以教师法权利的条款，要写得具体实在，看得见，摸得着，这样不仅可以稳定教师队伍，还可以吸引全国最优秀、有真才实学的人到教育岗位上来，以搞好人民教育事业。教师义务的条款，写得原则一点为好，可是现在通过的《教师法》，教师权利写得笼笼统统，教师的义务写得具具体体，教师们看了，鼓不起劲来。尽管如此，现在《教师法》经过大家努力出台了，虽然不圆满，我还是赞成的。因为国家有一个教师法和没有教师法不一样。我想经过大家实践，在总结经验的基础上，有朝一日进行修改，一定能修改出广大教师满意的教师法。

还有一件工作，1982 年，为提高教师的社会地位和树立人民教师的形象，全国教育工会在 1982 年 1 月 20 日发出开展"五讲四美为人师表"活动的倡议，教育部在 1982 年 1 月 19 日提前一天支持了倡议。可见这个口号受到党政的欢迎，社会各界的称赞，教师们的拥护。"五讲四美为人师表"活动在全国范围内搞得有声有色，一时教书育人的气氛搞得红红火火，涌现出了许多先进个人和先进集体。在这个基础上，全国教育工会和教育部联合于 1983 年和 1986 年两次召开大会表彰了优秀教师近二千人（享受部级劳模待遇）和近千个先进集体。每个先进集体单位的教师，都能得到一个"为人师表"或"教书育人"的纪念章。

以上活动，搞得教育界热气腾腾，教师们说：迎来了知识分子第二个春天。虽然"五讲四美为人师表"活动过去了将近 20 年，教师们还记忆犹新，我到各省去进行调研工作，受表彰的优秀教师得知我的行踪后，来到我的住所畅叙往事，这使我自己感到，在精神上我是个富有者，内心的欢乐，就不必多说了。

我退居二线后，从事着两项工作。

第一项是我主动争取全总领导支持，建立全国教育工会退休教师工作委员会，成员是方明、张道正、范立祥、刘式仪。做好 200 万离退休老教师的工作，意义重大。20 年来，曾召开过三次全国性的退休教师经验交流大会，还开过 20 多次小型研讨会，一次全国性的老有所为的表彰大会，还在调研的基础上和教育部制定了关于退休教师管理的条例，起到了维护退休教师的合法权益，维护社会安定团结的作用，成为党政与教师的桥梁与纽带，使退离休教师继续为人民教育事业作贡献。李岚清同志看了我给他的信和寄去的工作报告后，回信指出："做好退休教师工作意义重大，希望你们继续协助政府做好这项工作。"对这项工作要说的话很多很多，暂且停止。

总之，以上工作能取得成绩是和全总领导的支持关怀分不开的；同时也是和我一起工作的同志们共同努力的结果。

第二项是陶行知研究会的工作。

主要是借鉴陶行知教育思想，总结推广科教兴村、兴乡、兴镇、兴县的经验。

1984 年 12 月 5 日，中宣部批准了成立中国陶行知研究会。召开成立大会前，在原国务委员张劲夫和原教育部代部长刘季平的推荐下，商得全总领导的同意和支持，我被选为中国陶行知研究会的常务副会长兼秘书长。当时中央对陶行知的评价是："陶先生是一个伟大的进步的教育家、教育思想家，伟大的民主主义战士，伟大的共产主义者，伟大的爱国者。"中陶会成立后，推动各地建立起组织，开展学陶师陶研陶活动，并组织教育专家讨论研究，写出了《陶行知教育思想现代价值》的专著，编辑出版了 12 卷《陶行知全集》。这里最为重要的，是如何把陶行知教育思想和他的办学精神同我国当前的教育工作实践密切地结合起来，在党的路线、方针、政策和邓小平理论指引下，借鉴陶行知的思想和理论，指导教育改革的实践，总结先进典型，宣传推广，以推动解决当前教育工作中的实际问题，为科教兴国服务。这个"理论与实践相结合"就是中陶会工作的特色。

我一直认为，中国教育的重点和难点在农村。陶先生毕生致力于人民教育事业，尤其对农村教育，他有极为丰富的论述和实践的经验，特别是他倡导的"教育与农业携手""教育和科学机关充分联络"，这些思想在今天仍然具有现实指导意义。因此，在他的精神鼓舞下，各省、市、自治区的陶研会，都在农村搞教育改革的实验区、实验点。

1989 年，我们到安徽省休宁县考察了省陶研会在休宁县搞的农科教统筹的实验区，回京后写出了调研报告，刊登在《光明日报》和《教师报》上，指出"农科教统筹"是建设社会主义新农村的必由之路，国务院对此十分关注，并召开会议进行推广。

1992 年和 1995 年，我们推广了山西省陶研会的实验点——山西省柳林县前元庄实验学校的教改经验。他们把陶行知的教育思想与当地的实际相结合，进行教育体制改革，实行"村校一体""三教一体""教科劳一体"的办学模式，既育了人，又富了村，走出了一条农村办学的宽广大道。1995 年 3 月，中陶会联合全国人大教科文卫委员会、全国政协教育文化委员会、民进中央、民盟中央、中华职业教育社、全国教育工会等八个单位，在北京召开了前元庄实验学校教改经验汇报会。与会同志一致认为这个教改经验有普遍意义，值得推广。会后我给李岚清副总理写信，推荐在农村"办好一校，致富一村，带动一片"的好经验，并附去了汇报会的材料，岚清同志在我的信上批示："符合不发达地区教育的实际和方向。"这一批示，对我们陶研工作者是一个极大的鼓舞与鞭策，使我想起了早年陶先生提出的要招募一百万个志愿者，到一百万个乡村去，创办一百万所学校，改造一百万个乡村的宏愿，现在在我党和政府的领导和支持下，定能促其实现。为了这个宏愿，我的劲头更大了，越干越有劲，精神振奋了，身心挺健康，感悟到搞陶研工作，就是健康养生之道。

八年后的 2003 年 3 月 7 日，温家宝副总理看了国务院调研组写的《关于山西省柳林县前元庄实验学校的调研报告》，他批示："农村教育必须改革，坚持'农教结合'的办学方向，实行基础教育、职业教育、成人教育'三教统筹'，教学、科技和生产相结合，柳林县前元庄实验学校教育改革的做法和经验值得重视。"

由于温家宝同志的批示，国务院于 2003 年 9 月召开了新中国成立以来第一次全国农村教育工作会议，在 62 个中央和地方以及人民团体中唯一的一个民间教育组织中陶会也被邀请了。我参加了大会并发了言，这是对我们的极大信任和极大的鼓舞。

此外，我们还在发达的地区江苏省苏州市总结了科教兴镇的经验，以后还在一般经济地区四川省的温江县、重庆市的渝北区，总结了科教兴县和兴区的经验，然后，把这三类不同地区、不同经济类型的教改经验汇编成册，取名为《科教兴国的基础工程》出了汇编集，供西部地区搞好人民教育事业作参考。

2002 年 8 月，中陶会和民盟中央、民进中央、中国教育学会一起，在黑龙江召开了"全国深化农村教育改革呼兰现场研讨会"。会议开得很成功。李岚清副总理、陈至立部长都作了批示，对科教兴县事业的发展起了推动作用。

我每年到全国各省、市、自治区去做调研工作，有时一年去十五六个省、市，最少也得去上八九个省、市。每到一处，见到基层同志把人民教育事业的改革搞得生机勃勃，自己也会觉得好像年轻了。陶先生的名言"为一大事来，做一大事去"，这对青年人触动很大。现在有大批年轻人，他们有抱负，有追求，我在基层看到了，心里觉得无比高兴，说明陶研工作后继有人，这就是伟大祖国繁荣富强的希望。

陶行知提出每天四问：一问我的身体有没有进步？二问我的学问有没有进步？三问我的工作有没有进步？四问我的道德有没有进步？这四问对每个人来说都很重要。每天问一句，终身一定能受益。有一次我去赵朴初同志家，谈话中他得知陶行知是我老师时，非常高兴。说陶先生确是一个伟大的人民教育家，他要我们每天四问，尤其是每天问一问我的道德好不好？这太重要了，道德是做人的根本，在今天看来，它具有深刻的现实意义。我把这四问作为我的座右铭。陶先生还有许多名言警句，如"捧着一颗心来，不带半根草去""千教万教教人求真，千学万学学做真人""爱满天下"，我走到哪里，就宣传到哪里。有人要我写字，那么就写以上的名言和警句，书赠学校和我的忘年交。

当然我也严格要求自己，做到言行一致，以身作则。学恩师七十年，自觉无愧于心。我一直坚信：好的说不坏，坏的说不好，如若你不信，历史会证明。

又如，在碰到逆境的时候，要善于保持心态平衡。"文革"时期，我和全总干部去河南罗山"五七干校"劳动，心情不舒畅，加上重体力劳动，引发了心绞痛。回京探亲时，去阜外医院经医生诊断为冠心病，开了诊断书和休假条，在那个时候不管用，还是得回"五七干校"去。当然心情不愉快，在多发病的冬天，又犯了心绞痛，也许因为我劳动好，割稻、割麦全连最快，插秧全连第一名，被评为五好战士的缘故吧，三连的领导对我很照顾，派了一位五七战士陪我去信阳专区医院治疗。临行前，对我们说等病情稳定后不必再回连部了，可以买票直接回北京探亲，当即发给了回京的路费。在领导的关怀下去住院，疗效之好是不必说的。五天后，征得医生的同意，我可以出院结伴回京探亲，由陪我的那位同志托人买了火车票，准备第二天乘火车回北京。谁知风云突变，当时的连长亲自来到医院，不问情由，指责我想私自逃跑，说什么治好了病，还得要回连部去。当时我也不示弱，反驳他身为连长讲话不算数，你算是什么领导？这时幸得有一位医生劝慰了我，使我激动的心情才平静下来。医生说："老同志，别生气，你们那个年轻的连长，实在不懂什么人情，你们干革命时，他还没有出生呢！他懂得什么？你没有必要对这种不讲道理的人生气，为了健康，你要想得开，在逆境中要学会保护自己。你回到连队去，说不定还要批斗你。在批斗中要学会脑子开小差，想你高兴的事，根本不听他们那一套。"三天后，我被揪回连队，不出医生所料，召开了批斗大会，一个接一个上台发言批斗我。这时我按照医生所嘱，眼睛看着他们，脑子开小差，想我自己高兴的事，他们大叫大嚷的批斗，我什么都没有听见。由此，我一面感谢可敬可爱的医生，同时也悟出了养生之道，若要健康长寿，在任何情况下，都要保持心态的平衡是最最紧要的。

总之，健康第一，没有好身体，什么也干不成。例如，我年轻时，不知吸烟危害身体，越吸越多，每天两包半，不知不觉得了支气管炎，经医生诊断和吸烟有关。为了健康，我毅然戒了烟，支气管炎就好了。由此感悟到为了健康，对有些与健康无益的事就要能克制。还应该有点预防疾病的常识，诸如注意气候的冷热啊，平时应该养成卫生的习惯等等。

关于日常生活，也应该有科学的规律，我早晨醒来后，通常在床上做按摩。吃了早点，就去玉渊潭公园走上 6 000—8 000 步，这样就觉得一身轻快有劲。吃饭很随便，吃七八成饱为好。几十年来，我坚持活动，出差也是活动（要动腿用脑），领悟到生命在于运动的真谛。持之以恒，不要间断。如上所说，在任何情况下要保持心理平衡最为要紧。这样感冒之类少了，去医院看病也少了。我现在的工作，有时超过现职同志那样的忙劲，原来患有冠心病，由于心情舒畅，心绞痛也不犯了，虽然年龄越来越大，除听力视力不如从前外，好像还有一点后劲，要在有生之年为人民教育事业，为人民、国家做些力所能及的事。

同志们让我讲养生之道，我却"老王卖瓜，自卖自夸"，向大家汇报了这篇流水账，就是因为我确实认为这样有利于身心健康。

我感到老年人确实是国家、社会的宝贵财富，自己应当有为，社会也应当发挥老年人的作用。实际上老年人自己只要有心，是有做不完的事的。有事做比无事闷在家里好。社会应当非常爱护老年人这笔财富，把它发挥出来，对国家、对人民都非常重要。老年人也可健康长寿，功德无量。

（原载《爱满天下》2004 年第 3 期）

弘扬创造教育

弘扬创造教育思想
培育学生创造精神①

　　翻开中国近代教育史，我们可以看到，有一位著名的教育家，他是美国留学生，南京高师、东南大学的教授，在本世纪 20 年代，为了普及广大农村的农民教育，他毅然脱下西装革履，放弃大学教授优越生活，到南京和平门（现中央门）外的一个荒山野岭——晓庄（原名小庄），创办了南京晓庄实验乡村师范学校，即举世闻名的"南京晓庄学校"，提出"生活即教育""社会即学校""教学做合一"的主张，实施创造性的教育。这位教育家是谁？就是伟大领袖毛泽东同志所称道的"伟大的人民教育家陶行知先生"。陶行知先生是一个敢作敢为的"行以求知知更行"的教育家。中华民族是富有创造精神的民族。陶行知作为中华民族的优秀儿子，毕其一生的努力，在创造教育方面为我们留下许多宝贵遗产，今天，值得我们继承和发扬，以收"借古促今"之效。我们可以自豪地说，陶行知先生是中国创造教育的开拓者。

---

　　① 本文源于 1993 年 10 月 14 日在"全国中小学创造教育研讨会暨讲习班"上的讲话，收入本书时做少量校正修改。

那么，陶行知先生在创造教育方面留给我们的遗产是什么呢？

第一，是创造精神。1927 年他创办的晓庄学校，没有校舍，即行开学。本着"以宇宙为学校，奉自然作宗师"的主张办学。开学之后，师生共同动手创建校舍，校舍未落成前，师生先同住帐篷，奉行的口号是："从野人生活出发，向极乐世界探寻。"当时，每天到晓庄学校参观者络绎不绝。有人怀疑，这不像个学校样儿。陶行知写诗回答道："谁说非学校，就算非学校。依样画葫芦，未免太无聊。"以后，他在上海创办"自然学园""儿童科学通讯学校""山海工学团"以及"重庆育才学校""社会大学"等，都是立足于中国国情的实际，本着用穷办法办理穷国教育的精神来办学校，曾收到良好的效果。今天，我们还处于社会主义初级阶段，这样的创造精神，还是值得我们珍视的。

第二，是有明确的教育目标。早在 1931 年，他曾发表《中华民族之出路与中国教育的出路》一篇长文，指出，中国教育的出路有三条：一是教人少生小孩子；二是教人创造富的社会；三是教人建立平等互助的世界。他认为这就是中华民族的出路。他这三条，如果用当前语言来表述，就可以说是：计划生育；科教兴农、科教兴企；社会主义精神文明建设。我们今天办教育，能把它与国家民族的出路紧密联系，正是贯彻《中国教育改革和发展纲要》所必需。我们反对"为教育而教育"的作法。

第三，是有明确的培养创造力的教育方法。陶行知先生是一个富于独创性的教育家。他既反对"沿袭陈法"（反对旧传统），又反对"仪型他国"（反对洋八股）。在教育方法上，他主张实行"六大解放"：1. 解放儿童的头脑，使他能想。2. 解放儿童的眼睛，让他能看，让他能观察大自然，大社会。3. 解放儿童的双手，使他能干。4. 解放儿童的嘴，使他有问题能问、敢问，从问题的解答里，可以增进他们的知识，增进他们的认识能力。他曾写过这样一首诗："发明千千万，起点是一问。

禽兽不如人，过在不会问。智者问得巧，愚者问得笨。人力胜天工，只在每事问。"孔子入大庙，每事问，正是这个道理。小孩子得到言论自由，特别是提问的自由，才能充分发挥他的创造力。5. 解放儿童的空间，让他能接触大自然、大社会，与万物为友，向中外古今三百六十行学习。创造需要广博的基础。解放了空间，才能搜集丰富的资料，扩大认识的眼界，发挥其内在之创造力。6. 解放儿童的时间。他反对"赶考"教育，使儿童忙于赶考，疲于奔命。一般学校把儿童全部时间占据，使儿童失去学习人生的机会，养成儿童无意创造之倾向。创造的儿童教育，首先要为儿童时间之解放。这"六大解放"证之于我们今天的中小学的一切措施，还是有极大的现实意义的。

　　第四，请读《创造宣言》。陶行知先生是一个创造型的教育家。他一生的事业，始终贯穿着他特有的"创造精神"。1943 年，正是中国抗日战争最艰苦的年代，他亲手创办的重庆育才学校既受到国民党当局的政治压迫，复受到经济封锁，学校两百多师生的吃饭问题受到极大的威胁，但是陶行知先生不屈服于反动势力的围困和压迫，他仍旧终日风尘仆仆，到处筹款，以"新武训"自居，坚持办学。当年，他发表一篇有名的《创造宣言》，在育才学校的"朝会"上向全体师生宣读，号召大家以创造精神迎接困难，战胜困难，百折不挠，奋勇前进！在《创造宣言》中，他提醒大家：不要说，"环境太平凡了，不能创造。平凡无过于一张白纸，八大山人挥毫画他几笔，便成为一幅名贵的杰作。平凡也无过于一块石头，到了飞帝亚斯、米开朗基罗的手里可以成为不朽的塑像。"不要说，"生活太单调了，不能创造。单调无过于坐监牢，但是在监牢里，产生了正气歌，产生了苏联的国歌，产生了尼赫鲁自传。单调又无过于沙漠，而雷塞布（Lesseps）竟能在沙漠中造成苏伊士运河，把地中海与红海贯通起来。"……不要说，"年纪太小，不能创造，见着幼年研究生之名而哈哈大笑。但是当你把莫扎尔特、爱迪生及冲破父亲数学层层封锁之帕斯加尔（Pascal）的幼年研究生活翻给他看，他又只好哑口无言了"。不要说，"我是太无能了，不能创造。但是鲁钝的曾参传了孔子的道统。不识字的慧能，传了黄梅的教义。慧能说：'下下人有上上智。'我们岂可以自暴自弃呀！"不要说，"山穷水尽，走投无路，陷入绝境，等死而已，不能创造。但是遭遇八十一难之玄奘，毕竟取得佛经；粮水断绝，众叛亲离之哥伦布，毕竟发现了美洲；冻饿病三重压迫下之莫扎特，毕竟写出了安魂曲。绝望是懦夫的幻想。歌德说：'没有勇气，一切都完。'是的，生活是要勇气探出来，走出来，造出来的，这只是一半真理，当英雄无用武之地，他除了大无畏之斧，还得有智慧之剑，金刚之信念与意志，才能开出一条生路。所以：处处是创造之地，天天是创造之时，人人是创造之人，让我们至少走两步退一步，向着创造之路迈进吧。"

虽然已隔半个世纪，今天来重读这篇《创造宣言》，犹有新义。

（原载于《中国陶行知研究/基金会会讯》总第70期，1993年11月出，原题为《继承和发扬陶行知的创造教育思想，促进我国中、小、幼创造教育实施与发展》）

关于推进素质教育的几点意见^①

一、问题的提出

1993 年 2 月 13 日，由中共中央、国务院颁发的《中国教育改革和发展纲要》（以下简称《纲要》）开宗明义指出："中国共产党第十四次全国代表大会在建设有中国特色社会主义理论的指导下，确定了九十年代我国改革和建设的主要任务，明确提出'必须把教育放在优先发展的战略地位，努力提高全民族的思想道德和科学文化水平，这是实现我国现代化的根本大计。'"

在这一新形势下，《纲要》中又提出了新的任务和要求："在新的形势下，教育工作的任务是：遵循党的十四大精神，以建设有中国特色的社会主义理论为指导，坚持党的基本路线，全面贯彻教育方针，面向现代化，面向世界，面向未来，加快教育的改革和发展，进一步提高劳动者素质，培养大批人才，建立适应社会主义市场经济体制和政治、科技体制改革需要的教育体制，更好地为社会主义现代化建设服务。"

---

① 本文源于 1993 年 11 月 23 日在中国陶行知研究会小学素质教育研讨会上的讲话，收入本书时做了少量校正。

教育必须为社会主义建设服务，教育必须与生产劳动相结合，这是1985年《关于教育体制改革的决定》中早已重申的方针，在此之前二年，邓小平同志为北京景山小学校题词："教育要面向现代化，面向世界，面向未来。"这给我们以很大的启迪。这次《纲要》为什么把"提高劳动者的素质"提高到这样高度来考虑？《纲要》中有明确的回答："邓小平同志指出，实现四个现代化，科学技术是关键，基础在教育。为了完成党的十四大确定的九十年代的主要任务，必须把经济建设转到依靠科技进步和提高劳动者素质的轨道上来。我国企业经济效益低、产品缺乏竞争能力的状况之所以长期得不到改变，农业科学技术之所以得不到普遍推广，宝贵的资源和生态环境之所以不能得到充分利用和保护，人口增长之所以不能得到有效的控制，一些不良的社会风气之所以屡禁不止，原因固然很多，但一个重要原因是劳动者素质低。发展教育事业，提高全民族的素质，把沉重的人口负担转化为人力资源优势，这是我国实现社会主义现代化的一条必由之路。"

"十年树木，百年树人。"现在是20世纪的90年代，党中央、国务院高瞻远瞩，以战略的高度为培养21世纪中国实现社会主义现代化需要的人才指明方向，提出任务和要求，"这是我国实现社会主义现代化的一条必由之路"。我们绝不能等闲视之。

二、向传统教育挑战

"认清问题，研究问题，解决问题，为好教育；发明工具，制造工具，运用工具，是真文明"。这是伟大的人民教育家陶行知先生20年代末在南京晓庄学校所题写的一幅联语。今天，我们用得着用这样的态度来探讨提高民族素质教育这个问题。

《纲要》之所以提出提高民族素质的教育问题，是从总结建国以来特别是党的十一届三中全会以来的教育得失中提出来的。我们知道，普通中小学教育，是国民的基础教育，办好基础教育是提高民族素质的基础工作。毋庸否认，我国目前中小学教育是不够完善理想的，如果用"提高民族素质"的标尺来衡量，问题还是较多的，举其要者有：

（一）是来自"应试教育"的压力。《纲要》中明确指出："发展基础教育，必须继续改善办学条件，逐步实现标准化。中小学要由'应试教育'转向全面提高国民素质的轨道，面向全体学生，全面提高学生的思想道德、文化科学、劳动技能和身体心理素质，促进学生生动活泼地发展。"与此要求相比，目前的中小学教育是违反这些要求的，它具有传统教育的若干特点，例如脱离生活、脱离生产劳动、脱离实践，重视书本，忽略手脑并用……其主导思想仍受"劳心者治人，劳力者治于人；劳心者食人，劳力者食于人"的传统思想支配，在学习方法上走的是"读死书，死读书，读书死"的"士大夫教育"的老路，违背了人的全面发展和教育方法上因材施教的原则。关于这方面危害，生活教育的倡导者陶行知先生早在 1934 年就曾在《杀人的会考与创造的考成》一文中指出："自从会考的号令下了以后，中国传统教育界是展开了许多幕的滑稽的悲剧。学生是学会考，教员是教人会考，学校是变了会考筹备处。会考所要的必须教，会考所不要的，不必教，甚而至于必不教，于是唱歌不教了，图画不教了，体操不教了，家事不教了，农艺不教了，所要教的只是书，只是考的书，只是《会考指南》！教育等于读书，读书等于赶考，好玩吧，中国之传统教育！"陶先生还有进一步的描述："赶了一考又一考。毕业考过了接着就是会考，会考过了接着就是升学考，一连三个考赶下来，是会把肉儿赶跑了，把血色赶跑了，甚至有些是把性命赶跑了。"半个多世纪过去了，"应试教育"在今天的表现与此相比，只有过之而无不及。在这样的压力下，自然谈不到全面发展，提高民族素质也就难于达到要求。一个相当长的时期以来，"应试教育"所造成的"千军万马过独木桥"的情况终于未得到改变，给学生和家长都带来了很大的压力，其后果是影响民族素质的提高，影响人的全面发展。

（二）是来自传统教育的束缚。早在 1934 年，陶行知先生就曾在《传统教育与生活教育有什么区别?》的文章中指出：传统教育是"吃人的教育"。它有两种吃法：

1. 教学生自己吃自己。它教学生读死书，死读书，它消灭学生的生活力，创造力；它不教学生动手、用脑。在课堂里，只许听老师讲，不许问。好一点的，在课堂里允许问了，但它不许他出到大社会里、大自然界里去活动。从小学到大学，十六年的教育一受下来，便等于一个吸了鸦片烟的烟虫，肩不能挑，手不能提，面黄肌瘦，弱不禁风。这就是教学生自己吃自己……

2. 教学生吃别人。传统教育，它教人劳心而不劳力，它不教劳力者劳心。他更说，"劳心者治人，劳力者治于人"。说得更明白一点，他是教人升官发财。发谁的财呢？就是发农人、工人的财，因为只有农人、工人才是最大多数的生产者。他们吃农人、工人的血汗，生产品使农人、工人自己不够吃，就叫作吃人的教育。

用这样的传统教育思想与方法来办理今天的普通中小学教育的现象并非一二，这是影响提高民族素质的根本原因。传统习惯势力是最顽固的势力，除了锐意改革，别无出路。

三、以陶为师、锐意改革

人所共知，在中国近代教育史上，有一位名震中外的教育改革的先驱，那便是陶行知先生。他从 20 年代开始，辞去南京高师、东南大学教授、教育科主任等职，以筚路蓝缕的精神、坚韧不拔的意志，先后创办了举世闻名的南京晓庄学校、上海自然学园、上海山海工学团、重庆育才学校、重庆社会大学等，实验他的"生活即教育""社会即学校"

"教学做合一"的理论及方法，曾享誉海内外，为国家培养出一批又一批的人才。他在国民党政府统治下办这几所私立学校，远远比不上我们今天许多中小学的办学条件，但是他能摆脱传统教育的束缚，创造性地改革旧教育，取得了显著的成绩。"明镜可以照人""鉴古可以知今"。今天，要谈提高民族素质教育，走"以陶为师""锐意改革"之路，正是贯彻《纲要》的可行之路。

（一）借鉴育才，为国育才

陶行知先生于1939年创办重庆育才学校以后，曾大胆地进行创造性的教育改革，他曾编著一本《育才学校手册》作为他办育才学校的指南，他提出"育才三方针"：迷、悟、爱。"育才十字诀"是："一个大脑。二只壮手。三圈连环（这是我们的校徽，圈有三种德性：一是虚心，代表学习；二是不断，代表工作；三是精诚团结，代表最后胜利）。四把钥匙（一是国文；二是一门外国语；三是数学；四是科学方法——治学治事之科学方法）。五路探讨（1. 体验；2. 看书；3. 求师；4. 访友；5. 思考）。六组学习（育才除普通功课依照择定课程标准进行外，用四分之一的时间让学生各依性之所近学习一门特修课。特修课分下列六组：1. 文学组；2. 音乐组；3. 戏剧组；4. 舞蹈组；5. 自然组；6. 社会组）。七（集）体创造。八位顾问（即：1. 什么事；2. 什么人；3. 什么缘故；4. 什么方法；5. 什么时间；6. 什么地方；7. 什么数目；8. 什么动向）。九九难关。十（誓）必克服。"他还定有《育才十二要》："一要诚实无欺，二要谦和有礼，三要自觉纪律，四要手脑并用，五要整洁卫生，六要正确敏捷，七要力求进步，八要负责做事，九要自助助人，十要勇于为公，十一要坚韧沉着，十二要有始有终。"

在育才学校，他还提出《每天四问》，即：

第一问：我的身体有没有进步？

第二问：我的学问有没有进步？

第三问：我的工作有没有进步？

第四问：我的道德有没有进步？

此外，对于体育卫生、日常生活习惯之培养等，都订有具体要求。今天，我们办学条件比 40 年代陶先生办育才学校的条件优越得多，借鉴育才，改革我们普通中小学的教育、教学，为国家多培育人才，出好人才，应该不是大的困难。

（二）实行六大解放

早在 1946 年 5 月，陶行知先生在《小学教师与民主运动》一文中曾指出："……教育方法要采用自育的方法，自发的方法，手脑并用的方法，教学做合一的方法，并且要使学生注重全面教育以克服片面教育；注重养成终身好学之习惯以克服短命教育。在现状下，尤须进行六大解放，把学习的基本自由还给学生：1. 解放他的头脑，使他能想；2. 解放他的双手，使他能干；3. 解放他的眼睛，使他能看；4. 解放他的嘴，使他能谈；5. 解放他的空间，使他能到大自然大社会里去取得更加丰富的学问；6. 解放他的时间，不把他的功课填满，不逼他去赶考，不和家长联合起来在功课上夹攻，要给他一些空间时间消化所学，并且学一点他自己渴望要学的学问，干一点他自己高兴干的事情。"半个多世纪过去了，陶先生的这番讲话尚有极大的现实意义。在前述"应试教育"的支配下，我们的中小学生尤其特别需要从这六大束缚中解放出来。教育工作者醒来，为了提高教育素质，必须实行六大解放，解放儿童！解放青年！

（三）关键问题在教师

《纲要》指出："振兴民族的希望在教育，振兴教育的希望在教师。"这是一条颠扑不破的真理。古语云："徒善不足以为政，徒法不能以自行。"有了好的方针、政策、路线、方法，要靠"人"来执行。就教育来说，提高教育者素质以提高民族素质，《纲要》都提得很明确，贯彻《纲要》的要求，关键在于培养理想的人民教师。人所共知，南京晓庄学校，创办于1927年，初名南京晓庄试验乡村师范学校，以培养理想的乡村教师闻名。当时学校要求具有：1. 康健的体魄；2. 农夫的身手；3. 科学的头脑；4. 艺术的兴味；5. 改造社会的精神。他要求学生要有创造精神，勇于创新，"上天无路造条路，入地无门开扇门"。他要求学生要有求真精神，"千教万教，教人求真；千学万学，学做真人"。他要求学生具有"捧着一颗心来，不带半根草去"的奉献精神。他要求学生立足中国、放眼世界，"亲民亲物亲赤子，问古问今问未来"。（这与"三个面向"是息息相通的）他要求学生做到"人民第一""民族至上"，做到"民之所好好之，民之所恶恶之，教人进步者，拜人民为老师"。他要求学生"敢探未发明的新理，敢入未开化的边疆"，做"第一流的教育家"……以陶为师，培养千百万"第一流的教育家"，我们的事业就大有希望。

（原载于《中国陶行知研究/基金会会讯》总第71期，1993年12月）

安徽公学的办学精神要大力发扬[①]

在陶行知先生担任过校长的学校中，南京六中（原安徽公学）是历史最悠久的。所以今天纪念她的百年校庆，我是一定要来参加的，以表达我衷心的祝贺；同时也代表中国陶行知研究会、基金会同志表示最诚挚的祝贺！

南京六中的前身是创建于1904年的上江公学（由安徽人创办），至今已有100年的历史，该校辛亥革命后曾停办；1923年秋，陶行知先生恢复上江公学，并改名为南京安徽公学，至今也有81年了。陶先生曾亲自担任安徽公学校长长达六年之久，对这所学校的办学思想、办学目标、校风建设等多有建树。特别是陶先生撰写的《南京安徽公学办学旨趣》一文，更是一篇重要的文章，每读一遍总会有新的启示和新的感悟。

我今天要特别说说陶先生在这篇文章中提出的三条办学精神，在今天仍然具有十分重大的现实意义。这三条精神是：科学的精神，美术的精神，大丈夫的精神。"科学的精神"指的是研究学问。陶行知说："做学问最忌的是玄想，武断，尽信书，以差不多自足，以一家言自

① 本文为2004年10月23日在南京六中百年校庆纪念会上的讲话，收入本书时有少量校正与修改。

封。"我们今天的教育，不仍然存在着唯书本为上和教师"一言堂"的现象吗？其结果是学生死读书，教师死教书，这哪有一点科学精神？学习科学知识，却又违背科学精神，这不是极大的讽刺么！近两三年我国的课程改革运动正是为了革除这个弊端。新课程提倡的"自主、合作、探究"的学习方式就是一种科学的学习方法，一种科学的精神。有了这种精神，才能做到如陶行知所说的："极力地锻炼学生。使他们得到观察、知疑、假设、试验、实证、推想、会通、分析、正确种种能力和态度，去探求真理的泉源。"

"美术精神"指的是改造环境。陶行知批评说："我们对于四周的环境最忌是苟安，同流合污，听天由命，不了了之。"当前我国改革开放以来，虽然取得了可喜的成绩，但也有浊水进来，使我们的环境复杂化，不良作风有所滋长。怎么办？是消极对待，无所作为，还是改造环境，转变风气？尤其作为学校，更不能放弃努力，"听天由命"，必须积极地在改造环境、改造社会上作出有效的贡献。改造环境，改变大气候当然是艰难的，但我们要坚定乐观，充满信心。我们既要看到周围环境中恶劣的一面，更要看到环境中进步的、有利的一面。我们要用理想的境界、美术的精神去改造环境，使之"显出和谐的气象"，显出美的活力。陶行知提出："我们要有欣赏性的改造，不要有恐怖性鬼脸式的改造。"要相信，环境中的污泥浊水只是暂时的，不必视同洪水猛兽，不要有恐怖心理，时代的车轮总是滚滚向前，社会前进的脚步是不可阻挡的。这就是我们应有的"美术的精神"，或者说"艺术的精神"，始终带着美好的理想去改造环境和改造社会，建设社会主义的美好未来。

"大丈夫精神"指的是处世应变。我们今天处在社会转型时期，政治、经济、文化都在经历着巨大的变革。变革总会带来阵痛，带来曲折和艰难。在这种情况下，我们不可惊慌失措，迷失方向，应如陶行知所说必须有"独立的意志""独立的思想"和"耐劳的筋骨""耐饿的体肤""耐困乏的身",而且"要赶早在本身和后辈身上培植一种不可屈挠的精神"。当前,我们的青少年一代面临着社会变革的种种考验,有些孩子就经不住光怪陆离的诱惑,走上了歧途,令人痛心。所以,今天提出进一步加强未成年人的思想道德建设,是何等重要!我们办学者,广大教育工作者,必须用"大丈夫的精神"来培育下一代,帮助他们在思想上建筑起牢固的"人格长城",做到处变不惊,风雨不摇,成为坚强的社会主义接班人。这三条精神,今天办学仍然需要,不仅要继承,而且还要进一步大力发扬。

最近《中国教育报》接连发表文章,开展"重读陶行知讨论"。它的第一篇文章就是《我们是否抛弃了陶行知》。这场讨论非常及时,也很有现实针对性。在当前教育教学改革越来越深入的形势下,有识之士都认识到,今天我们太需要陶行知的思想,太需要陶行知的精神了。值得令人高兴的是,我们陶行知创办的学校都没有抛弃陶行知,我们全国许多行知实验学校,或学陶师陶的学校也没有抛弃陶行知。南京六中长期以来都坚持学陶,校舍已全部翻新,但"行知馆"依旧保留,每届新生入学,都要进行校史教育和学陶教育;教师也认真学习陶行知教育思想,指导自己的教学改革;教科研课题也是以陶研为重点,成果突出;特别是六中的德育工作,能充分利用社会资源,引导学生参加社会实践,使学生在生活中得到生动的切实的教育,效果显著。这都是很好的。当然,作为陶行知办的学校,学陶师陶的要求应该更高,对陶行知教育思想的学习、研究、领会应该更深,取得的成绩应该更大。我们要共同努力,以更出色的成就来证明陶行知教育思想并未过时,它仍然有着强大的生命力,它的现实意义和当代价值不容置疑;同时,我们要与时俱进,不断丰富和发展陶行知教育思想,使之在新世纪教育改革中发挥更大的作用!

(原载于《爱满天下》2004年第5期)

谨防"替外国人拉洋车"

　　自从陶行知登上中国现代教育舞台，教育界和思想界就开始了对他的研究，有关陶行知研究到上个世纪末差不多刚好是 80 年。这 80 年中的后 60 多年，有关陶行知研究的大大小小的历史事件，我可以说都是一个亲身经历者。上个世纪 20 年代我还年幼，对陶行知的情况以及世人对他的研究可以说是一无所知，上个世纪 30 年代陶先生从日本秘密返回上海，化名发表长篇论文《中华民族之出路与中国教育之出路》，有人对陶先生人口问题的观点产生误解，引起了一场激烈的争论，我当时虽还年轻，但已经是个陶行知崇拜者，听人说起这场争论，一方面非常不满有人对陶先生的攻击，一方面却因此更增加了对陶先生的敬仰。直到 1934 年初，我参加陶先生主持的中国教育普及助成会，成为该会的工读生，才有幸拜他为师，直接接受他的教诲。1935 年春，我参加了革命，成为中国青年反帝大同盟（简称中青）的一员，与党领导的另一组织"教联"，都以陶行知创办的山海工学团为活动基地。

　　1935 年，"一二·九"运动后中国共产党提出抗日统一战线的主张，抗日救亡的群众运动逐渐高涨起来。次年由于形势的发展，"中青"和"教联"合并，直接在党的领导下与陶先生一起共同开展挽救民族危亡的工作，山海工学团影响日益扩大。在此期间，我追随陶先生在上海主办流浪儿童工学团，让挣扎于苦难之中的穷苦孩子也能够工以养生、学以明生、团以保生。我的一个学生华荣根，放学回家也办了一个亭子间工学团，当时名气不小。当时的广西的教育厅长雷沛鸿来上海考察，听陶先生说起此事．很感兴趣，陶先生就叫我陪他们去亭子间工学团参观，参观后雷沛鸿先生认为陶先生的普及教育方法很好，成绩显著，捐款 500 元表示支持。陶先生觉得我们工作很好，专门为亭子间工学团写了一首诗，还发给我们五块零用钱作为奖励。那时四块钱就可以吃一个月的包饭，五块钱在我们眼里简直就是一笔巨款。流浪儿工学团不少人从此走上革命道路。

1936 年 1 月，陶先生在上海组织了"国难教育社"，2 月，又和沈钧儒等成立了"上海各界救国联合会"。这段时间是我和陶先生接触最多，接受他的教诲也最多的时期。这年 6 月，陶先生应邀去英国出席在伦敦召开的世界新教育会议，同时受救国会的委托，以国民外交使节的身份在欧、亚、非等 26 个国家和地区团结海外侨胞，广泛宣传抗日。抗战胜利后，陶先生于 1946 年返回上海，党组织要我协助他工作。在他回沪的第三天，党领导下的"小教联"就召开千人大会欢迎他，他在会上作了有关民主运动的报告。从此我亲眼目睹他奋不顾身战斗在"反对内战，争取和平；反对独裁，争取民主"的最前线，和他的接触比较频繁，并亲身感受到他对中国共产党的深厚感情。

陶先生不幸突然病逝，我作为他的学生自始至终参加了陶先生的送别、公祭和安葬仪式，不胜悲痛之时，社会各界的沉痛悼念，海内外报刊上大量的哀悼电文，特别是毛泽东、周恩来、朱德、宋庆龄、郭沫若等对陶先生的高度评价，使我为中国出了这样一位伟大的人民教育家而深感自豪。

陶行知教育思想的最大特征是它的人民性。在旧中国，一切为了人民的教育是不可能在广大地区，更不可能在全国范围内普遍实施的。陶行知在不同时期进行的教育实践，以及延安等一些革命根据地参照陶行知教育思想进行的教育改革实验，虽然也产生过很大的影响，但都只能局限于很小的范围之内。解放后人民取得了政权，正当应该在全国范围内大力弘扬陶先生的崇高师德，为中国教育事业发挥其示范指导作用之时，对电影《武训传》的批判却使陶行知受到株连。从此，中国教育开始上演一幕长达多年的历史悲剧——舍弃了自己的产生于伟大新民主主义革命时代、符合灾难深重的中国国情、适应中国人民革命和建设需要、融合了中西先进文化精华的陶行知教育学说，舍弃了自己的既属于中国又属于世界的伟大人民教育家陶行知。我们这些陶行知的学生和追随者，当年或者出于服从组织决定，或者由于思想禁锢，或者迫于形势压力，个别人也不排除是为了表明自己的正确而急于同陶行知划清界限，大多在不同场合说了一些违心的话，做了一些违心的事。但是从心底里说，一个曾被毛主席誉为伟大的人民教育家的人突然之间备受批判，对这样巨大的反差，我们中的许多人是怎么也想不通的。

舍弃了陶行知及其学说，新中国的教育虽然也为社会主义建设培养了不少人才，但始终方向不明，从全盘学习苏联到大搞"教育革命"，反反复复，总体上还是在应试的轨道上步履蹒跚，到1964年连毛泽东也认为问题严重，在春节座谈会上专门就教育问题提出了尖锐批评，认为教育过度看重考试、分数和升学率是摧残人才、摧残青年，他很不赞成，要求坚决改正。他甚至主张老师讲课不好要允许学生打瞌睡，考试时学生可交头接耳。这些话虽然有些过"左"偏激，但从中国教育现代化的坐标着眼，同陶行知当年对以应试为主要特征的传统教育的批判何其相似。随之而来的"文化大革命"又把"国家万年根本大计"的教育置于可有可无的境地。中国教育出现了这么多问题，舍弃陶行知是不是其中一个重要原因，答案不是明摆着的吗？

历史悲剧常常以历史进步作为补偿。正如"文革"促使党和人民深思，从而开始改革开放取得巨大成就一样，20多年对陶行知的否定给中国教育事业所造成的损失，促使教育界越来越多的人重新研究陶行知及其教育理论，重新以陶行知为楷模，重新从陶行教育思想与实践中寻求教育改革与发展的智慧。党中央正式为陶行知平反，党和国家领导人也讲话或题词，号召学习陶行知教育思想，促进教育改革，对陶行知及其教育理论和实践的研究进入了一个全新的时期。从上世纪80年代中期开始，陶行知研究在理论与实验方面的空前繁荣，促进了中国教育改革的不断深化，科教兴国战略的确立和素质教育目标的提出，更是使人深感陶行知教育思想与当前的社会主义教育息息相通。我们这些人在有生之年，能够重见陶行知的崇高品德成为新时期师德教育的主要内容，陶行知的教育思想与实践成为许多学校深化教育教学改革的重要借鉴，陶行知谋求中国教育全面现代化的伟大理想成为全党全国人民不懈的现实追求，内心的激动、振奋和喜悦是难以用语言形容的。我坚信，在新旧世纪之交，陶行知研究的生动景象和已经取得的可喜成绩，预示着新世纪的中国教育一定会在"三个面向"指引下，继承以陶行知为代表的人民教育光荣传统，伴随着中华民族复兴的历史进程最终实现自身的全面现代化。

重温历史令人激动，使人明智。历史已经证明，我们学习、研究、继承、发展陶行知及其思想，关系到我们的教育是否更加符合中国的国情和国家的教育方针，是否更加适应国际教育改革的趋势与潮流，是否更加有利于培养德、智、体、美全面发展的创造性人才；什么时候我们舍弃、忽略陶行知及其教育思想，我们的教育就会或者继续在以应试、升学为特征的传统轨道中徘徊不前，或者受"知识无用、读书无用"思潮困扰而被置于可有可无的境地。

当然，现在并不是大家都同意这种看法。有些同志对于陶行知以及中国近现代教育史上的其他教育家的理论、思想和实践毫无兴趣，对于正在进行的中国教育改革与发展的实际毫无兴趣，而一味鼓吹国外流行的各种教育新观点、新思潮和新理念。我们并不反对学习国外的先进教育理论和教育方法，陶行知本人当年就是西方先进教育思想的积极传承者。我们不赞成的是对本国的教育遗产采取虚无主义的态度和完全脱离本国教育实际生搬硬套国外的东西。对于这种做法，陶行知早就生动地比喻为"替外国人拉洋车"。我们希望这些同志能从陶行知研究的历史中看一看陶行知是如何从中国社会和教育的实际出发，吸收、创造国外先进教育思想，把中西文化精华融合为一体而创造适合中国本土的教育理论的。仅就这一点而言，陶行知也是值得我们认真学习的楷模。

（原载于《中国教育报》2005 年 3 月 10 日）

方明著述年表

1.《解放前上海的地下教师运动》(在保加利亚索菲亚举行的教育工会国际行政委员会会议上做的报告),《世界教师》(期号不详)。

1979 年

2.《办好教育工会,为四化建设服务,为教工群众服务》(在人民大会堂举行的全国教育工会工作会议上向邓颖超、方毅、胡耀邦三位政治局委员的报告),未见公开刊出稿。

3.《教育工会是教育工作者自己的组织》,《人民教育》第 11 期。

1985 年

4.《深切怀念陶老夫子:记陶先生指导我办工学团》,《行知研究》第 6 期。

1986 年

5.《一年来全国陶研工作情况汇报》[10 月 19 日在纪念陶行知诞辰95 周年暨中国陶行知研究(基金)会第一次理事(委员)会上的发言],《教育科研参考资料》第 11 期。

1987 年

6.《陶行知研究工作正在迅速发展》,《教工月刊》第 1 期。

7.《继承和发扬人民教育事业的光荣传统:纪念晓庄学校建校和生活教育运动六十周年》,《教工月刊》第 5 期,署名方明、张健。

1988 年

8.《思念刘季平同志》(6 月 11 日在纪念刘季平同志逝世一周年座谈会上的讲话),收录于《方明文集》,中国文史出版社 2017 年版。

9.《在全国陶行知师范教育思想研讨会上的讲话》,《教工月刊》第 4 期。

1989 年

10.《继承先辈思想,探索教育新路》(10 月 19 日在中华职业教育社安徽分社成立大会上代表中国陶行知研究会、基金会致辞),收录于《方明文集》,中国文史出版社 2017 年版。

11.《山东平度县发展教育经验的启示》,《民主》第 1 期。

1990 年

12.《江苏之行》,收录于《方明文集》,中国文史出版社 2017 年版。

13.《四年来中国陶行知研究会的工作情况》(12 月 20 日在全国各省市自治区陶研会秘书长会议上的讲话),收录于《方明文集》,中国文史出版社 2017 年版。

14.《方明同志在农科教统筹协调研讨班上的讲话》(12 月 21 日),《中国陶行知研究/基金会会讯》总第 33 期。

15.《加强"农科教"统筹协调,齐心协力把农业搞上去》(在全国政协七届三次会议上的联合发言)，《中国陶行知研究/基金会会讯》总第 35 期，署名方明、葛志成、黄大能、饶博生。

16.《在全国农科教结合工作座谈会上的讲话》(5 月 7 日)，《中国陶行知研究/基金会会讯》总第 36 期。

17.《我们的建议》(5 月 10 日在全国农科教结合工作座谈会上提出)，《中国陶行知研究/基金会会讯》总第 36 期，署名方明、吕景星、张道正。

18.《给农村教育改革研究会第三届年会的贺信》，《中国陶行知研究/基金会会讯》总第 38 期。

19.《八十五春秋 笔耕勤不休——深切怀念董纯才同志》，《民主》第 9 期，署名方明、何钦贤。

1991 年

20.《农村师范教育改革的思考》，中国陶行知研究会编：《农村教育的出路》，人民教育出版社。

21.《求真务实 坚持实践 再接再厉》(9 月 24 日在四川省纪念陶行知诞辰 100 周年大会上的讲话)，收录于《方明文集》，中国文史出版社 2017 年版。

22.《谱写陶研事业的新篇章》(10 月 17 日在中国革命博物馆举办的陶行知生平事迹展览开幕式上的讲话)，收录于《方明文集》，中国文史出版社 2017 年版。

23.《在"全国农村师范教育改革研讨班"上的讲话》，《中国陶行知研究/基金会会讯》总第 42—43 期。

24.《农科教结合与农村师范教育改革》(3 月在全国政协七届四次会议上的联合发言)，《中国陶行知研究/基金会会讯》总第 44—45 期，署名方明、黄大能、葛志成、饶博生。

25.《纪念陶行知，学习陶行知，不断深化农村教育改革》，《中国农村教育》第 2 期。

26. 《继承和发扬人民教育事业的光荣传统——纪念陶行知诞辰一百周年》,《民主》第 10 期,署名方明、张健。

27. 《学陶师陶,重在学习,贵在实践》(10 月 18 日,在由国家教委、中国陶行知研究会等十机构或群体发起的,在人民大会堂举行的纪念陶行知诞辰一百周年大会上的报告),《行知研究》第 4 期。

1992 年

28. 《陈鹤琴与陶行知的深情厚谊》(5 月 27 日在陈鹤琴先生诞辰 100 周年纪念会上的讲话),收录于《方明文集》,中国文史出版社 2017 年版。

29. 《这个路开得好,这个头带得好》(5 月 27 日在太原钢铁公司陶行知研究会成立大会上的讲话),收录于《方明文集》,中国文史出版社 2017 年版。

30. 《全国陶研工作的基本情况和具体问题》(10 月 27 日在中国陶行知研究会、基金会第二届常务理事、委员会议上的讲话),收录于《方明文集》,中国文史出版社 2017 年版。

1993 年

31. 《继承和发扬陶行知的创造教育思想,促进我国中、小、幼创造教育的实施与发展》(10 月 14 日在"全国中小学创造教育研讨会暨讲习班"上的讲话),《中国陶行知研究/基金会会讯》总第 70 期。

32. 《关于推进素质教育的几点意见;在中国陶行知研究会小学素质教育研讨会上的讲话》,《中国陶行知研究/基金会会讯》总第 71 期。

33. 《〈教人创造富的社会〉序》,《行知研究》第 3 期,署名方明、王世杰。

34. 《教育科学实验千万不要搞花架子》(与上海和田路小学"创造

教育"课题组成员金礼福等谈话纪要),《行知行》第 8 期。

35.《外国人心目中的毛泽东——毛泽东诞辰 100 周年纪念》,《民主》第 11 期。

1994 年

36.《树立"大教育"观念,担负起提高全面素质的重责》(5 月 31 日在河北省陶行知研究会成立大会上的讲话),收录于《方明文集》,中国文史出版社 2017 年版。

37.《借鉴陶行知师范教育思想办好师范教育》(11 月 8—12 日在山西太原举行的"农村中小学和师范学校素质教育研讨会"上的发言),收录于《方明文集》,中国文史出版社 2017 年版。

38.《回顾〈教师法〉早期起草的过程》,《中国陶行知研究/基金会会讯》第 2 期,总第 73 期。

39.《阻碍我国基础教育发展的关键何在》(3 月在全国政协八届二次会议上的联合发言),《中国陶行知研究/基金会会讯》第 3 期,署名方明、葛志成。

40.《得益于"三个早"和"三个转变"》,《中国陶行知研究/基金会会讯》第 4 期。

41.《以陶为师,锐意改革》,《行知行》,5 月 25 日。

1995 年

42. 方明主编:《科教兴村之路》,中国陶行知研究会、山西省陶行知研究会印（非公开出版)。

43.《在中国陶行知研究会、中国陶行知基金会在京理事、委员会议上的汇报》(2 月 8 日讲),《中国陶行知研究/基金会会讯》总第 82—83 期。

44.《"生活教育"在社会主义时期的新发展》,《中国陶行知研究/

基金会会讯》第 8 期，署名方明、丁丁。

45.《〈科教兴村之路〉序言》，《中国陶行知研究/基金会会讯》第 8 期。

46.《中国陶行知研究会、基金会十年工作回顾和总结》，《中国陶行知研究/基金会会讯》第 9 期。

47.《方明等 4 位委员的联合发言 办好一所学校可以富一个村庄——山西省前元庄实验学校的教改经验》(3 月四位委员在全国政协八届三次会议上的联合发言)，《中国陶行知研究/基金会会讯》第 C2 期，署名方明、葛志成、黄大能、丁石孙。

48.《让前元庄之陶花开遍祖国大地——在前元庄实验学校教改经验汇报会上的讲话》，《中国陶行知研究/基金会会讯》第 C3 期。

49.《行知思想与教育改革》，《行知行》，10 月 25 日。

1996 年

50.《推广"科教兴村"经验，提高全民素质》，收录于《方明文集》，中国文史出版社 2017 年版。

51.《陶行知教育思想与职业教育研讨会会议总结》(11 月 21 日在广州举行的"陶行知教育思想与职业教育研讨会"闭幕式上的讲话)，收录于《方明文集》，中国文史出版社 2017 年版。

52.《追思叶锦田同志》，《中国陶行知研究/基金会会讯》第 C1 期。

53.《在全国中青年陶研骨干培训班上的开幕词》，《中国陶行知研究/基金会会讯》第 C4 期。

54.《学陶师陶，促进我国职业教育的发展》(11 月 18 日在广州举行的"陶行知教育思想与职业教育研讨会"开幕式上的讲话)，《中国陶行知研究/基金会会讯》总第 99—100 期。

1997 年

55.《学陶师陶，贵在实践探索》(11 月 4 日在山西举行的"师范教育与农村教育改革山西现场研讨会"上的开幕致辞)，收录于《方明文集》，中国文史出版社 2017 年版。

56.《方明等六位委员的联合发言　办好乡村师范，改造乡村生活——山西省长治师范培训民师经验的启示》(3 月在全国政协八届五次会议上的联合发言)，《中国陶行知研究/基金会会讯》第 1 期，署名方明、霍懋征、张光璎、苟建丽、朱维芳、麦赐球。

57.《方明等四位委员联合发言　坚持为经济发展服务，努力走现代职业教育新路——广州白云行知职业中专创建现代化大职业教育的启示》(3 月在全国政协八届五次会议上的联合发言)，《中国陶行知研究/基金会会讯》第 1 期，署名方明、张怀西、丁石孙、黄大能。

58.《贺信》(5 月 10 日致"纪念陈鹤琴先生诞辰 105 周年学术研讨会"贺信)，《中国陶行知研究/基金会会讯》第 C1 期。

59.《陶研工作的回顾与前瞻》(7 月 18 日在全国第二届中青年陶研骨干培训班上的发言)，《中国陶行知研究/基金会会讯》总第 104—105 期。

60.《在"师范教育与农村教育综合改革山西现场研讨会上的总结发言)，《中国陶行知研究/基金会会讯》第 7 期。

1998 年

61.《在四川省陶行知德育思想研讨会上的讲话》(1997 年 12 月 8 日参加四川生陶研会主办的陶行知德育思想研讨会上的讲话)，《中国陶行知研究/基金会会讯》第 C1 期。

62.《宝山大场试验区大有希望》(1997 年 12 月 22—27 日参加上海市宝山区大场陶行知教育思想实验区工作汇报活动上的讲话)，《中国陶行知研究/基金会会讯》第 C2 期。

63.《呈国家科技教育领导小组的建议信》(7 月 6 日向国家科技教育领导小组提交推荐材料时联名写的推荐信)，《中国陶行知研究/基金会会讯》第 11 期，署名方明、丁石孙、张怀西、黄大能。

64.《学邓师陶加强实验：在中陶会第三届中青年骨干培训班开学典礼上的讲话》(7 月 20 日讲)，《行知行》，8 月 25 日。

1999 年

65. 方明主编：《现代行知新论：中国陶行知研究会陶馆学术研讨会论文集》，北京：中国妇女出版社。

66.《陶研工作要为"科教兴国"作出更大贡献》(8 月 2 日在中国陶行知研究会在苏州举行的第四期全国中青年陶研骨干培训班开幕式上的讲话)，收录于《方明文集》，中国文史出版社 2017 年版。

67.《中陶会四川素质教育现场研讨会开幕式上的讲话)，《中国陶行知研究/基金会会讯》第 1 期。

68.《方明同志在'98 全国素质教育四川现场研讨会上的总结讲话》(10 月 30 日讲)，《中国陶行知研究/基金会会讯》第 1 期。

69.《师范教育与素质教育》(11 月 1 日在四川成都举行的中陶会师范教育专委会成立大会上的讲话)，《中国陶行知研究/基金会会讯》第 2 期。

70.《教育要为农业、农村和农民服务》(3 月 23—24 日在由山西省教育委员会、山西省陶行知研究会于太原召开的山西省"科教兴村"先进单位表彰大会上的讲话)，《中国陶行知研究/基金会会讯》第 4 期。

71.《在苏州市科教兴镇基础工程汇报研讨会的讲话》(5 月 12 日由中国陶行知研究会、民盟中央教育委员会、民建中央教育委员会、民进中央教育委员会在民进中央礼堂举行的"苏州市'科教兴镇'典型经验汇报会"上的讲话），《中国陶行知研究/基金会会讯》第 5 期。

72.《在上海市陶行知研究协会与闸北区陶行知研究会联合举办小学创造教育现场展示研讨会上的讲话》，《中国陶行知研究/基金会会讯》第 8 期。

73.《在育才学校建校六十周年庆祝大会上的讲话》，《中国陶行知研究/基金会会讯》第 8 期。

74.《在重庆市纪念陶行知创建育才学校 60 周年大会上的讲话》，《中国陶行知研究/基金会会讯》第 8 期。

75.《陶研工作的回顾与前瞻》(11 月 14 日于中国陶行知研究会、基金会在全国政协礼堂举行的全国陶行知教育思想研究与实验先进集体与先进个人表彰大会上的报告)，《中国陶行知研究/基金会会讯》第 9 期。

2000 年

76.《愿汕头学陶之花越开越艳》(5 月 9 日在汕头陶研会表彰大会上的讲话)，收录于《方明文集》，中国文史出版社 2017 年版。

77.《在中陶会师范教育专业委员会首届二次学术研讨会上的小结讲话（提纲)》，《中国陶行知研究/基金会会讯》第 1 期。

78.《在学习陶行知教育思想，全面推进素质教育大会上的讲话》(12 月 15 日在上海宝山举行的"学习陶行知教育思想，全面推进素质教育大会"上的讲话)，《中国陶行知研究/基金会会讯》第 1 期。

79.《方明同志在温江县、渝北区科教兴国座谈会上的讲话》（4 月 12 日在京主持由中国陶行知研究会等五单位举办，温江县、渝北区进行汇报的科教兴国汇报座谈会上的讲话)，《中国陶行知研究/基金会会讯》第 3 期。

80.《以邓小平理论为指针，实践陶行知现代教育思想，创造中国特色的现代职业教育模式》(5 月 15 日在中国陶行知研究会职业教育专业委员会成立大会暨素质教育研讨会上的讲话），《中国陶行知研究/基金会会讯》第 4 期。

81.《方明在黑龙江陶研会第四次年会上的讲话（摘要）》（6 月讲），收录于《方明文集》，《中国陶行知研究/基金会会讯》第 5 期。

82.《在第五期全国陶研骨干培训班开幕式上的讲话》(7 月 15 日在上海举行的第五期全国陶研骨干培训班开幕式上讲），《中国陶行知研究/基金会会讯》第 6 期。

83.《胸怀全局，情系教工——全国教育工会成立 50 周年纪念》，《中国陶行知研究/基金会会讯》第 8 期。

84.《在南京晓庄学院成立庆祝大会上的讲话》(10 月 6 日讲），《中国陶行知研究/基金会会讯》第 9 期。

85.《在"两会"座谈会上的讲话》(11 月 12 日在中国陶行知研究会、基金会在安徽歙县举行的座谈会上讲），《中国陶行知研究/基金会会讯》第 10 期。

86.《中陶会会长方明同志在中陶会师范教育专业委员会首届三次学术研讨会上的讲话》(11 月 12 日在中陶会师范教育专业委员会于安徽歙县召开的首届三次学术研讨会开幕式上的讲话），《中国陶行知研究/基金会会讯》第 10 期。

87.《全面实施素质教育是师范教育的当务之急》(11 月 13 日在中陶会师范教育专业委员会于安徽歙县召开的首届三次学术研讨会上的讲话），《中国陶行知研究/基金会会讯》第 10 期。

88.《方明名誉会长的贺词》（10 月 27—29 日中陶会女生教育专业委员会在武汉召开第二届年会），《中国陶行知研究/基金会会讯》第 11 期。

2001 年

89.《方明同志为〈科教兴国的基础工程〉一书所作的序》，《中国陶行知研究/基金会会讯》第1期。

90.《开设"陶课"是培养创新人才的有利途径》(为《陶行知的教育思想与实践》一书写的序),《中国陶行知研究/基金会会讯》第2期。

91.《方明同志在中国陶行知研究会二○○一年工作会议上的讲话》(3月24日讲),《中国陶行知研究/基金会会讯》第4期。

92.《方明同志在中陶会2001年工作会议上的小结讲话》(3月26日在中国陶行知研究会2001年工作会议上的总结讲话),《中国陶行知研究/基金会会讯》第4期。

93.《中陶会会长方明同志在中学专委会上的讲话》(5月9日在四川温江中学举行的中陶会中学教育专委会成立大会上的讲话),《中国陶行知研究/基金会会讯》第6期。

94.《方明同志在乌鲁木齐市陶研会成立大会上的讲话》(5月18日在乌鲁木齐市陶行知研究会成立大会上的讲话),《中国陶行知研究/基金会会讯》第6期。

95.《在第六期全国陶研骨干培训班开幕式上的讲话》,《中国陶行知研究/基金会会讯》第8期。

96.《方明同志主持座谈会的讲话》(9月11日在北京人民大会堂安徽厅举行的纪念陶行知诞辰110周年座谈会上的主持发言),《中国陶行知研究/基金会会讯》第9期。

97.《上海市宝山区区域推进素质教育现场会开幕词》(11月15日在上海市宝山区区域推进素质教育现场会开幕式上的讲话),《中国陶行知研究/基金会会讯》第12期。

98.《方明同志在中国陶行知研究会小学教育专业委员会成立大会上的讲话》(11月19日在上海讲话),《中国陶行知研究/基金会会讯》第12期。

99.《教师节的真正由来》,《民主》第11期。

2002 年

100.《方明同志在 2002 年中陶会工作会议上的讲话》(3 月 28 日讲),《行知研究》第 2 期。

2003 年

101.《贺信》(10 月 8 日为纪念中业学校创校 65 周年致中业的贺信),收录于《方明文集》,中国文史出版社 2017 年版。

102.《继承与发扬陶行知教育思想 不断深化教育改革——在上海市陶行知纪念馆新馆开馆庆典上的讲话》,《爱满天下》第 1 期。

103.《全社会都要关心民工子女教育》(2002 年 12 月 28 日在上海市青浦区召开的全国第一届民工子女教育研讨会上的开幕词),《爱满天下》第 1 期。

104.《科教兴村、科教兴乡是实施科教兴国全面建设小康社会的基础工程》(1 月 8 日在山西省教育厅、山西省陶行知研究会召开的表彰 100 个“科教兴乡”先进典型大会上的讲话),《爱满天下》第 1 期。

105.《在 2003 年中陶会会长办公(扩大)会议上的讲话》(3 月 26 日讲),《爱满天下》第 2 期。

106.《〈陶行知新论〉序》(2 月 2 日为胡国枢所著书写序),《爱满天下》第 3 期。

107.《关于农村教育工作的建议》(7 月 10 日给国务院总理温家宝信),《爱满天下》第 4 期。

108.《方明在全国农村教育工作会议小组会上的发言》,《爱满天下》第 5 期。

109.《贺信》(致中陶会中学专委会 2003 年年会的贺信),《爱满天下》第 6 期。

110.《方明同志在中陶会民办教育专委会成立会上的讲话),《爱满天下》第 6 期。

111.《方明同志在歙县安徽省陶行知纪念馆新馆开馆典礼上的讲话),《爱满天下》第 6 期。

2004 年

112.《〈中国教育再造〉序》(9 月 2 日),储朝晖著:《中国教育再造》,上海教育出版社 2005 年版。

113.《在中陶会 2004 年工作会议上的讲话》(3 月 28 日),《爱满天下》第 2 期。

114.《人总是要有点精神的》,《爱满天下》第 3 期。

115.《在上海小学创造教育研讨会上的讲话》(4 月 13 日),《爱满天下》第 3 期。

116.《你们都是好样的》(8 月 1 日在上海举办的第四届"爱满天下"杯全国青少年书画篆刻、创意作文大赛联合颁奖典礼上的讲话),《爱满天下》第 4 期。

117.《在中陶会推进县级农村教育综合改革培训班上的讲话》(8 月 24 日在哈尔滨举行的中国陶行知研究会第八期陶研骨干暨推进县级农村教育综合改革培训班上的讲话),《爱满天下》第 4 期。

118.《我们的历史责任》(9 月 24 日在吴江市召开的全国陶研课题研讨会上的讲话),《爱满天下》第 5 期。

119.《安徽公学的办学精神要大力发扬》(10 月 23 日在南京六中百年校庆纪念会上的讲话),《爱满天下》第 5 期。

120.《在山西省陶行知研究会三届三次年会上的讲话》,(本文是在 10 月 26 日会上的总结讲话),《爱满天下》第 5 期。

121.《在福建省陶研会成立 20 周年庆祝大会上的讲话),《爱满天下》第 5 期。

122.《民办教育专委会第二次学术年会上的讲话》,《爱满天下》

第 5 期。

2005 年

123. 方明主编：《陶行知教育名篇》，教育科学出版社。

124. 《谨防"替外国人拉洋车"》，《中国教育报》3 月 10 日。

125. 《在中陶会 2005 年工作会议上的讲话》（4 月 24 日在北京举行的中陶会工作会议的年度工作报告），《爱满天下》第 3 期。

126. 《方明会长在管德明同志遗体告别会上的讲话》，《爱满天下》第 3 期。

127. 《以"爱满天下"传承陶行知思想》（7 月 31 日在上海举办的第五届"爱满天下"杯全国青少年书画篆刻、创意作文大赛联合颁奖典礼上的讲话），《爱满天下》第 4 期。

128. 《在徽州师范学校百年庆典大会上的讲话》（10 月 6 日讲），《爱满天下》第 6 期。

129. 《同在蓝天下，和谐健康成长》（12 月 16~18 日在北京海淀区四季青学区举行的第三次全国民工子女教育研讨会上的讲话），《爱满天下》第 6 期。

130. 《捧着一颗心来 不带半根草去——回忆民进为新时期教育事业发展所做的工作》，《民主》第 10 期。

2006 年

131. 《填补了陶行知研究史的空白——推荐一本好书》（为金林祥主编的《20 世纪陶行知研究》一书写的序），《20 世纪陶行知研究》，上海教育出版社。

132. 《〈陶行知词典〉序》（10 月写），金林祥、胡国枢主编：《陶行知词典》，百家出版社 2009 年版。

133. 《中国陶行知研究会 2005 年工作总结和 2006 年工作打算》（3

月 28 日在中国陶行知研究会于北京召开的第四届常务理事扩大会暨 2006 年工作会议上代表理事会所做的工作报告),《爱满天下》第 2 期。

134.《从陶行知那里寻找教育智慧》(7 月 7 日在无锡举行的第十期全国中青年陶研骨干培训班上的开幕讲话),《爱满天下》第 4 期。

135.《〈吴树琴与陶行知〉序》(为徐志辉、卢爱萍主编:《吴树琴与陶行知》一书写的序),《爱满天下》第 5 期。

136.《方明同志致温家宝信总理的信》(9 月 18 日写),《爱满天下》第 6 期。

137.《在纪念陶行知诞辰 115 周年大会上的讲话》(10 月 30 日出席由中国陶行知研究会与上海市宝山区政府在上海行知中学举行的纪念陶行知诞辰 115 周年暨逝世 60 周年大会上的讲话),《爱满天下》第 6 期。

138.《在四川省荣经县纪念陶行知诞辰 115 周年座谈会上的讲话》(11 月 6 日讲),《爱满天下》第 6 期。

139.《方明同志在第四届民工子女教育研讨会上的讲话》(11 月 23 日在武汉举行的第四届民工子女教育研讨会上的讲话),《爱满天下》第 6 期。

140.《复刊〈生活教育〉的现实意义和我们的办刊方针》,《生活教育》第 7 期。

2007 年

141.《在平湖市行知中学更名仪式上的演讲》(12 月 28 日下午讲),收录于《方明文集》,中国文史出版社 2017 年版。

142.《"校园休博会"是一个创举》(12 月 29 日在嘉兴市辅成小学首届"校园休博会"上的即兴讲话),收录于《方明文集》,中国文史出版社 2017 年版。

143.《致温家宝信推荐"山西省陶行知研究会对忻州师范学院九年派出四千多名学生到贫困地区扶贫顶岗实习支教的情况调查"》(2006 年

12 月 6 日），《生活教育》第 2 期。

144.《致陈至立信推荐"山西省陶行知研究会对忻州师范学院九年派出四千多名学生到贫困地区扶贫顶岗实习支教的情况调查"》（2006 年 12 月 6 日），《生活教育》第 2 期。

145.《在陶行知研究高级论坛上的致辞》（3 月 13 日的讲话），《爱满天下》第 2 期。

146.《在晓庄学院建校 80 周年庆典大会上的讲话》（3 月 15 日讲），《爱满天下》第 2 期。

147.《在纪念陈鹤琴先生诞辰 115 周年大会上的讲话》（4 月 2 日讲），《爱满天下》第 2 期。

148.《落实国务院领导同志批示精神　推进农村教育发和师范教育改革研讨会开幕词》（6 月 23 日在出席中国陶行知研究会等机构联合在山西太原举行的"落实国务院领导批示精神，推进农村教育发展和师范教育改革"研讨会所致开幕词），《爱满天下》第 3—4 期。

149.《平民教育：开发农村人力资源的重要对策》（8 月 13 日在出席中国陶行知研究会农村教育专委会与安徽省休宁县联合在黄山市召开的"推进平民教育开发农村人力资源"研讨会上的讲话），《爱满天下》第 5 期。

150.《方明致温家宝总理的信》，《爱满天下》第 5 期。

151.《在中国陶行知研究会教师教育专业委员会二届五次学术研讨会上的讲话》，《爱满天下》第 6 期。

152.《从一份总结材料中所想的》，《爱满天下》第 6 期。

153.《在青岛市陶行知研究会成立大会上的讲话》，《爱满天下》第 6 期。

后 记

经过数月挤压自己的零碎时间，总算基本完成《方明教育文选》的选编工作。

在六十初度之时做这件事是对自己心路历程的重温。因为方明先生所写所讲所行正与我四十余年所激情追求、参与的事业同框，从探索实验农科教结合，到编辑陶行知全集、纪念陶行知诞辰与逝世的各次周年活动、参加陶行知研究国际学术会议、赴各地各校参加陶行知研究与试验活动，我俩有太多的同行与共振，这一切的主轴就是学习陶行知，改进当下的教育。

基于这样的经历与体验，我从方明先生的众多题词中筛选出"创造适合学生发展的活教育"作为本文选的标题。在选文时所遵循的原则是：尽量选有新意、有深度、表意相对完整、独立署名的文稿，其中有些是他长时间准备才写出来的精心之作。

在资料搜集过程中，得到华东师范大学金林祥教授、北京师范大学赵国庆老师、上海和南京陶行知纪念馆、山西太原师范学院杨玮老师、上海陶馆叶良骏老师等众多机构与朋友的帮助，爱人胡翠红带病帮助整理资料，在此一并致以真诚感谢！

　　感谢开明出版社在近两年几次三番执着地邀我做这项工作，否则我可能会因为过于忙碌而失去这一学习的机会。感谢卓玥等在编辑过程中所做的大量细致工作。但愿此书的出版能够有助于更多人通过学习陶行知，学习方明，将教育办得更好！

储朝晖

2023 年 5 月 22 日

开明教育书系（第一辑）

不安故常

——俞子夷教育文选

俞子夷著　丁道勇选编

定价：85.00 元

新人的产生

——周建人教育文选

周建人著　朱永新 周慧梅选编

定价：75.00 元

造就女界领袖

——吴贻芳教育文选

吴贻芳著　吴贤友选编

定价：50.00 元

教是为了不需要教

——叶圣陶教育文选

叶圣陶著　朱永新选编

定价：130.00 元（全二册）

教育要配合实践

——车向忱教育文选

车向忱著　车红选编

定价：70.00 元

谋求适合中国国情的教育

——杨东莼教育文选

杨东莼著　周洪宇选编

定价：65.00 元

改造我们的教育

——董纯才教育文选

董纯才著　姚宏杰 王玲选编

定价：85.00 元

教学是最渊博最复杂的艺术

——傅任敢教育文选

傅任敢著　李燕选编

定价：65.00 元

教育必须是科学的

——陈一百教育文选

陈一百著　裴云选编

定价：60.00 元

生命·生活·生态

——顾黄初教育文选

顾黄初著　梁好选编

定价：75.00 元

图书在版编目（CIP）数据

创造适合学生发展的活教育：方明教育文选/方明著；
储朝晖选编. --北京：开明出版社，2024.1

（开明教育书系/蔡达峰主编）

ISBN 978-7-5131-8604-9

Ⅰ.①创… Ⅱ.①方… ②储… Ⅲ.①教育学–文集
Ⅳ.①G40-53

中国国家版本馆 CIP 数据核字（2023）第 229076 号

出　版　人：陈滨滨
责任编辑：程　刚　张慧明

创造适合学生发展的活教育：方明教育文选
CHUANGZAOSHIHEXUESHENGFAZHANDEHUOJIAOYU：FANGMINGJIAOYUWENXUAN

出　　版：开明出版社
　　　　　（北京海淀区西三环北路 25 号　邮编 100089）
印　　刷：保定市中画美凯印刷有限公司
开　　本：710×1000　1/16
印　　张：19.5
字　　数：252 千字
版　　次：2024 年 1 月第 1 版
印　　次：2024 年 1 月第 1 次印刷
定　　价：65.00 元

印刷、装订质量问题，出版社负责调换。联系电话：（010）88817647